URI AVNERY

EIN LEBEN FÜR DEN FRIEDEN

URI AVNERY

EIN LEBEN FÜR DEN FRIEDEN

KLARTEXTE ÜBER ISRAEL UND PALÄSTINA

VORWORT VON
SUMAYA FARHAT-NASER

PALMYRA

Außer den bereits im *Spiegel* veröffentlichten Beiträgen (siehe Quellenangaben Seite 298) wurden alle Texte Uri Avnerys von Ellen Rohlfs aus dem Englischen übersetzt. Der Beitrag »Achtzig Thesen für ein neues Friedenslager« wurde von Ellen Rohlfs und Ernst Herbst übersetzt.

Für die Mithilfe und Unterstützung dieses Buches dankt der Palmyra Verlag folgenden Personen: Uri und Rachel Avnery, Sumaya Farhat-Naser, Jürgen Hobrecht, Roland Kaufhold, Heribert Prantl, Johannes Rau, Ellen Rohlfs und Hans-Jürgen Wirth von der Zeitschrift *psychosozial*.

Bibliografische Information der Deutschen Bibliothek
Die Deutsche Bibliothek verzeichnet diese Publikation in der Deutschen Nationalbibliografie; detaillierte bibliografische Daten sind im Internet über http://dnb.ddb.de abrufbar.

Gerne senden wir Ihnen unser Verlagsprogramm.
Anruf, Fax oder E-Mail genügt.

Originalausgabe

Hauptstraße 64, 69117 Heidelberg
Telefon 06221/165409, Telefax 06221/167310
E-Mail: palmyra-verlag@t-online.de
www.palmyra-verlag.de

Lektorat: Georg Stein und Christa Schönrich
Umschlaggestaltung: Georg Stein und Uwe Schmitt
Umschlagfoto: Rachel Avnery
Satz: Clemens Brunn
Druck und Bindung:
AALEXX Druck, Großburgwedel
Printed in Germany
ISBN 3-930378-50-7

Inhalt

Denk ich an Deutschland...

Reden über den Frieden

Für Rachel

Ein Leben für den Frieden

Vorwort von Sumaya Farhat-Naser

Im Juli 2003 veranstaltete ich mit 30 palästinensischen Jugendlichen in Bir Zeit ein Seminar über die Palästinenser in Israel. Ich fragte die Teilnehmer, wer Uri Avnery kenne – niemand. Ich begann, ihn vorzustellen: Ein Israeli, Publizist, Journalist, früher auch Knessetabgeordneter und seit langem ein führender Friedensaktivist. »Und?«, kam die Frage. »War er Soldat? Hat er Palästinenser getötet, gefoltert, hat er sich an der Zerstörung von Häusern beteiligt?« »Nein, Gott sei Dank nicht!« »Woher weißt du das, was willst du uns damit sagen?«

»Ich kenne ihn seit vielen Jahren. Er setzt sich für unsere Rechte ein, protestiert täglich gegen die Misshandlung und Tötung von Palästinensern, gegen Häuserzerstörungen und Deportationen, gegen die Landenteignung und die ›Apartheidmauer‹. Ich kenne ihn und will nun von euch wissen, was ihr davon haltet, wenn ich ein Vorwort zu seinem neuen Buch schreibe. Es ist ungewöhnlich, doch nötig, euch Uri Avnery vorzustellen; denn er hat einen außergewöhnlichen Weg beschritten, einen Weg, der exemplarisch sein könnte für viele, die sich um die Zukunft der Menschen in unserer Region sorgen. Ich bewundere und schätze ihn und bin ihm dankbar für das, was er auf dem Weg zur politischen Versöhnung, zur gegenseitigen Verständigung und zum Frieden tut. – Uri Avnery war übrigens auch einmal Mitglied in der ›Irgun‹.«

»Halt! Wir wollen nichts mehr hören – dann ist er doch ein Verbrecher!«

»Nein, er wurde mit 14 Jahren Mitglied, verließ jedoch diese jüdische Untergrundorganisation, deren Name für uns mit Tod, Vertreibung und Heimatlosigkeit verbunden ist, als er ihre antiarabische und reaktionäre soziale Haltung sowie ihre terroristischen Methoden erkannte. Er beteiligte sich 1948 am Krieg, wurde verwundet und ist seitdem kein Soldat mehr. Seine Erfahrungen im Krieg haben aber seinen weiteren Lebensweg geprägt. Seitdem hat er sich für Gerechtigkeit, Menschlichkeit und den Frieden eingesetzt.«

»Was hat er getan?«

»Uri Avnery hat aktiv daran mitgewirkt, dass die Bewohner des arabischen Dorfes Abu Ghosh 1948 nicht vertrieben und der Ort nicht zerstört wurde, wie es vielen anderen palästinensischen Dörfern im Krieg und danach geschehen ist. Deshalb verliehen ihm die Bürger von Abu Ghosh 1953 die Ehrenbürgerschaft. Das Gleiche taten die Bürger von Kafr Kassem im Jahr 1996, weil er die dortigen Massaker von 1956 aufdeckte, damit niemand in Israel sagen kann: ›Wir haben davon nichts gewusst.‹ Was meint ihr, ist er in Ordnung?«

»Bitte, sprich weiter!«

»Er war der Erste, der 1974 Kontakte zu palästinensischen Politikern, wie Issam Sartawi und Said Hamami, knüpfte, um einen Ausweg aus dem Konflikt zu finden und die gegenseitige Anerkennung der politisch-historischen Rechte zu erreichen. Die beiden palästinensischen politischen Führer, die auch mit Bruno Kreisky Friedensgespräche führten, sind ermordet worden. Uri war der erste Israeli, der Arafat während der Belagerung von Beirut 1982 traf, obwohl dies für Israelis damals streng verboten war.«

»Warum haben wir bis jetzt nichts über ihn erfahren?«

»Weil diejenigen, die die Informationspolitik auf beiden Seiten kontrollieren, nicht daran interessiert sind, solche wunderbaren Menschen vorzustellen; denn sie passen nicht zu ihrer Ideologie, die darin besteht, die Feindseligkeiten zwischen beiden Völkern aufrechtzuerhalten. Uri Avnery sucht die historischen Wurzeln des Konflikts und weist darauf hin, dass der Friedensprozess zum Scheitern verurteilt ist, solange beide Seiten versuchen, Ziele zu erreichen, die nicht miteinander in Einklang zu bringen sind. Sein Leben könnte für den Geschichtsunterricht und die politische Bildung beispielhaft sein.«

Aus Anlass von Uri Avnerys 80. Geburtstag erscheint dieses Buch mit vielen seiner Artikel und Reden. Es enthält auch die

AchtzigThesen, die die Ursachen und die Entwicklung des Konflikts erklären, Mythen beider Seiten analysieren, Lösungsansätze vorschlagen und Visionen für einen wirklichen Frieden präsentieren. Uri Avnery tritt in diesem Kontext ein für die gegenseitige Anerkennung der Geschichte des anderen Volkes – des jüdischen Holocaust wie der Nakba, der Katastrophe des palästinensischen Volkes – und der daraus erwachsenen Traumata.

Uri Avnery schreibt nicht nur interessante, zuweilen provozierende Artikel, in denen er sich um die Wahrheit bemüht, er ist auch ein Mann der Tat, der stets von seiner Frau Rachel unterstützt wird. Ich denke nur an die 45 Tage und Nächte im Winter 1991, die er gemeinsam mit israelischen Arabern im Zelt vor Rabins Amtssitz verbracht hat, um gegen die Deportation von 400 Hamasanhängern in den Südlibanon zu protestieren. Er protestierte im Zelt auch gegen den Bau der Siedlung Har Homa auf dem Jabal Abu Gneim bei Bethlehem. Er hilft mit bei der Olivenernte, wenn Dorfbewohner von Siedlern bedroht werden; bei Protesten gegen Landenteignungen wurde er mit Tränengas angegriffen; er demonstrierte in Masha mit gegen die Trennmauer (von den Palästinensern Apartheidmauer genannt); er brachte mit Gush Shalom Lebensmittel in abgeschnittene Dörfer und half mit beim Wiederaufbau von Häusern – nichts ist ihm, dem Achtzigjährigen, zu unbedeutend. Er packt mit an und initiierte 2003 gemeinsam mit palästinensischen Verantwortlichen und Intellektuellen auch einen neuen Friedensplan.

Ich kenne Uri Avnery seit vielen Jahren. Ich hatte unzählige Begegnungen mit ihm: bei Radio- und Fernsehinterviews, auf Kundgebungen und bei Protestaktionen, Podiumsdiskussionen und verschiedenen Veranstaltungen in Jerusalem und in Deutschland. Ich kenne seine Bücher und seine Artikel, suche sie, ja warte auf sie. Ich werde durch sie inspiriert; denn dort finde ich Klarheit, Überzeugung und Erklärungen. Ich finde in ihnen Prinzipientreue und aufrichtige Achtung vor den Gefühlen und Empfindungen der anderen, der palästinensischen Seite. Ich erkenne durch seine Artikel die Realität besser; ich lerne, Dinge zu analysieren und die historischen Zusammenhänge zu erkennen, und kann so aktiv alternative Vorschläge machen. Uri Avnery behandelt die schwierigen Probleme von verschiedenen Standpunkten aus, versetzt sich in die Lage der anderen und erklärt von dieser Position aus, was machbar wäre.

Ich bildete mir ein, Uri Avnery zu kennen, doch als ich vor kurzem mehr über sein Leben erfuhr, war ich überrascht: Aus Deutschland entkam er 1933 mit seinen Eltern und Geschwistern rechtzeitig den Schrecken der Naziherrschaft – der Ausgrenzung, Vertreibung und Vernichtung der Juden in den Konzentrationslagern, wo er auch die meisten seiner Verwandten verlor. In Palästina fand er Zuflucht und suchte dort ein menschenwürdiges, auch für Juden sicheres Leben. Seine Geschichte sowie ihre Auswirkungen auf unsere Geschichte – sein Heimatfinden und unser Heimatverlust – dürfen nie vergessen werden. Wir müssen, genau wie er, versuchen, das geschehene Leid und Unrecht zu verstehen und anzuerkennen und die damit verbundene Verantwortung zu übernehmen. Das ist der Beginn der Versöhnung.

Uri Avnerys Kriegserlebnisse von 1948 und das Wissen um den Holocaust haben nicht nur sein Leben geprägt, sondern auch sein Gewissen sensibilisiert. So hat er bald erkannt, wie Israel dem palästinensischen Volk Unrecht angetan hat und weiterhin zufügt. Er handelt aus Sorge um beide Völker, um Israelis und Palästinenser. Er begreift, dass niemals ein Volk alle Rechte bekommen kann, das gleichzeitig einem anderen – durch Besatzung – dieselben Rechte verweigert. Seine Zielvorstellung ist, in zwei Staaten nebeneinander frei, unabhängig und in Würde zu leben, miteinander wirtschaftlich und kulturell in Frieden und Sicherheit zu wachsen und Jerusalem als gemeinsame Hauptstadt miteinander zu teilen. Uri Avnerys unermüdliche Kreativität schafft Visionen für die Lösung der Gegensätze und sucht nach Konsensmöglichkeiten. Wie froh wäre ich mit ihm, wenn seine Regierung sich endlich seiner Sichtweise anschließen würde!

Uri Avnery ist außergewöhnlich mutig, konsequent, ja hartnäckig bei der Suche nach Wahrheit und nach Wegen der Verständigung; er ist seiner Friedensbotschaft seit Jahrzehnten treu geblieben. Mit Gush Shalom, dem Friedensblock, hat er nicht nur eine sehr aktive Friedensgruppe, sondern auch eine neue Art von friedensfördernder Denkschule gegründet, die mit der englischsprachigen Zeitschrift *The Other Israel* weltweit Verbreitung findet. Er ist, wie schon gesagt, mit Gush Shalom dort, wo palästinensische Menschen um Hilfe rufen, weil ihnen von israelischen Siedlern, dem Militär oder von staatlichen Stellen Gefahr droht. Allein die Solidarität tut den Palästinensern gut; denn sie erleben so, dass es auch Israelis gibt – selbst wenn es nur einige Tausende sind –, die mit ihnen als Menschen denken und fühlen.

Durch sein Talent und seinen Einsatz für den Dialog, kombiniert mit seiner radikalen Ablehnung und Verurteilung jeglicher Gewaltanwendung, egal von welcher Seite, spielt Uri Avnery eine führende Rolle in der israelischen Friedensbewegung. Seine exzellente, sensible und bedachte, doch eindeutige Wortwahl beim Ausdruck seiner Gedanken ermöglicht ihm einen engen Bezug zur Realität und macht ihn zu einem erfolgreichen Journalisten und Publizisten. Sein Scharfsinn für Kritik, auch der eigenen Seite, verleiht ihm Glaubwürdigkeit und erreicht auch diejenigen, die als seine Feinde gelten, und macht sie zu Freunden. Er war dabei, wo immer ein Dialog begann. Und wann immer ein Dialog nicht mehr möglich schien, zeigte er, wie er doch fortgeführt werden konnte. Nie ließ er zu, dass die Fäden zwischen den Menschen, die für dieselbe Sache kämpfen, zerrissen. Als die Zusammenarbeit und der Dialog zwischen beiden Seiten als unerwünscht galt, war Uri Avnery eine Ausnahme, mit dem ich mit Freude und ohne Angst zusammen auftreten wollte und konnte. Er lebte vor, wie Barrieren abgebaut und wie Grenzen überschritten werden können, er zeigte auf, wie man sich gegenüber den anderen in Wort und Tat verhält, er lehrte und ermutigte die Friedensfreunde auf beiden Seiten. Er zeigte mir das andere Gesicht Israels. Uri Avnery ist also nicht nur ein exzellenter Journalist und bewundernswerter Friedensaktivist, sondern auch ein großer Lehrer. Ich danke ihm.

Ramallah, August 2003

Frieden gibt es nur mit den Palästinensern

Einleitung von Uri Avnery

Abba Eban, Israels ehemaliger Außenminister, hatte eine scharfe Zunge. Einmal sagte er zu einem bekannten Journalisten: »Wenn Sie nicht aufhören, Lügen über uns zu verbreiten, werden wir einen Band Ihrer gesammelten Artikel veröffentlichen.« Dieser Journalist war nämlich dafür bekannt, seine Ansichten täglich zu ändern, um sie der öffentlichen Meinung anzupassen. Der Überlieferung nach hat die Drohung geholfen.

Ich glaube, dass viele Kommentatoren besorgt sein müssen, wenn ihre früheren Artikel veröffentlicht werden. Sie enthalten Prognosen, die sich nicht erfüllt haben, Analysen, die sich als völlig falsch erwiesen haben. Besonders regierungstreue Kommentatoren, die die Propaganda der offiziellen Quellen als bare journalistische Münze verkaufen, möchten gerne, dass der Schleier der Barmherzigkeit ihre frühere Ware verhüllt.

Leser dieser Artikelanthologie müssen selbst urteilen, ob dies auch für meine Beiträge stimmt. Sie wurden im Sturm der Ereignisse geschrieben. Ich selbst bin kein neutraler Zuschauer, sondern ein politischer Aktivist, der an den Ereignissen teilnimmt. In meinen Artikeln spiegeln sich meine Überzeugungen wieder. Ich wage trotzdem zu hoffen, dass sie den Test der Zeit überstehen.

Um eines muss ich die Leserinnen und Leser aber bitten: Falls Sie zu dem Schluss kommen, dass sich meine Prognosen oft bewährt haben, sprechen Sie das nicht offen aus. Denn nichts kann einen so unbeliebt machen, wie Recht gehabt zu haben, wenn so viele Kommentatoren, Politiker und Geheimdienstler das Gegenteil behauptet haben. Im Heiligen Land hat man Propheten immer verfolgt, ins Gefängnis geworfen oder gekreuzigt. Und ein altes hebräisches Sprichwort sagt: »Seit der Zerstörung des Tempels ist die Gabe der Prophezeiung nur den Idioten gegeben.« Natürlich handelt es sich nicht um Prophezeiung. Um vorauszusagen, was geschehen wird, muss man zuhören, was der Andere sagt – wirklich zuhören, mitdenken, mitfühlen, mitleiden. Und gerade das ist so schwer, denn in einem Krieg, der schon 120 Jahre andauert und der wie jeder Krieg massenhaft Angst, Hass, Vorurteile und Stereotypen erzeugt, will keine Seite hören, was die andere sagt. Man hört nur sich selbst, und die eigene Propaganda wird zur eigenen Überzeugung. Ich habe versucht, das zu überwinden.

»Bist du eigentlich ein Optimist oder ein Pessimist?«, fragte mich einmal ein deutscher Freund. »Deine Artikel machen den Eindruck, dass du ein äußerst pessimistischer Optimist bist.«

Wenn ich die nahe Zukunft betrachte, bin ich wirklich pessimistisch. Der Zusammenprall der zwei großen Bewegungen – der israelisch-zionistischen und der arabisch-palästinensischen – ist in vollem Gang. Der Kompass zeigt auf Sturm – mehr Blut, mehr Tränen, mehr Gräber.

Ich habe keine Illusionen – ich bin eher skeptisch. Ich kenne die Kräfte, die im Spiel sind, und auch viele der Akteure. Wenn im so genannten »Friedensprozess« etwas schief gehen kann, wird es schief gehen. Wenn nichts schief gehen kann, wird wahrscheinlich doch etwas schief gehen.

Trotzdem bin ich ein unverbesserlicher Optimist. Ich habe viele Gründe, es zu sein. Zum einen bin ich als Optimist geboren, bin also ein genetischer Optimist. Ich habe den Optimismus von meinem Vater geerbt – es war mein einziges Erbe, aber wertvoller als Geld und Besitz.

Mein Vater flüchtete, als er schon 45 Jahre alt war, im Schicksalsjahr 1933 mit Frau und vier Kindern aus Deutschland. Als alter Zionist ging er direkt nach Palästina, ein fremdes, armes Land mit einem ungewohnten heißen Klima und einer fremden Sprache, die er nie lernte. In Deutschland war er Privatbankier und hatte nie körperlich gearbeitet; in seinem neuen Leben mussten er und seine Frau von morgens bis abends schuften. Trotzdem war er glücklich, er glaubte an die Zukunft. Leute suchten seine Nähe in der Hoffnung, von seinem unverwüstlichen Optimismus angesteckt zu werden.

Zum anderen kommt meine Lebenserfahrung hinzu – besonders eine Erfahrung, an die ich oft denke. Im Jahre 1942 sah es so aus, als wären wir verloren. Nach ein paar bestürzenden Siegen fiel Erwin Rommel in Ägypten ein, bei El-Alamein stand er schon fast vor den Toren von Alexandria. Von dort war es nur ein kleiner Sprung nach Tel Aviv. Im Norden war die deutsche Wehrmacht schon am Rand des Kaukasus, der Weg nach Palästina war so gut wie offen. Und ein paar Monate vorher hatten deutsche Luftlandetruppen Kreta erobert. Diese Militärmacht konnte also leicht den Sprung nach Palästina wagen.

Auf der Landkarte war alles klar: Aus drei Richtungen näherte sich Hitler unaufhaltsam unserem Land, um auch hier die Juden auszurotten. Unsere britischen Kolonialherren hatten schon ihre Frauen und Kinder in den Irak geschickt, sie selbst saßen auf ihren Koffern. Die jüdische Untergrundarmee, die Haganah, war im Begriff, das Karmelgebirge in eine Festung zu verwandeln, um dort bis zum Letzten zu kämpfen. Man sprach von einem »zweiten Masada«, einer Wiederholung des heldenhaften Widerstands der letzten Kämpfer des Aufstands gegen die Römer im Jahre 70. Die Allerletzten brachten sich um.

Aber die Nazis kamen nicht. Nach Jahren erfuhren wir die Ursachen: Rommel hatte El-Alamein mit den letzten Tropfen Benzin erreicht – er hatte keinen Treibstoff mehr. Die Truppen im Kaukasus waren erschöpft, und Stalingrad machte der deutschen Offensive für immer ein Ende. Der Angriff auf Kreta war in Wirklichkeit ein Misserfolg; nie wieder versuchte die Wehrmacht eine Operation mit Luftlandetruppen. Also waren wir in Palästina in keiner wirklichen Gefahr – aber wir wussten das ja nicht.

Seitdem glaube ich nicht mehr an verzweifelte Situationen. Es sind immer Faktoren am Werk, die wir nicht kennen können. Wer hat von dem plötzlichen Zusammenbruch der Sowjetmacht auch nur träumen können? Wer dachte ein paar Tage vor dem Mauerfall in Berlin, dass er in unserer Generation überhaupt stattfinden könnte?

Natürlich kann auch das Gegenteil mit derselben Plötzlichkeit eintreten. Wer hat ein paar Jahre vor dem Holocaust gedacht, dass so etwas möglich wäre? Warscheinlich nicht einmal die Nazis selbst – obwohl mein Vater weise genug war, schon in den ersten Wochen des »Tausendjährigen Reiches« zu beschließen, Deutschland für immer zu verlassen.

Die Hauptsache ist die Erkenntnis, dass Pessimismus zu nichts führt. Er ist steril, vergiftet das Leben und kann in eine Art Eskapismus ausarten. Optimismus aber ist fruchtbar, er führt zur Erkenntnis, dass man etwas tun kann, um die Lage zu verändern.

Auch das hat mir meine Lebenserfahrung gezeigt: Als ich 1949 zu der Überzeugung kam, dass wir den Frieden brauchen und dass wir nur mit den Palästinensern Frieden machen können, gab es in ganz Israel kein Dutzend Leute, die daran glaubten. Es war ja ein zionistisches Dogma, dass es kein palästinensisches Volk gab. Ich habe unzählige Stunden meines Lebens damit verbracht, israelische Zuhörer davon zu überzeugen, dass so ein Volk überhaupt existiert. Wer bezweifelt das heute noch?

Als meine Freunde und ich erklärten, dass die einzige mögliche Lösung die Errichtung eines Staates Palästina neben Israel sei, galten wir als verrückt. Heutzutage beweisen Meinungsumfragen, dass die Mehrheit der Israelis diese Anschauung teilt.

Als ich mich als erster Israeli mit Arafat traf, galt ich als Volksverräter. Zehn Jahre später standen israelische Politiker Schlange vor seiner Tür. Und mit der verhassten PLO, der »Terrororganisation der zweibeinigen Tiere« – so Begin – hat Israel dann offizielle Abkommen geschlossen.

Natürlich ist die Lage jetzt wieder verzweifelt. Sie war es beinahe immer. Aber diese verzweifelte Lage ist immer in Bewegung. Sie ist heute nicht dort, wo sie gestern war, von vorgestern ganz zu schweigen. Von Verzweiflung zu Verzweiflung sind wir dem Frieden sehr viel näher gekommen.

Aber wir müssen gestehen, dass auch ein gegensätzlicher Prozess am Werk ist. Die Siedlungen, die Landenteignungen, die Umgehungsstraßen und die Trennmauer haben eine Situation geschaffen, die von manchen Pessimisten als »unumkehrbar« betrachtet wird. So »unumkehrbar« wie die Berliner Mauer.

Der Kampf um den Frieden mit den Palästinensern und den anderen Arabern ist ein Teil des Kampfes um die Seele Israels. Was für ein Israel wollen wir? In was für einem Staat wollen wir leben? Soll es ein moderner Staat sein, in dem sich die israelische Nation frei entwickeln kann, ein liberaler, säkularer Staat, in dem alle Bürger gleichberechtigt sind, ohne Rücksicht auf ethnische und nationale Abstammung, Geschlecht und religiöse Überzeugung, ein Staat, der die soziale Solidarität pflegt, im Frieden mit seinen Nachbarn lebt und an dem Marsch der Menschheit für Frieden und Gerechtigkeit teilnimmt?

Oder soll es ein altmodischer, egozentrischer Nationalstaat sein, nach dem Muster des europäischen Nationalismus vor 200 Jahren, ohne Trennung zwischen Staat und Religion, mit rassistischen Kennzeichen, ein Staat, der Bürger jüdischer Abstammung bevorzugt und in einem permanenten Kriegszustand lebt, ein Staat, der ein anderes Volk unterdrückt und sein Gebiet grenzenlos erweitern will?

Der Kampf um den Frieden mit den Palästinensern ist unser Kampf. Als israelischer Patriot nehme ich an ihm teil.

Tel Aviv, September 2003

Zwischen Hoffnung und Enttäuschung:

Von Oslo zur Al-Aqsa-Intifada

Beiträge aus den Jahren 1993-2003

Achtzig Thesen für ein neues Friedenslager

Ein Entwurf von Gush Shalom

Die von Uri Avnery formulierten Achtzig Thesen wurden am 13. April 2001 als Anzeige von Gush Shalom in der israelischen Tageszeitung »Haaretz« veröffentlicht. Als Einstieg in eine öffentliche Debatte innerhalb und außerhalb Israels gedacht, dokumentieren sie das Bemühen der jüdisch-israelischen Friedenskräfte, in einer politisch schwierigen Situation die Wahrheit über den israelisch-palästinensischen Konflikt zu verbreiten.

1 Der Friedensprozess ist zusammengebrochen – und hat einen großen Teil des israelischen Friedenslagers mit sich gerissen.

2. Vorübergehende zufällige Umstände wie persönliche oder parteipolitische Querelen, Versäumnisse der Führung, politischer Egoismus sowie interne und globale politische Entwicklungen sind nur wie Schaum auf den Wellen. So wichtig sie sein mögen, sie können den totalen Zusammenbruch nicht hinreichend erklären.

3. Die wahre Erklärung kann nur unter der Oberfläche gefunden werden, an den Wurzeln des historischen Konflikts zwischen den beiden Völkern.

4. Der Madrid-Oslo-Prozess scheiterte, weil beide Seiten versuchten, Ziele zu erreichen, die nicht miteinander in Einklang gebracht werden konnten.

5. Die Ziele beider Seiten werden von ihren nationalen Grundinteressen her bestimmt, die von ihrer historischen Geschichtsauffassung, von ihren verschiedenen Ansichten über den 120 Jahre andauernden Konflikt geformt werden. Die national-israelische Geschichtsversion und die national-palästinensische

Version derselben Geschichte sind im Ganzen als auch im Detail betrachtet völlig gegensätzlich.

6. Die Unterhändler und die Führung auf israelischer Seite verhandelten in völliger Unkenntnis der national-palästinensischen Geschichtsschreibung. Selbst wenn sie ernsthaft guten Willens waren, eine Lösung zu erreichen, waren ihre Bemühungen zum Scheitern verurteilt, da sie die nationalen Wünsche, Traumata, Befürchtungen und Hoffnungen des palästinensischen Volkes nicht verstehen konnten. Und obwohl es keine Symmetrie zwischen beiden Seiten gibt, war die palästinensische Haltung ähnlich.

7. Die Lösung eines so lange währenden historischen Konflikts ist nur dann möglich, wenn jede Seite in der Lage ist, die nationale geistige Welt der anderen Seite zu verstehen, und wenn sie bereit ist, ihr gleichberechtigt zu begegnen. Eine gefühllose, herablassende, anmaßende Haltung schließt jede Möglichkeit einer einvernehmlichen Lösung aus.

8. Die Regierung von Barak, in die so viele Hoffnungen gesetzt worden waren, war genau von dieser Haltung geprägt. Daher kam es zu der enormen Kluft zwischen den anfänglichen Versprechungen und den verhängnisvollen Ergebnissen.

9. Ein wichtiger Teil des alten Friedenslagers (auch die »Zionistische Linke« genannt oder die »Vernünftige Öffentlichkeit«) war ähnlich geprägt und ist darum mit der Regierung, die sie unterstützte, zusammengebrochen.

10. Deshalb wäre die wichtigste Aufgabe eines neuen Friedenslagers, die falschen Mythen und die einseitige Sicht des Konflikts aufzugeben. Das bedeutet nicht, die israelische Geschichtsauffassung automatisch zu verwerfen und die palästinensische, ohne sie zu hinterfragen, zu akzeptieren. Doch es erfordert, die Position des anderen im historischen Konflikt mit offenem Ohr anzuhören und zu verstehen, um die Kluft zwischen beiden nationalen Geschichtsauffassungen zu überbrücken.

11. Jeder andere Weg würde zu einer endlosen Fortsetzung des Konflikts mit Perioden scheinbarer Ruhe und Versöhnung führen, doch häufig unterbrochen von Ausbrüchen gewalttäti-

ger, feindseliger Aktionen zwischen den beiden Völkern sowie zwischen Israel und der arabischen Welt. Wenn man das Tempo der Entwicklung von Massenvernichtungswaffen in Betracht zieht, können weitere Runden der Auseinandersetzungen zur Zerstörung aller Konfliktparteien führen.

Die Wurzel des Konflikts

12. Der israelisch-palästinensische Konflikt ist die Fortsetzung des historischen Zusammenpralls zwischen der zionistischen Bewegung und dem palästinensisch-arabischen Volk – ein Konflikt, der am Ende des 19. Jahrhunderts begann und nun beendet werden muss.

13. Die zionistische Bewegung war im Wesentlichen eine jüdische Reaktion auf die nationalen Bewegungen in Europa, die alle den Juden feindlich gesinnt waren. Nachdem sie von den europäischen Nationen abgelehnt worden waren, entschieden einige Juden, nach dem neuen europäischen Modell, sich selbst als eine eigene Nation zu statuieren und ihren eigenen Nationalstaat zu gründen, in dem sie Herr über ihr eigenes Schicksal sein könnten. Das Prinzip der Trennung, das den Ausgangspunkt der zionistischen Idee bildet, hatte später weitreichende Folgen. Das grundlegende zionistische Dogma, wonach eine Minorität nach europäischem Modell nicht in einem national homogenen Staat existieren könne, führte später zur praktischen Ausgrenzung der nationalen Minderheit im zionistischen Staat, der 50 Jahre später Wirklichkeit wurde.

14. Traditionelle und religiöse Motive führten die zionistische Bewegung nach Palästina (Hebräisch: Erez Israel), und es wurde entschieden, in diesem Land einen jüdischen Staat zu gründen. Die Parole lautete: »Ein Land ohne Volk für ein Volk ohne Land.« Diese Losung wurde nicht nur aus Unkenntnis geprägt, sondern auch aufgrund der allgemeinen Arroganz gegenüber nichteuropäischen Völkern, die zu jener Zeit in Europa vorherrschte.

15. Palästina war nicht leer – weder am Ende des 19. Jahrhunderts noch zu irgendeiner anderen Zeit. Damals lebten eine halbe Million Menschen in Palästina, 90 Prozent davon waren Araber. Diese Bevölkerung war natürlich gegen das Eindringen eines anderen Volkes in ihr Land.

16. Die arabische Nationalbewegung entstand fast gleichzeitig mit der zionistischen Bewegung; anfänglich, um gegen das türkisch-osmanische Reich und – nach dessen Zerstörung am Ende des Ersten Weltkriegs – um gegen die Kolonialmächte zu kämpfen. Eine eigene arabisch-palästinensische Nationalbewegung entwickelte sich im Land, nachdem die Briten einen Staat gegründet hatten, den sie Palästina nannten, und infolge des Kampfes gegen das Eindringen der Zionisten.

17. Seit dem Ende des Ersten Weltkriegs gab es eine zunehmende Auseinandersetzung zwischen den beiden Nationalbewegungen, der jüdisch-zionistischen und der palästinensisch-arabischen; beide trachteten danach, im selben Land ihr Ziel zu verfolgen, das den anderen völlig außer Acht ließ. Diese Situation blieb bis zum heutigen Tag unverändert bestehen.

18. Als sich in Europa die Verfolgung der Juden intensivierte und die Länder der Welt ihre Tore für jüdische Einwanderer schlossen, die dem Inferno zu entkommen versuchten, gewann die zionistische Bewegung an Stärke. Der Holocaust, dem sechs Millionen Juden zum Opfer fielen, verlieh der zionistischen Forderung nach Errichtung des Staates Israel moralische und politische Macht.

19. Das palästinensische Volk, das die Zunahme der jüdischen Bevölkerung im eigenen Land beobachtete, konnte nicht einsehen, warum von ihm der Preis für die von Europäern an Juden begangenen Verbrechen gefordert wurde. Heftig wehrte es sich gegen die weitere jüdische Einwanderung und gegen den weiteren Landerwerb durch Juden.

20. Die totale Leugnung der nationalen Existenz des anderen durch beide Völker führte unvermeidlich zu einer falschen und verzerrten Wahrnehmung, die im kollektiven Bewusstsein bei-

der tiefe Wurzeln schlug. Diese Wahrnehmung beeinflusst ihre Haltung zueinander bis auf den heutigen Tag.

21. Die Araber glaubten, dass die Juden vom westlichen Imperialismus in dieses Land verpflanzt worden seien, um die arabische Welt zu unterwerfen und ihre Bodenschätze zu kontrollieren. Diese Überzeugung wurde durch die Tatsache bestärkt, dass die zionistische Bewegung von Anfang an eine Allianz mit wenigstens einer westlichen Macht anstrebte (Deutschland, Großbritannien, Frankreich, den USA), um den Widerstand der Araber zu brechen. Das Ergebnis war eine praktische Zusammenarbeit und Interessengemeinschaft zwischen dem zionistischen Projekt und den imperialistischen und kolonialen Kräften, die sich gegen die arabische Nationalbewegung richteten.

22. Die Juden dagegen waren davon überzeugt, der arabische Widerstand gegen das zionistische Unternehmen, die Juden aus den Flammen Europas zu retten, wäre die Folge der mörderischen Natur der Araber und des Islam. In ihren Augen waren die arabischen Kämpfer »Banditen«, und die Aufstände jener Zeit wurden »Ausschreitungen« genannt. Tatsächlich stand der extremste zionistische Führer Vladimir Zeev Jabotinsky in den zwanziger Jahren mit seiner Erkenntnis fast allein, dass der arabische Widerstand gegen das zionistische Vorhaben unvermeidbar und normal war. Von seinem Standpunkt aus war es sogar eine rechtmäßige Reaktion der »Eingeborenen«, die ihr Land gegen fremde Eindringlinge verteidigten. Jabotinsky erkannte auch die Tatsache an, dass die Araber im Land eine eigene nationale Entität waren, und mokierte sich über Versuche, die Führer anderer arabischer Länder zu bestechen, um dem palästinensisch-arabischen Widerstand ein Ende zu setzen. Jabotinskys Schlussfolgerung war dann aber, eine »Eiserne Wand« gegen die Araber zu errichten und ihren Widerstand mit aller Gewalt zu brechen.

23. Dieser totale Widerspruch in der Auffassung der Tatsachen wirkte sich auf alle Aspekte dieses Konflikts aus. Zum Beispiel interpretierten die Juden ihren Kampf für »Jüdische Arbeit« als einen fortschrittlichen sozialen Versuch, aus einem Volk von Händlern und Spekulanten eines von Arbeitern und Bauern

zu machen. Die Araber andererseits sahen dies als einen verbrecherischen Versuch der Zionisten, sie zu enteignen, sie vom Arbeitsmarkt zu verdrängen und auf ihrem Land eine araberfreie, eigene jüdische Wirtschaft zu schaffen.

24. Die Zionisten waren stolz auf »die Erlösung des Landes«. Sie hatten es zum vollen Preis erworben mit dem Geld, das Juden aus aller Welt gesammelt hatten. Die »Olim« (die neuen Einwanderer, wörtlich Pilger), die in ihrem früheren Leben Intellektuelle und Kaufleute gewesen waren, verdienten jetzt ihren Lebensunterhalt im »Schweiße ihres Angesichts«. Sie glaubten, sie hätten all das mit friedlichen Mitteln erreicht und ohne einen einzigen Araber zu enteignen. Für die Araber jedoch war es eine grausame Geschichte von Enteignung und Vertreibung. Die Juden erwarben Land von abwesenden arabischen Großgrundbesitzern und vertrieben dann gewaltsam die Fellachen, die seit Generationen auf und von diesem Land lebten. Zunächst ließen sich die Zionisten bei diesem Tun von der türkischen, dann von der britischen Polizei unterstützen. Die Araber mussten verzweifelt zusehen, wie ihnen ihr Land weggenommen wurde.

25. Gegen die zionistische Behauptung, erfolgreich »die Wüste in einen Garten verwandelt« zu haben, zitierten die Araber Zeugnisse europäischer Reisender aus mehreren Jahrhunderten. Sie berichteten von einem Palästina, das besiedelt und ein blühendes Land war wie seine Nachbarländer.

Unabhängigkeit und Katastrophe

26. Der Kontrast der beiden nationalen Geschichtsauffassungen gipfelte im Krieg von 1948. Von den Juden wurde dieser »Unabhängigkeitskrieg« oder gar »Befreiungskrieg« genannt, von den Arabern »Al-Nakba«, die Katastrophe.

27. Mit der Zuspitzung des Konflikts in der Region und unter der Nachwirkung des Holocaust entschieden die Vereinten Nationen, das Land in zwei Staaten zu teilen, einen jüdischen und einen arabischen. Jerusalem und seine Umgebung sollte ei-

nen Sonderstatus erhalten und unter internationale Aufsicht gestellt werden. Den Juden wurden 55 Prozent des Landes einschließlich des dünn besiedelten Negev zugeteilt.

28. Die zionistische Bewegung akzeptierte den Teilungsplan; für sie war es das Wichtigste, eine feste Basis für die jüdische Souveränität zu schaffen. In geschlossenen Sitzungen hat David Ben-Gurion nie seine Absicht verhehlt, bei der nächsten Gelegenheit das den Juden gegebene Land zu erweitern. Deshalb definiert Israels Unabhängigkeitserklärung nicht Israels Grenzen, die bis heute nicht festgelegt sind.

29. Die arabische Welt akzeptierte den Teilungsplan nicht und betrachtete ihn als einen unzulässigen Versuch der Vereinten Nationen (die damals ein Klub westlicher und kommunistischer Staaten waren), ein Land zu teilen, das ihnen nicht gehörte. Da man den größten Teil des Landes der jüdischen Minderheit übergab, die nur ein Drittel der Bevölkerung ausmachte, war er in ihren Augen noch weniger annehmbar.

30. Der Krieg, der infolge des Teilungsplans von den Arabern begonnen wurde, war zwangsläufig ein »ethnischer« Krieg – ein Krieg, in dem jede Seite versucht, so viel Land wie möglich zu erobern und die Bevölkerung der Gegenseite zu vertreiben. Eine solche Kampagne, die später »ethnische Säuberung« genannt wurde, ist immer mit Vertreibung und Gräueltaten verbunden.

31. Der Krieg von 1948 war ein unmittelbarer Ausdruck des zionistisch-arabischen Konflikts, in dem jede Seite versuchte, ihre Ziele zu erreichen. Die Juden wollten einen homogenen Nationalstaat errichten, der so groß wie möglich sein sollte. Die Araber wollten die zionistisch-jüdische Gemeinschaft vernichten, die sich in Palästina festgesetzt hatte.

32. Beide Seiten praktizierten ethnische Säuberungen als integralen Bestandteil ihres Kampfes. Nur wenige Araber blieben in den von Juden eroberten und kein Jude in den von Arabern eroberten Gebieten. Da die Juden jedoch weit größere Gebiete erobert hatten als die Araber, war das Ergebnis keineswegs ausgeglichen. Die Idee eines Bevölkerungsaustauschs und »Transfers« – was in Wirklichkeit die Vertreibung der arabischen Be-

völkerung aus dem Land bedeutete – entstand in den zionistischen Organisationen schon in den dreißiger Jahren. Auf der Gegenseite waren viele Araber der Meinung, dass die Zionisten dorthin zurückkehren sollten, wo sie hergekommen waren.

33. Der Mythos von »den Wenigen gegen die Vielen« wurde von den Juden gepflegt, um die Situation der jüdischen Gemeinschaft mit 650 000 Menschen gegenüber der gesamten arabischen Welt von über hundert Millionen zu beschreiben. Die jüdische Gemeinschaft verlor im Krieg ein Prozent ihrer Mitglieder.

Die Araber malten ein völlig anderes Bild: Eine arabische Bevölkerung ohne nationale Führung, ohne einheitliches Kommando über schwache Streitkräfte, mit wenigen armseligen, meistens veralteten Waffen stand einer außerordentlich gut organisierten jüdischen Gemeinschaft gegenüber, die im Gebrauch ihrer Waffen bestens ausgebildet war. Die benachbarten arabischen Staaten verrieten die Palästinenser, und als sie schließlich ihre Armeen entsandten, operierten sie in Konkurrenz miteinander, ohne Koordination und einen gemeinsamen Plan. Vom gesellschaftlichen und militärischen Standpunkt aus war die Kampfkraft der Israelis derjenigen der arabischen Staaten, die sich gerade erst von der kolonialen Epoche erholten, weit überlegen.

34. Nach dem Plan der Vereinten Nationen sollte der Anteil der arabischen Bevölkerung im jüdischen Staat etwa 40 Prozent betragen. Während des Kriegs dehnte der jüdische Staat seine Grenzen aus, bis er 78 Prozent des Landes umfasste. Dieses Gebiet war von nahezu allen Arabern verlassen worden. Die arabische Bevölkerung von Nazareth und ein paar Dörfern in Galiläa blieb beinahe zufällig zurück. Die Dörfer im so genannten Dreieck hatte Israel vom jordanischen König Abdallah als Teil eines Deals erhalten und konnten deshalb nicht evakuiert werden.

35. Im Krieg wurden etwa 750 000 Palästinenser entwurzelt. Einige flohen aus Angst vor den Kämpfen, so wie es die Zivilbevölkerung in jedem Krieg tut. Einige wurden durch Terrorakte verjagt, wie zum Beispiel durch das Massaker von Deir Yassin. Andere wurden im Laufe der ethnischen Säuberung systematisch vertrieben.

36. Nicht weniger bedeutsam ist die Tatsache, dass es den Flüchtlingen nach den Kämpfen nicht erlaubt war, in ihre Häuser zurückzukehren, wie es nach jedem konventionellen Krieg üblich ist. Im Gegenteil: Das neue Israel sah das Verschwinden der Araber als einen großen Segen an und beeilte sich, die etwa 450 Dörfer völlig zu zerstören. Auf den Ruinen wurden neue, jüdische Ortschaften gebaut, denen neue, hebräische Namen gegeben wurden. Die verlassenen Häuser in den Städten wurden den Immigranten überlassen.

»Ein jüdischer Staat«

37. Die Unterzeichnung der Waffenstillstandsvereinbarungen am Ende des Kriegs von 1948 brachte kein Ende des historischen Konflikts. Im Gegenteil: Er wurde nur auf eine neue Ebene umverlagert und intensiviert.

38. Der neue Staat Israel widmete seine frühen Jahre der Konsolidierung seines homogenen Nationalcharakters als »jüdischer Staat«. Große Teile des Bodens wurden enteignet, und zwar der der »Abwesenden« (der Flüchtlinge) und der Boden jener, die offiziell als »abwesend Anwesende« bezeichnet wurden – Araber, die zwar in Israel geblieben waren, aber keine Staatsbürgerschaft erhielten. Sogar der größte Teil des Bodens der arabischen Bürger Israels wurde enteignet. Auf diesen Ländereien wurde ein dichtes Netzwerk jüdischer Siedlungen geschaffen. Jüdische »Immigranten« wurden eingeladen oder sogar veranlasst, in Massen zu kommen. Diese immensen Anstrengungen vergrößerten die Macht des Staates in nur wenigen Jahren um ein Mehrfaches.

39. Zur selben Zeit führte der Staat nachdrücklich eine Politik der Auslöschung der palästinensischen Gemeinschaft als nationaler Gemeinschaft. Mit israelischer Hilfe übernahm der transjordanische König Abdallah die Kontrolle über das Westjordanland, und seitdem gibt es praktisch eine israelische militärische Garantie für die Existenz des Königreichs Jordanien.

40. Der Hauptgrund für die Zusammenarbeit zwischen Israel und dem Haschemitischen Königreich, die seit mehr als drei Generationen andauert, war die Verhinderung des Entstehens eines unabhängigen arabisch-palästinensischen Staates, der – damals wie heute – als ein wesentliches Hindernis für die Realisierung der zionistischen Ziele betrachtet wird.

41. Gegen Ende der fünfziger Jahre ereignete sich auf palästinensischer Seite ein historischer Wandel, als Yassir Arafat und seine Mitstreiter die Fatah-Bewegung gründeten, die die palästinensische Befreiungsbewegung aus der Vormundschaft der arabischen Regierungen führen sollte. Es war kein Zufall, dass diese Bewegung nach dem Scheitern des großen panarabischen Konzepts entstand, dessen bekanntester Vertreter Gamal Abdel Nasser war. Bis zu diesem Zeitpunkt hatten viele Palästinenser gehofft, in eine vereinigte allarabische Nation aufgenommen zu werden. Als diese Hoffnung dahinschwand, erwachte die eigene nationale Identität der Palästinenser aufs Neue.

42. Die Palästinensische Befreiungsorganisation (PLO) wurde von Gamal Abdel Nasser geschaffen, um selbständige palästinensische Aktionen zu verhindern, die ihn in einen unerwünschten Krieg mit Israel hätten hineinziehen können. Die Organisation war dazu gedacht, die ägyptische Herrschaft über die Palästinenser zu sichern. Doch nach der arabischen Niederlage im Krieg von 1967 übernahm die von Yassir Arafat geführte Fatah die Kontrolle über die PLO und wurde seitdem zur einzigen Vertreterin des palästinensischen Volkes.

Der »Sechstagekrieg«

43. Der Junikrieg 1967 wird – wie jedes Ereignis der vergangenen 120 Jahre – von beiden Seiten in sehr verschiedener Weise gesehen. Dem israelischen Mythos zufolge war es ein verzweifelter Verteidigungskrieg, der dem Staat Israel wunderbarerweise eine Menge Land bescherte. Dem palästinensischen Mythos zufolge tappten die Ägypter, Syrer und Jordanier in eine von Isra-

el in der Absicht, alles zu erbeuten, was von Palästina noch übrig war, gestellte Falle.

44. Viele Israelis glauben, dass der »Sechstagekrieg« die Wurzel allen Übels war und dass sich das friedliebende und fortschrittliche Israel erst zu diesem Zeitpunkt in einen Eroberer und Besatzer verwandelte. Diese Überzeugung erlaubt den Israelis, die Idee der absoluten Unschuld des Zionismus und des Staates Israel bis heute aufrechtzuerhalten und ihre alten Mythen zu bewahren. Diese Legende entspricht aber nicht den Tatsachen.

45. Der Krieg von 1967 bedeutete eine neue Phase des alten Kampfes zwischen zwei Nationalbewegungen. Er änderte nichts am Wesentlichen. Er änderte nur die Umstände. Die wesentlichen Ziele der zionistischen Bewegung – ein jüdischer Staat, Expansion und Besiedelung – machten große Fortschritte. Die besonderen Umstände dieses Kriegs machten eine umfassende »ethnische Säuberung« unmöglich. Aber Hunderttausende von Palästinensern wurden trotzdem vertrieben.

46. Israel waren im Teilungsplan von 1947 55 Prozent des Landes Palästina zugesprochen worden; zusätzliche 23 Prozent wurden im Krieg von 1948 erobert und nun noch die verbliebenen 22 Prozent – jenseits der Grünen Linie (der Waffenstillstandslinie von vor 1967). So wurde 1967 – unbeabsichtigt – das palästinensische Volk unter Israels Herrschaft wiedervereinigt – einschließlich eines Teils der Flüchtlinge.

47. Kaum war der Krieg beendet, begann die Siedlungsbewegung. Fast jede politische Gruppe des Staates beteiligte sich daran – vom messianisch-nationalistischen Gush Emunim bis zu den »Linken« der Vereinigten Kibbuzbewegung. Die ersten Siedler erhielten breite Unterstützung vonseiten der meisten Politiker, linken und rechten, von Yigal Allon (jüdische Siedlung in Hebron) bis Shimon Peres (Siedlung Kedumim).

48. Die Tatsache, dass alle Regierungen Israels – wenn auch in unterschiedlichem Ausmaß – die Siedlungen hegten und pflegten, beweist, dass das Errichten von Siedlungen auf kein bestimmtes ideologisches Lager beschränkt ist und zur gesamten zionistischen Bewegung gehört. Der Eindruck, die Siedlungsbewe-

gung sei von einer kleinen Minderheit geschaffen worden, ist illusorisch. Nur die ständige Unterstützung seitens aller Regierungseinrichtungen von 1967 bis heute konnte die gesetzgeberischen, strategischen und Haushaltsinfrastrukturen schaffen, die für ein so lange dauerndes und ausgedehntes Unternehmen erforderlich sind.

49. Die gesetzgeberische Infrastruktur enthält die irreführende Unterstellung, dass die Besatzungsmacht der Eigentümer des »regierungseigenen Bodens« sei, obwohl es um die lebenswichtigen Landreserven der palästinensischen Bevölkerung geht. Es versteht sich von selbst, dass die Siedlungsbewegung gegen internationales Recht verstößt.

50. Der Streit zwischen den Anhängern eines Groß-Israel und denen des »Territorialen Kompromisses« ist seinem Wesen nach ein Streit über den Weg, auf dem das grundsätzliche zionistische Anliegen zu erreichen ist: als ein homogener jüdischer Staat auf einem Territorium, das so groß wie möglich ist. Die Anhänger des »Kompromisses« betonen den demographischen Aspekt und wollen die Einbeziehung der palästinensischen Bevölkerung in den Staat verhindern. Die Anhänger eines Groß-Israel betonen den geographischen Aspekt und meinen öffentlich oder privat, es sei möglich, die nichtjüdische Bevölkerung aus dem Land zu vertreiben (das Schlüsselwort: »Transfer«).

51. Der Generalstab der israelischen Armee spielte bei der Planung und beim Bau der Siedlungen eine bedeutende Rolle. Er zeichnete die Karte der Siedlungen (Ariel Sharon), Wohngebiete und Umgehungsstraßen der Länge und der Breite nach, sodass das Westjordanland und der Gazastreifen zerstückelt sind und die Palästinenser in isolierten Enklaven eingesperrt werden, von denen jede von Siedlungen und der Besatzungsarmee umzingelt ist.

52. Die Palästinenser nutzten verschiedene Methoden des Widerstands, hauptsächlich Angriffe über die jordanische und die libanesische Grenze und Angriffe innerhalb Israels sowie überall auf der Welt. Diese Aktionen werden von den Israelis als »terroristisch« bezeichnet, während die Palästinenser in ihnen den

legitimen Widerstand einer Nation unter Besatzung sehen. Die Führung der PLO, geleitet von Yassir Arafat, wurde von den Israelis lange Zeit als eine terroristische Führung angesehen, aber nach und nach wurde sie international als die »einzig legitime Vertretung« des palästinensischen Volkes anerkannt.

53. Als den Palästinensern klar wurde, dass diese Aktionen die Siedlungsbewegung nicht beenden konnten, die ihnen allmählich das Land unter den Füßen wegzog, begannen sie Ende 1987 die Intifada – einen Volksaufstand aller Bevölkerungsgruppen. In dieser Intifada wurden 1500 Palästinenser getötet, unter ihnen Hunderte von Kindern, ein Mehrfaches der israelischen Verluste.

Der Friedensprozess

54. Der Oktoberkrieg 1973 begann mit dem Überraschungssieg der ägyptischen und syrischen Truppen und endete in ihrer Niederlage. Er überzeugte Yassir Arafat und seine engsten Mitarbeiter, dass es keinen militärischen Weg gibt, um die palästinensischen Ziele zu erreichen. Er beschloss, einen politischen Weg zu beschreiten und ein Abkommen mit Israel zu erzielen, um wenigstens einen Teil der nationalen Ziele durch Verhandlungen zu verwirklichen.

55. Um dafür eine Grundlage zu schaffen, stellte Arafat zunächst Verbindungen mit israelischen Persönlichkeiten her, die Einfluss auf die öffentliche Meinung und auf die Regierungspolitik in Israel hatten. Seine Vertreter Said Hamami und Issam Sartawi trafen sich mit öffentlichen Persönlichkeiten Israels, jenen Pionieren des Friedens, die 1975 den Israelischen Rat für Israelisch-Palästinensischen Frieden gründeten.

56. Diese Verbindungen und die wachsende Erschöpfung der Israelis durch die Intifada, der Rückzug Jordaniens aus dem Westjordanland und die Veränderung der internationalen Bedingungen (Zusammenbruch des kommunistischen Blocks,

Golfkrieg 1991) führten zur Madrider Friedenskonferenz und später zum Oslo-Abkommen.

Das Oslo-Abkommen

57. Das Oslo-Abkommen besitzt positive und negative Aspekte.

58. Positiv zu bewerten ist, dass das Abkommen Israel erstmals zu einer offiziellen Anerkennung des palästinensischen Volkes und seiner nationalen Führung sowie die Palästinensische Nationalbewegung zur Anerkennung der Existenz Israels bewegte. Im Hinblick hierauf war das Abkommen und der Briefwechsel, der ihm vorausging, von größter historischer Bedeutung.

59. Das Abkommen gewährte der Palästinensischen Nationalbewegung eine territoriale Basis auf palästinensischem Boden, die Strukturen eines »Staates im Werden« und bewaffnete Kräfte – Umstände, die später eine bedeutende Rolle im weiteren palästinensischen Kampf spielten. Für die Israelis öffnete das Abkommen die Tore zur arabischen Welt und beendete die palästinensischen Angriffe – solange es wirksam war.

60. Der Hauptmangel des Abkommens war, dass beide Seiten hofften, ihre vollkommen gegensätzlichen Ziele zu erreichen. Die Palästinenser sahen es als ein zeitweiliges Abkommen an, das den Weg zur Beendigung der Besatzung und zur Gründung eines Palästinenserstaates in allen besetzten Gebieten bereitete. Auf der anderen Seite sahen die jeweiligen israelischen Regierungen in ihm einen Weg, die Besatzung in großen Teilen des Westjordanlands und des Gazastreifens mit einer eigenen palästinensischen Regierung (*self-government*) aufrechtzuerhalten, die die Rolle einer Hilfsbehörde für die Sicherheit Israels und der Siedlungen spielen sollte.

61. Darum stellt Oslo nicht den Beginn eines Prozesses zur Beendigung des Konflikts dar, sondern eher eine neue Phase des Konflikts.

62. Weil die Erwartungen auf beiden Seiten so sehr von einander abwichen und jede völlig an das eigene nationale Geschichtsverständnis gebunden blieb, wurde jeder Teil des Abkommens unterschiedlich interpretiert. Letzten Endes wurden viele Teile des Abkommens, vor allem vonseiten Israels, nicht umgesetzt: so etwa der dritte Rückzug und die vier sicheren Passagen zwischen dem Gazastreifen und dem Westjordanland.

63. Während der ganzen Periode des Oslo-Prozesses erweiterte Israel die Siedlungen, indem es hauptsächlich unter verschiedenen Vorwänden neue gründete, die bestehenden vergrößerte, ein sorgfältig ausgearbeitetes Netz von Umgehungsstraßen baute, Land enteignete, Häuser zerstörte und Plantagen verwüstete. Die Palästinenser nutzten ihrerseits die Zeit, ihre Kräfte innerhalb und außerhalb des durch das Abkommen vorgegebenen Rahmens zu stärken. Tatsächlich setzte sich der historische Konflikt unter dem Vorwand der Verhandlungen und des »Friedensprozesses«, der stellvertretend für tatsächlichen Frieden stand, unvermindert weiter fort.

64. Im Gegensatz zu seinem Image, das sich nach seiner Ermordung noch stärker ausprägte, hielt Yitzhak Rabin den Konflikt »auf dem Boden« am Leben, während er gleichzeitig den politischen Prozess, Frieden unter israelischen Bedingungen zu erlangen, managte. Da er ein Anhänger der zionistischen Geschichtsdeutung war und ihre Mythologie akzeptierte, litt er an einer kognitiven Dissonanz, als seine Hoffnungen auf Frieden mit seiner Vorstellungswelt zusammenprallten. Es schien, als ob er begonnen hätte, einige Teile der palästinensischen Geschichtsdeutung zu verinnerlichen – aber das war erst kurz vor seinem Lebensende.

65. Der Fall Shimon Peres ist viel ernster. Er schuf sich selbst ein internationales Image als Friedensmacher und richtete seine Redeweise derart aus, dass sie dieses Image reflektierte (»Der Neue Nahe Osten«), während er im Wesentlichen ein traditioneller zionistischer Falke blieb. Das wurde während der kurzen und gewalttätigen Periode deutlich, als er nach der Ermordung

Rabins Ministerpräsident war, und später, als er die Rolle des Sprechers und Verteidigers von Sharon annahm.

66. Am deutlichsten wurde das israelische Dilemma, als Ehud Barak an die Macht kam und vollkommen von seiner Fähigkeit überzeugt war, den gordischen Knoten des historischen Konflikts mit einem dramatischen Schlag lösen zu können – wie Alexander der Große. Barak näherte sich dem Problem mit völliger Ignoranz der palästinensischen Geschichtsauslegung und ohne Achtung vor ihrer Bedeutung. Er versuchte, seine Vorschläge zu diktieren, und war erschrocken und wütend, als sie zurückgewiesen wurden.

67. In seinen Augen und auch nach Ansicht von weiten Teilen der israelischen Bevölkerung »hatte Barak jeden Stein umgedreht« und den Palästinensern großzügigere Angebote gemacht als jeder Ministerpräsident vor ihm. Als Gegenleistung wollte er, dass die Palästinenser »das Ende des Konflikts« unterzeichneten. Die Palästinenser betrachteten dies als groteske Anmaßung, da Barak sie doch tatsächlich aufgefordert hatte, nationale Grundideen wie das Recht auf Rückkehr und die Souveränität über Ostjerusalem und den Tempelberg aufzugeben. Mehr noch, während Barak die Ansprüche auf Annexion von Land als eine Angelegenheit von kaum erwähnenswerten Prozenten (»Siedlungsblöcke«) darstellte, handelte es sich nach Berechnungen der Palästinenser um eine Annexion von ganzen 20 Prozent des Landes jenseits der Grünen Linie.

68. Die Palästinenser waren ihrer Ansicht nach schon den entscheidenden Kompromiss eingegangen, indem sie bereit waren, ihren Staat jenseits der Grünen Linie aufzubauen – in nur 22 Prozent ihrer historischen Heimat. Deshalb konnten sie nur kleinen Grenzkorrekturen mit Landaustausch zustimmen. Die traditionelle israelische Position ist, dass die Errungenschaften des Kriegs von 1948 Fakten sind, an denen nicht gerüttelt werden darf, und dass der Kompromiss sich nur auf die verbleibenden 22 Prozent konzentrieren kann.

69. So wie es sich mit den meisten Begriffen und Vorstellungen verhält, so hat auch das Wort »Konzessionen« für beide Seiten

unterschiedliche Bedeutungen. Die Palästinenser sind davon überzeugt, dass sie bereits auf 78 Prozent ihres Landes verzichtet haben, wenn sie sich mit nur 22 Prozent davon begnügen. Die Israelis sehen in ihrem Einverständnis, den Palästinensern Teile von diesen 22 Prozent (des Westjordanlands und des Gazastreifens) zuzugestehen, bereits ein Entgegenkommen.

70. Der Camp-David-Gipfel im Sommer 2000, der Arafat gegen seinen Willen aufgedrängt wurde, kam zu früh und führte zu einem Rückschlag. Baraks Forderungen, die auf dem Gipfel als diejenigen Clintons präsentiert wurden, bestanden darin, dass die Palästinenser das Ende des Konflikts befürworten und auf das Rückkehrrecht und die Rückkehr selbst verzichten sollten sowie komplizierte Regelungen für Ostjerusalem und den Tempelberg – ohne Souveränität über diese – akzeptieren sollten. Auch mit großen territorialen Annexionen im Westjordanland und im Gazastreifen sowie mit der militärischen Präsenz in anderen großen Gebieten und mit der israelischen Kontrolle über die Grenzen, die den palästinensischen Staat vom Rest der Welt trennen, sollten sie sich einverstanden erklären. Kein palästinensischer Führer würde jemals solch ein Abkommen unterzeichnen. So endete der Gipfel in einer Sackgasse, und auch die politischen Laufbahnen von Clinton und Barak gingen ihrem Ende entgegen.

Die Al-Aqsa-Intifada

71. Das Scheitern des Gipfels, das Verschwinden jeglicher Hoffnung auf ein Abkommen zwischen den beiden Seiten und die bedingungslose proisraelische Haltung der Amerikaner führten unvermeidlich zu einer neuen Runde von gewalttätigen Konfrontationen, die den Namen Al-Aqsa-Intifada bekamen. Für die Palästinenser ist sie ein gerechtfertigter nationaler Aufstand gegen die ständige Besatzung, deren Ende nicht in Sicht ist und die sich das Recht herausnimmt, ständig und täglich Land unter den Füßen der Palästinenser wegzuziehen. Für die Israelis stellt

dieser Ausbruch mörderischen Terror dar. Den Palästinensern erscheinen diejenigen, die diese Taten begehen, wie Nationalhelden – für die Israelis sind sie kaltblütige Verbrecher, die liquidiert werden müssen.

72. Die offiziellen Medien in Israel erwähnen die Siedler nicht mehr als solche, sondern nennen sie neuerdings »Einwohner«, die anzugreifen ein Verbrechen an Zivilisten ist. Die Palästinenser betrachten die Siedler als die vorderste Reihe eines gefährlichen Feindes, dessen Absicht es ist, sie ihres Landes zu berauben, und der besiegt werden muss.

73. Ein großer Teil des israelischen Friedenslagers brach während der Al-Aqsa-Intifada zusammen, und es stellte sich heraus, dass die Überzeugungen vieler auf tönernen Füßen standen. Besonders nachdem Barak »jeden Stein umgedreht« und »großzügigere Angebote als jeder frühere Ministerpräsident« gemacht hatte, war die Reaktion der Palästinenser für diesen Teil des Friedenslagers unbegreiflich. Seine Vertreter hatten nämlich nie eine Revision der zionistischen Geschichtsdeutung vollzogen und die Tatsache nicht zur Kenntnis genommen, dass es auch eine palästinensische Geschichtsdeutung gibt. Die einzige verbliebene Erklärung war, dass die Palästinenser das israelische Friedenslager betrogen hätten, dass sie nie beabsichtigt hätten, Frieden zu schließen, und dass es ihre wahre Absicht sei, die Juden ins Meer zu werfen, wie die zionistische Rechte immer behauptet hatte.

74. Das Ergebnis war, dass die trennende Linie zwischen der zionistischen »Rechten« und der »Linken« verschwand. Die Führer der Arbeitspartei vereinigten sich mit der Sharon-Regierung und wurden ihre effektivsten Vertreter (Shimon Peres), und sogar die formelle linke Opposition (Yossi Sarid) nahm am Konsens teil. Dies beweist wieder, dass die zionistische Geschichtsdeutung der entscheidende Faktor ist, alle Facetten des politischen Systems in Israel zu vereinigen. Die Unterschiede zwischen Rechavam Zeevi und Avraham Burg, Yitzhak Levi und Yossi Sarid sind unbedeutend.

75. Es gibt einen spürbaren Rückgang der palästinensischen Bereitschaft, den Dialog mit den israelischen Friedenskräften wieder aufzunehmen; das ist eine Folge der großen Enttäuschung über die »linke Regierung«, die nach den Netanyahu-Jahren so viele Hoffnungen geweckt hatte, wie auch eine Folge der Tatsache, dass außer den kleinen radikalen Friedensgruppen sich niemand über die brutalen Reaktionen der Besatzungskräfte empörte. Die Tendenz, die Reihen zu schließen, die für jede Nation in einem Befreiungskrieg typisch ist, ermöglicht es den extremen nationalistischen und religiösen Kräften auf der palästinensischen Seite, jede israelisch-palästinensische Zusammenarbeit zu erschweren.

Ein neues Friedenslager

76. Der Zusammenbruch des alten Friedenslagers erfordert die Schaffung einer neuen israelischen Friedensbewegung, die realistisch, modern, wirksam und stark sein wird. Ein Friedenslager, das die israelische Öffentlichkeit beeinflussen und zu einer umfassenden Neubewertung der alten Grundsätze führen kann, um so einen Wechsel im israelischen politischen System zu bewirken.

77. Dazu muss die neue Friedensbewegung die öffentliche Meinung zu einer mutigen Neubewertung der nationalen Geschichtsdeutung und zu ihrer Befreiung von falschen Mythen führen. Sie muss danach streben, die Geschichtsauffassungen der beiden Völker in einer gemeinsamen Geschichte zu vereinen, die frei von Geschichtsfälschungen ist und von beiden Seiten akzeptiert werden kann.

78. Während dies getan wird, muss die israelische Öffentlichkeit auch darüber informiert werden, dass bei all den schönen und positiven Seiten des zionistischen Unternehmens dem palästinensischen Volk ein furchtbares Unrecht angetan wurde. Dieses Unrecht, das seinen Höhepunkt während der Nakba er-

reichte, verpflichtet uns, Verantwortung zu übernehmen und den Schaden wiedergutzumachen, so gut dies irgend möglich ist.

79. Mit einem neuen Verständnis der Vergangenheit und der Gegenwart muss das neue Friedenslager einen Plan erarbeiten, der auf folgender Grundlage beruht:

a) Neben Israel wird ein unabhängiger und freier palästinensischer Staat gegründet.

b) Die Grüne Linie wird die Grenze zwischen den beiden Staaten bilden. Mit Zustimmung beider Seiten ist ein begrenzter Gebietsaustausch möglich.

c) Die israelischen Siedlungen auf dem Territorium des palästinensischen Staates werden geräumt.

d) Die Grenze zwischen den beiden Staaten wird nach einer zwischen beiden Seiten vereinbarten Regelung für den Personen- und Güterverkehr offen sein.

e) Jerusalem wird die Hauptstadt beider Staaten – Westjerusalem die Hauptstadt Israels und Ostjerusalem die Hauptstadt Palästinas. Der Staat Palästina wird die vollständige Souveränität in Ostjerusalem besitzen, einschließlich des Haram esh-Sharif (Tempelberg). Der Staat Israel wird die volle Souveränität in Westjerusalem besitzen, einschließlich der Westmauer (Klagemauer) und des jüdischen Viertels. Beide Staaten werden ein Abkommen über die physische Einheit der Stadt auf Verwaltungsebene schließen.

f) Israel wird prinzipiell das Recht der Palästinenser auf Rückkehr als ein unveräußerliches Menschenrecht anerkennen. Die praktische Lösung wird durch ein Abkommen erreicht, das auf gerechten, fairen und praktischen Erwägungen beruht und neben Entschädigungen das Recht auf Rückkehr der Vertriebenen in das Gebiet des Staates Palästina sowie das des Staates Israel einschließt.

g) Die Wasservorkommen werden gemeinsam kontrolliert und in einem gleichberechtigten und ehrlichen Abkommen zugewiesen.

h) Die Sicherheit beider Staaten wird in einem Sicherheitsabkommen garantiert, das die spezifischen Sicherheitsinteressen sowohl Israels als auch Palästinas berücksichtigt.

i) Israel und Palästina werden mit anderen Staaten der Region zusammenarbeiten, um eine Nahost-Gemeinschaft nach dem Modell der Europäischen Union zu errichten.

80. Die Unterzeichnung eines Friedensabkommens und dessen ehrliche Verwirklichung wird zu einer historischen Versöhnung zwischen den beiden Nationen führen, die auf Gleichheit, Zusammenarbeit und gegenseitiger Achtung beruht.

Der jüdische Tannhäuser

Über Theodor Herzl

12. Dezember 1996

Am 14. Februar 1896 erschien in Wien eine kaum 90 Seiten starke Broschüre, die den grandiosen Namen *Der Judenstaat* trug. Sie erregte kein besonderes Aufsehen. Der Autor, ein gewisser Dr. Theodor Herzl, war zwar als Feuilletonist und Stückeschreiber ziemlich bekannt, wurde aber als politischer Kopf kaum ernst genommen. Man betrachtete ihn bestenfalls als Fantasten, schlimmstenfalls als Scharlatan und Hochstapler.

Dennoch löste dieses Büchlein eine der größten Revolutionen des 20. Jahrhunderts aus. An deren Ende ist das kommunistische Imperium, das auf dem Werk eines anderen Juden, des christlich getauften Karl Marx, beruhte, sang- und klanglos zusammengebrochen. Und auch das Dritte Reich, das der Österreicher Adolf Hitler in *Mein Kampf* entwarf, ist nur noch schaurige Erinnerung. Aber der Judenstaat Herzls besteht und hat nach langem Krieg mit einigen seiner Nachbarn Frieden geschlossen.

Dabei hatte das Buch eine sonderbare Entstehungsgeschichte. Herzl selbst beabsichtigte zunächst gar nicht, seine Schrift zu veröffentlichen. Als er in fieberhafter Stimmung, unter dem Eindruck der Opern Richard Wagners, besonders des »Tannhäuser«, seine Gedanken in Paris zu Papier brachte, machte er sich nur Notizen für eine Rede, die er im Familienrat der Rothschilds zu halten gedachte. Mit dem Geld der großen Bankiers wollte er nämlich seinen Plan ausführen, die Meinung der jüdischen Massen kümmerte ihn nicht. Aber die Rothschilds dachten gar nicht daran, den aufdringlichen Wiener Journalisten zu empfangen. Aus der Rede wurde nichts, und Herzl beschloss schweren Herzens, seine Ideen nun doch nach draußen zu tragen. Er schrieb in sein Tagebuch: »Ich glaube, für mich hat das Leben aufgehört und die Weltgeschichte begonnen.« Das könnte leicht wie Größenwahn aussehen und war es vielleicht auch. Denn außer einer Idee, die auch nicht neu war – obwohl Herzl das nicht wusste –, hatte er nichts vorzuweisen. Für eine weltgeschichtliche Rolle schien er ein höchst unwahrscheinlicher Kandidat.

Herzl wurde als Sohn wohlhabender, weitgehend assimilierter jüdischer Eltern 1860 in Budapest geboren. Seit dem 19. Lebensjahr lebte er in Wien, fühlte sich stolz als »deutscher Schriftsteller« und wollte sich als solcher einen unsterblichen Namen machen. Vom Judentum wusste er so gut wie nichts; die assimilierten Juden, die er kannte, verachtete er. Er trat auf wie ein Dandy, legte größten Wert auf seine Kleidung, sah auch gut aus, hochgewachsen, mit ausdrucksvollen braunen Augen. Früh ließ er sich einen Bart stehen, um älter zu wirken. Frauen fühlten sich von ihm angezogen, aber er blieb einsam, galt als hochnäsig und hatte keine Freunde. Während seines Jurastudiums trat er einer deutschnationalen Burschenschaft bei, nahm Fechtunterricht, schlug sich auch einmal. Er heiratete ein reiches Mädchen und hätte sein Leben wohl als ein angesehener, mittelmäßiger Autor beendet, wenn er nicht mit einer unerklärlichen Erscheinung in Berührung gekommen wäre, die ihren Namen in der zweiten Hälfte des 19. Jahrhunderts erhalten hatte: dem Antisemitismus.

Natürlich hatte Herzl schon als Junge in Budapest antisemitische Bemerkungen erlebt, und auch Wien, wo damals zehn Prozent der Einwohner jüdisch waren, pflegte seinen Antisemitismus. Herzl nahm das aber lange nicht ernst – man ging über so etwas hinweg, weil man darin nur einen Ausdruck des Pöbels sah. Einmal rief ihm ein betrunkener Kadett »Saujud« nach, als er im Fiaker an ihm vorbeifuhr. Herzl war betroffen – der Kerl kannte ihn doch gar nicht, er konnte über ihn nur wissen, dass er »eine Judennase und einen Judenbart« hatte, wie er schrieb, aber das genügte. Auch die antisemitische Schrift des angesehenen deutschen Professors Eugen Dühring erschütterte ihn. Aber das Ereignis, das seinem Leben die Wende gab, war der Dreyfus-Prozess, den er als Pariser Korrespondent der Wiener Zeitung *Neue Freie Presse* 1894 miterlebte. Die Affäre um den jüdischen Artilleriehauptmann, der fälschlich der Spionage für Deutschland beschuldigt und zu lebenslanger Verbannung verurteilt wurde, führte zu heftigen Ausschreitungen. Menschenmassen zogen über die Boulevards und schrien »Tod den Juden«. Herzl war entsetzt. Wenn so etwas in Paris, der Hauptstadt der Menschen- und Bürgerrechte, passieren konnte, wohin ging dann Europa?

Seitdem bestimmte der Antisemitismus Herzls ganzes Geistesleben. Er war der Ausgangspunkt seiner Ideen, der Mittelpunkt seiner Vorahnungen. Er beschäftigte ihn pausenlos. Seine gesamte politische Vision entwarf er als Antwort darauf. Dieser Antisemitismus stellte etwas Neues dar, er war ein typisches Zeichen der Zeit. Judenhass hatte es im christlichen Europa zwar seit eh und je gegeben – im Gegensatz zum islamischen Raum – mit Verfolgungen, Vertreibungen, Massenmorden, Pogromen; dahinter steckten religiöser Fanatismus, Fremdenhass und Aberglaube. Aber der neue Antisemitismus war etwas anderes; nicht durch Zufall entstand er gerade in der zweiten Hälfte des 19. Jahrhunderts. Überall, vom Atlantik bis zum Kaukasus, regte sich damals der Nationalismus. Kleine Völker, die jahrhundertelang friedfertig unter fremden Monarchen gelebt hatten, besannen sich plötzlich auf ihre eigene Kultur, auf ihre (wirkliche oder erfundene) glorreiche Vergangenheit. Tschechen, Slowenen, Letten, Ukrainer, Serben, Polen und andere Völkerschaften verlangten nationale Anerkennung, nationale Autonomie, nationale Selbständigkeit.

Auch in Deutschland entfaltete sich der Nationalismus in mächtiger Form. Bismarcks neu geeintes Reich war nicht nur eine wirtschaftliche und militärische Großmacht, sondern auch ein Tummelplatz nationalistischer Ideen. Gleichzeitig befand sich Frankreich in einem nationalen Taumel, wie die Dreyfus-Affäre bewies. Und in der in allen Fugen bebenden österreichischen Monarchie, Heimat vieler Völker, schuf sich die deutsche Minderheit einen rabiaten Nationalismus, zu dem zuerst auch Herzl neigte. Dieser Nationalismus definierte sich ethnisch, rassisch, völkisch, kulturell, territorial – die Juden, ein über die Welt verstreutes Volk, gehörten nicht dazu; auch wenn sie sich noch so eifrig assimilieren wollten, auch wenn sie sich, wie in Deutschland, patriotischer gebärdeten als viele Patrioten und der nationalen Kultur treu dienten, wurden sie nicht richtig akzeptiert. Überall war der neue Nationalismus mehr oder weniger antisemitisch gefärbt; in manchen Ländern aber brauchte er den Antisemitismus geradezu, um sich selbst zu definieren.

Die Juden blieben ein Fremdkörper, den die neuen Nationen nicht verdauen wollten. Aber weder die Antisemiten noch die Juden selbst wussten klar zu sagen, worin das Besondere, Andersgeartete der Juden lag. Auch Herzl, ein ziemlich oberflächlicher Denker, sah nur die äußeren Erscheinungen – Berufsneid oder Beschränkung der Juden auf Geschäfte wie Handel und Börse. In Wirklichkeit war es die neue Welt der Nationen, die Juden zu etwas Besonderem machte. Vor zwei Jahrtausenden waren die Juden als religiös-kulturelles Weltvolk eines von vielen. Ihr Zentrum befand sich in Palästina, aber sogar als jüdische Könige noch in Jerusalem regierten, lebten schon die meisten Juden verstreut von Persien bis zur Iberischen Halbinsel, mit wichtigen Gemeinden in Städten wie Alexandria, Antiochia und Babylon. Hellenistische, jüdische, christliche und viele andere solcher Gemeinschaften lebten unter sich, regierten sich selbst. Die Völker von damals waren nicht an ein Territorium gebunden, sondern an eine Religion. Das galt als normal, wurde später ein Bestandteil der byzantinischen Staatsform und lebte im osmanischen Millet-System bis ins 20. Jahrhundert fort. Das Besondere an den Juden war, dass sie diese Lebensart in Europa eigensinnig beibehielten, als die europäischen Völker längst andere Gesellschaftsformen annahmen. Im Islam bedeuteten Rasse, Volk und Land nichts – die Religion bestimmte die Identität, und deshalb blieben die Juden dort ein »normales« Volk. Aber im modernen europäischen Nationalstaat entsprachen die Juden nicht mehr der Normalität, sie hatten keinen angestammten Platz.

Ohne die kulturgeschichtlichen Vorgänge ganz zu verstehen, erkannte Herzl intuitiv die ungeheure Gefahr, die sich über den Juden in Europa zusammenballte. Er suchte einen Ausweg. Zuerst dachte er, die Juden sollten sich total assimilieren und damit aufhören, Juden zu sein. Vielleicht könnte man durch allgemeine Mischehen dem Problem ein Ende setzen. Dann entwickelte er eine für ihn typische theatralische Idee: Die Juden in Europa sollten sich in Massen taufen lassen, in riesigen, dramatischen Zeremonien, unter Leitung des Papstes. Derlei wurde natürlich nicht ernst genommen, aber dann kam Herzl auf den Gedanken, der ihn zu einer weltgeschichtlichen Figur machte. Kurz und in modernen Begriffen ausgedrückt: Wenn die ganze Welt nationalistisch wird und wenn alle Nationen keinen Platz für die Juden haben, dann müssen die Juden sich eben als eigene Nation konstituieren und sich einen eigenen Staat irgendwo auf der Welt schaffen. Darin besteht der moderne, politische Zionismus. Das Wort stammt nicht von Herzl; es war einige Jahre vorher von einem anderen Wiener, Nathan Birnbaum, erfunden worden als Bezeichnung für die Bestrebungen, in Palästina jüdische Kolonien zu errichten. Für diese Kolonien, die ab 1882 gegründet und zum Teil vom französischen Baron Edmond de Rothschild finanziert wurden, hatte Herzl zunächst nichts übrig. Er fand sie sinnlos, ja geradezu schädlich.

Zion ist ein Hügel in Jerusalem – der Name wurde schon in der Bibel als Synonym für die Stadt Davids gebraucht. Aber als Herzl den Ausdruck übernahm, dachte er nicht an Jerusalem und auch nicht an Palästina. Im Grunde war es ihm egal, wo das jüdische Volk seinen Staat errichten würde. Am liebsten wäre ihm Argentinien gewesen, und er sann viel darüber nach, wie die Völker Südamerikas zu überzeugen seien, den Juden einen Teil des Kontinents abzutreten. Erst kurz vor der Veröffentlichung seiner Broschüre, als er in London mit britischen Juden in Berührung kam, gewöhnte er sich an die Idee, dass der Zionismus doch im Land Zions verwirklicht werden sollte. In England war eine Art christlicher Zionismus schon lange gang und gäbe. Er beruhte auf christlich-theologischen Grundlagen und wurde umso populärer, je mehr sich Großbritannien für den Weg nach Indien interessierte. Gott und das Empire passten ja gut zusammen.

Herzls Desinteresse an Palästina erklärt, warum in seiner Broschüre das Wort »Araber« noch nicht vorkommt, wie in ihr überhaupt kein einziges Wort über die Geographie und Demographie Palästinas zu finden ist. Palästina wird nur beiläufig erwähnt: Ein kleines Kapitel trägt die Überschrift – Palästina oder Argentinien –, es sagt, dass die zionistische Bewegung nehmen werde, »was man ihr gibt und wofür sich die öffentliche Meinung des Judenvolkes erklärt«. Als Herzl zwei Jahre später Palästina zum ersten Mal besuchte und dort den deutschen Kaiser traf, machte er keinen Hehl daraus, dass ihn das »öde« Land nicht begeisterte. Die Araber, damals eine halbe Million in Palästina, existierten für ihn so gut wie gar nicht.

Der Widerhall der Broschüre war enttäuschend. In England wurden im ersten Jahr ganze 160 Exemplare verkauft, und Herzl musste den Verleger aus eigener Tasche bezahlen. Die reichen Juden verachteten den Verfasser, die frommen Rabbiner verschmähten ihn als Frevler, weil er vollbringen wollte, was nach jüdischer Tradition nur der von Gott gesandte Messias vollbringen durfte. Die ängstlichen assimilierten Juden wollten kein Aufsehen erregen, die Zionsvereine, die Siedler in Palästina unterstützten, sahen in ihm einen Störenfried.

Aber immerhin fanden sich am 29. August 1897 in Basel 204 Juden ein, um an dem ersten Zionistenkongress teilzunehmen. Herzl bestand darauf, dass keiner ohne Frack Einlass bekam. Sogar der berühmte, ebenfalls in Budapest geborene Kulturkritiker Max Nordau musste in sein Hotel zurück, um sich umzuziehen, nachdem Herzl ihn mit Tränen in den Augen dazu beschworen hatte. Eigentlich hätte der Kongress in München stattfinden sollen, aber die jüdische Gemeinde dort lehnte die Veranstaltung aufs Schärfste ab – sie hatte Angst und wollte vom Zionismus nichts wissen.

Der Kongress entschied wenigstens die Frage nach der Heimstatt: Es ging nur noch um Palästina. Um den türkischen Sultan nicht zu provozieren, forderten die Zionisten lediglich eine »öffentlich-rechtlich gesicherte Heimstätte in Palästina«. Herzl aber schrieb in sein Tagebuch den berühmt gewordenen prophetischen Satz: »In Basel habe ich den Judenstaat gegründet.« Das konnte vor 99 Jahren komisch klingen, und viele lachten auch. Denn hinter Herzl stand so gut wie nichts – keine wirkliche Bewegung, kein Geld, keine Zeitung. Es ist auch heute noch ein Rätsel, wie es ihm gelang, von Fürsten, Ministern und anderen Staatsmännern empfangen zu werden. Das hat wohl viel mit seiner charismatischen Persönlichkeit zu tun, vielleicht auch mit der Illusion, dass er über die Millionen der jüdischen Hochfinanz verfügen könne.

Der Hohen Pforte in Istanbul schlug er vor, als Gegenleistung für Palästina die notorischen Finanzprobleme des Osmanischen Reiches zu lösen – ein Versprechen, das jeder Deckung ermangelte und das Gott sei Dank vom Sultan abgelehnt wurde. Herzl, der keine Ahnung vom Orient hatte, wusste natürlich nicht, dass es für den Kalifen ganz unmöglich gewesen wäre, islamisches Land an Ungläubige abzugeben.

Mit Hilfe des Großherzogs von Baden, der sich der Sache verschrieb, kam eine kurze Romanze mit Wilhelm II. zustande. Ihm bot Herzl ein deutsches Protektorat über ein jüdisches, Deutsch sprechendes, autonomes Gemeinwesen in Palästina an. Der Versuch, die hebräische Sprache zu beleben, kam Herzl lächerlich vor. Auch für Demokratie war er nicht zu haben. Er stellte sich eine »aristokratische Republik« mit einem gewählten Fürsten vor. Wilhelm II. war ein Antisemit, der einem Witz zufolge später gesagt haben soll: »Der Zionismus ist eine prachtvolle Idee – nur mit Juden ist sie nicht auszuführen.« Aber Herzl verhandelte gern mit Antisemiten, in Deutschland wie in Großbritannien und Russland. Er behauptete sogar, dass es »anständige Antisemiten« gebe: Da diese die Juden loswerden wollten, der Zionismus sie aber in Palästina haben wollte, schien ihm eine Zusammenarbeit ganz natürlich. Dieser naive Glaube spukte noch lange im Zionismus herum, bis der Holocaust ihm ein schreckliches Ende setzte.

Die Briten hatten das meiste Verständnis für den Zionismus und gaben den Zionisten 1917, 13 Jahre nach Herzls Tod, ihre Magna Charta – die Balfour-Erklärung, die 52 Jahre nach Erscheinen der Broschüre *Der Judenstaat* zur Errichtung des Judenstaates führte. Herzl, der mit 44 Jahren an einem Herzleiden starb, wäre zur Zeit der Staatsgründung 88 Jahre alt gewesen.

In Israel gibt es eine Stadt Herzliya, und auch alle anderen Städte haben Herzlstraßen und Herzlplätze. Nationalhelden, wie Yitzhak Rabin, werden auf dem Herzlberg zu Jerusalem beigesetzt. Viele Männer tragen den Vornamen Herzls, darunter auch Israels bekanntester Verbrecher. Herzls Bild ist der einzige Schmuck im Plenarsaal der Knesset, offiziell wird er als »Prophet des Staates« bezeichnet.

Ein Teil seiner Prophezeiung ging tatsächlich in einer unglaublichen Weise in Erfüllung, doch hätte sich Herzl wohl über viele Aspekte des modernen Israel gewundert und geärgert. Offiziere und Rabbiner spielen im Staat eine gewaltige politische Rolle, obwohl er versprochen hatte, »die Offiziere in den Kasernen festzuhalten und die Rabbiner in den Synagogen«. Fast jeder fünfte Israeli ist ein Araber, Hebräisch ist Alltagssprache, so gut wie keiner spricht Deutsch. Die intellektuelle Mode ist »postzionistisch«, selbst der Begriff »Judenstaat« wird in Frage gestellt.

Herzl hatte sich vorgestellt, dass das ganze jüdische Volk organisiert nach Palästina übersiedeln sollte. Wer nicht mitgehen wollte, sollte bleiben, wo er war, und würde aufhören, Jude zu sein. So ist es nicht gekommen. Israel besteht und gedeiht, aber auf der ganzen Welt leben nach wie vor Juden, und viele Gemeinden blühen wie noch nie. Die Juden sind ein Weltvolk geblieben, obwohl in Israel eine neue Nation entstand.

Der Unterschied zwischen einem religiös-kulturellen Weltvolk und einer politischen Nation war Herzl nie klar. Ein Weltvolk wie die Juden überlebt durch Flucht – es zieht von einem Land in ein anderes, wenn die Lage zu brenzlig wird, von Toledo nach Smyrna oder Fez, von Mainz nach Krakau, von Krakau nach Wien. Darin besteht die Geschichte der Juden, und darum konnten sie auch den Holocaust überleben. Juden glänzten nie durch große Bauten wie die Araber. Sie schufen nur, was sie bei der Flucht im Kopf mitnehmen konnten. Eine Nation aber überlebt, indem sie ihr Territorium mit Waffengewalt verteidigt, und das haben die Israelis schnell und gründlich gelernt – im Kampf mit den Palästinensern und den anderen arabischen Völkern, deren Existenz Herzl sein Leben lang ignorierte.

Sein Vorbild war der deutsche Nationalismus des Kaiserreiches. Er zeigte sich begeistert von »diesem starken, sittlichen, prachtvoll verwalteten, stramm organisierten Deutschland«, wie er in sein Tagebuch schrieb. Er suchte ein Land, so wie die europäischen Mächte Kolonien suchten, er wollte eine »Kolonialbank für die jüdischen Kolonisten« gründen. Eingeborene existierten für ihn höchstens als malerischer Teil der Landschaft. Nur in einem war er seiner Zeit voraus: Er ahnte, was der Antisemitismus den Juden antun würde, obwohl er wahrscheinlich nie geglaubt hätte, dass gerade sein geliebtes Deutschland das schrecklichste aller Verbrechen begehen könnte. Die Musik Wagners, die Herzl vor hundert Jahren so bewegte, wird bis heute in Israel boykottiert, weil Hitler sie so liebte.

Die Mauern von Jericho

Über Hass und Hoffnung von Israelis und Palästinensern

27. Dezember 1993

Noch lange wird man sich dieses Moments erinnern: Yassir Arafat streckt seine Hand aus, Yitzhak Rabin ergreift sie nach einem kaum bemerkbaren Zögern. Wie ein Zauberer, dem es wieder einmal gelungen ist, das Kaninchen aus dem Zylinder zu ziehen, steht Bill Clinton hinter ihnen und drückt seine Hände sanft auf beider Rücken, damit die Versöhnungsgeste nicht in der letzten Sekunde stockt.

Rabins Gesicht zeigte nicht die strahlende Miene eines Friedensstifters, wie etwa der Südafrikaner Frederik Willem de Klerk bei der Verleihung des Friedensnobelpreises gemeinsam an ihn und Nelson Mandela. Israels Ministerpräsident sah mehr aus wie ein Patient, der grimmig entschlossen ist, eine übel schmeckende Medizin hinunterzuwürgen, weil er weiß, dass sie absolut notwendig ist. PLO-Chef Arafat, seit langem an dramatische Auftritte gewöhnt, wirkte weit selbstsicherer.

Beide waren sich an diesem Tag, dem 13. September 1993, bewusst, dass die symbolische Bedeutung des Augenblicks den politischen Aspekt bei weitem übertraf. Es war der Anfang vom Ende eines Konflikts, der vielleicht einzigartig in der Weltgeschichte ist. Nicht, weil er so lange gedauert hat. Man kann seinen Beginn auf das Jahr 1882 datieren, als die ersten protozionistischen Kolonisten nach Palästina kamen. (Sie nannten sich »Bilu« – das hebräische Akronym der Parole »Kinder Jakobs, lasst uns gehen!«) Aber die Geschichte kennt ja auch andere hundertjährige Kriege. Nein, das Einzigartige an diesem Konflikt ist, dass es nicht zwischen zwei Staaten um ein Stück Boden ging wie seinerzeit zwischen Deutschland und Frankreich um Elsass-Lothringen, sondern dass beide Völker das ganze Land – Filastin (Palästina) für das eine, Erez Israel für das andere – als einziges und exklusiv ihnen zugehörendes Heimatland betrachteten. Jedes der beiden Völker bestritt nicht nur den Anspruch des anderen, sondern sogar seine Existenz. »Es gibt kein palästinensisches Volk«, erklärte die unglückselige Golda Meir, damals Israels Ministerpräsidentin. »Es gibt keine jüdische Nation«, behaupteten die Palästinenser und forderten, dass alle seit 1917 ins Land gekommenen Juden und ihre Nachfahren sich dahin scheren sollten, wo sie hergekommen waren.

Darum hat dieser Handschlag auf dem Rasen vor dem Weißen Haus so eine historische Bedeutung: Er symbolisierte die gegenseitige Anerkennung der Ansprüche beider Völker auf dasselbe Land. Für beide heißt dies, dass die Traumata, Mythen, Hassgefühle, Ängste, Vorurteile und historischen Vorstellungen, die seit vier Generationen das Weltbild und die Kultur beider Völker bestimmen, abgebaut und durch ganz andere, noch gar nicht sichtbare Leitideen ersetzt werden müssen. Notwendig ist auf beiden Seiten eine geistige Revolution, die sich selbst mit dem Ende des Kalten Krieges nicht vergleichen lässt. Es geht um viel, viel mehr.

Darum ist der Weg von Oslo nach Jerusalem, von der Unterzeichnung der Prinzipienerklärung, die nur ein Rahmenvertrag ist, zu einem wahren, offiziellen und auch in der Praxis bestehenden Frieden so ungeheuer schwierig. Denn 90 Prozent der Schwierigkeiten sind psychologischer, nur zehn Prozent praktischer Natur. Um ihnen vorläufig aus dem Weg zu gehen, hat Rabin, ein fantasieloser Pragmatiker, durchgesetzt, dass alle besonders schwierigen Brocken – Jerusalem, Siedlungen, Rückkehr der Flüchtlinge – erst im Rahmen eines »dauerhaften« Friedens behandelt werden sollen. Aber auch dieser Umweg entpuppt sich als Scheinlösung des Problems: Beide Seiten bleiben sich ihrer Ziele bewusst und schlagen Zwischenstadien vor, die in die von ihnen gewünschte Richtung gehen. Für die Palästinenser heißt das ganz eindeutig: ein Palästinastaat im Westjordanland und im Gazastreifen mit seiner Hauptstadt Ostjerusalem. Für die israelische Regierung heißt es etwas anderes – obwohl ihr vorläufig noch nicht klar ist, was.

Am Anfang war die Euphorie. Am Tag des Handschlags rannten Zehntausende von Palästinensern auf den Straßen Ostjerusalems, Gazas und Jerichos herum und schwenkten die (verbotene) palästinensische Fahne in einem Taumel der Begeisterung. In Israel war die Stimmung nicht ganz so hektisch, aber ein Gefühl der Freude war zu spüren. Darauf hätte Rabin bauen und damit die Stellung Arafats entscheidend stärken können. Es war der psychologische Moment für eine Generalamnestie, für die Freilassung der 12 000 palästinensischen Gefangenen – Terroristen oder Freiheitskämpfer, je nach Belieben. Das hätte die Friedensfreude in Tausende palästinensischer Häuser gebracht und das ganze Volk angesteckt. Aber Rabin war sich der Bedeutung dieses Moments nicht bewusst, und so ging er vorbei.

Es war so, als ob alle alten Gefühle und Vorurteile sich gegen die neue Situation aufbäumten und ihren Platz im Volksbewusstsein zurückerobern wollten. Israelische Kommandokämpfer, als Araber getarnt, fingen wieder an, palästinensische Kämpfer zu jagen und auch auf der Stelle zu erschießen, um die letzten Tage vor dem bevorstehenden Rückzug auszunutzen. Islamische Fanatiker der Hamas schossen auf Soldaten und Siedler, um den Frieden auf Befehl Allahs zu unterbinden, während ultrareligiöse jüdische Siedler blutige Pogrome in palästinensischen Nachbardörfern veranstalteten, um denselben Befehl Jahwes zu erfüllen. Die israelische Armee, desorientiert und schwankend, stand beiden Erscheinungen so gut wie machtlos gegenüber.

Damit war die Euphorie vorbei. Verdruss und Frustration bemächtigen sich beider Seiten, die Führungen verlieren an Unterstützung. Jede Seite beschuldigt die andere. Aber eigentlich ist keine Seite schuld: Es ist die Folge der kognitiven Dissonanz, die dieser Friede beinahe zwangsläufig mit sich bringt. Die Volksstimmung und natürlich auch die Stimmung der Politiker schwanken beinahe täglich zwischen Pessimismus und Optimismus. Die Pessimisten sagen, dass der Impuls erlahmt ist; dass der Führer der Gegenseite – Rabin oder Arafat – unfähig ist, sich durchzusetzen; dass die blutrünstigen Terroristen (der anderen Seite) alles kaputtmachen. Die Optimisten sagen, dass »the point of no return« schon überschritten ist; dass Rabin und Arafat, wie de Klerk und Mandela, jetzt wie siamesische Zwillinge miteinander auf Leben und Tod verbunden sind; dass sie überhaupt keinen anderen Weg mehr haben als die Flucht nach vorn.

Der 9. Dezember war der sechste Jahrestag der Intifada (arabisch »abschütteln«), und die israelische Besatzung war noch lange nicht abgeschüttelt. Ganz im Gegenteil: Zwei erschossene israelische Siedler, Vater und Sohn, die die Vertreibung aller Palästinenser aus dem Land befürwortet hatten, wurden an diesem Tag begraben, und am nächsten Tag wurden drei palästinensische Landarbeiter von Siedlern umgebracht. Israelische Verstärkung strömte in die Gebiete, die laut Vertrag ab dem 13. Dezember von den israelischen Streitkräften hätten geräumt werden sollen.

Am 12. Dezember trafen sich Rabin und Arafat in Kairo. Der vereinbarte Zeitplan für den Rückzug war nicht mehr einzuhalten, ein Kompromiss noch nicht in Sicht. Beide standen unter starkem internen Druck, ihre Positionen noch zu verhärten. Es ging um die Kontrolle der internationalen Grenzstationen, um Israels Angst, sie aufzugeben. Dann könnten ja Millionen von Flüchtlingen nach Palästina zurückkommen – ein israelischer Alptraum, der wenig mit der realen Situation, aber viel mit den Traumata zu tun hat. Die Palästinenser wiederum haben Angst, dass ohne freien Grenzübertritt die beiden Gebiete der »Selbstregierung« (das Wort »Autonomie« kommt im Vertrag nicht vor) zu Ghettos herabsinken könnten.

Und es geht auch um die Größe der »Jericho-Region«. Wo sollen die Grenzen sein? Dort, wo die Mauern waren, die beim Schall der Trompeten Josuas wie die Berliner Mauer fielen? Dort, wo die Türken die Bezirksgrenzen zogen? Oder dort, wo sich heute die Grenzen des israelischen Militärgouverneurs befinden? Ärgerlicherweise umfassen gerade diese das weiteste Gebiet.

Aber über allem schwebt das schwierigste Problem von allen – so schwierig, dass es unlösbar erscheint: die Siedlungen. Ein

Problem, das in seiner Unglaublichkeit die absurde, beinahe paradoxe Lage symbolisiert. Ein großer Teil der Siedlungen wurde seinerzeit von Leuten errichtet, deren einziges praktisches Ziel es war, gerade diesen Frieden zu verhindern, der jetzt zustande kommen soll. Das sind die religiösen Fanatiker, messianische Fundamentalisten mit einer extrem rechtsradikalen Ideologie, denen weder Demokratie noch Menschenrechte heilig sind, sondern nur die Vorstellung von »Erez Israel«. Sie haben ihre Siedlungen – manchmal illegal, manchmal mit unwilliger oder williger Zustimmung der jeweiligen israelischen Regierung – errichtet, um die Rückgabe der besetzten Gebiete zu blockieren. Jetzt hat Rabin seinen Partner Arafat dazu gebracht, einen Vertrag zu unterschreiben, nach dem keine dieser Ordensburgen in den nächsten fünf Jahren abgezogen werden soll. Die fanatischen Friedensfeinde sind also praktisch in diesen Frieden eingebaut. Rabin sieht sich in der prekären Lage, auch jene Siedlungen verteidigen zu müssen, gegen deren Errichtung er und seine Arbeitspartei auf das Schärfste protestiert hatten, gerade weil sie mit Vorbedacht als Minen auf dem Weg zum Frieden gelegt worden sind. Und den Polizeistreitkräften Arafats wird die Rolle zugewiesen, die ihnen über alles verhassten Siedler vor ihren palästinensischen Nachbarn, denen sie Boden und Wasser abgenommen haben, zu beschützen. Täglich wird klarer, dass das so gut wie unmöglich ist. Aber Rabin will keine einzige Siedlung aufgeben. Also muss man (buchstäblich) damit leben, obwohl kein Offizier bereit ist, das Leben der Siedler zu garantieren. Und die Siedler denken gar nicht daran, dort friedlich zu leben – ganz im Gegenteil: Sie versprechen, auf jeden bewaffneten palästinensischen Polizisten zu schießen. Es wird zu einer Willensprobe aller Seiten kommen.

Aber das Jahr 1993 kann sagen: Das passiert nicht mehr während meiner Wache. Ich habe genug getan. Ich war das Jahr des historischen Durchbruchs. Jetzt soll sich das Jahr 1994 den Kopf darüber zerbrechen.

Größer als das Leben

Yitzhak Rabins Wandlung vom Kriegs- zum Friedenshelden

13. November 1995

Vor unseren Augen entsteht ein Mythos. Yitzhak Rabin, ein Mensch, den ich kannte, mit dem ich viele Male diskutierte und Whisky trank, wird zu einem überlebensgroßen Denkmal. Am Tatort versammelten sich kurz nach dem Mord am 4. November Tausende von Jugendlichen, für die bis dahin Popkonzerte wichtiger waren als irgendeine politische Betätigung. Sie saßen schweigend auf dem Boden, zündeten Gedächtniskerzen an, standen auf und wurden von anderen abgelöst, Tag für Tag, Nacht für Nacht. Auf alle Wände waren Liebesbekenntnisse an den Toten gekritzelt, naive Gedichte, kindliche Briefe und Zeichnungen geklebt.

Mehr als eine Million Menschen – jeder fünfte Israeli – kamen zum Friedhof in Jerusalem, um zu weinen und Blumen niederzulegen. Am Begräbnis nahmen Tausende von Würdenträgern aus der ganzen Welt teil – und fast alle, Präsidenten und Minister, Parlamentarier und Generäle, ein König und zwei Königinnen, wischten sich die Tränen aus dem Gesicht.

Ein neuer Rabin entsteht in diesem Gefühlsausbruch, vielleicht viele neue Rabins – denn jeder, der in diesen Tagen über ihn gesprochen und geschrieben hat, Professoren wie Abc-Schützen, stellt sich einen Rabin vor, der seiner eigenen Geisteswelt entspricht: den gütigen Vater seines Volkes, der den Tod jedes Einzelnen seiner Kinder beweinte; den Soldaten, der sein Leben für den Frieden gab; den Staatsmann, der ganzen Welt ein Vorbild; den sagenhaften Helden, auf dem Weg zum heiligen Ziel von frevelhafter Hand gefällt.

Und immer wieder taucht der Vergleich mit Moses auf: »Schaue das Land Kanaan ... Dann stirb auf dem Berge, auf den du hinaufgestiegen bist ... Denn du sollst das Land vor dir sehen, das ich den Israeliten gebe, aber du sollst nicht hineinkommen« (5 Mose 32). So hat Rabin, der neue biblische Prophet, die Kinder Israels bis zum Land des Friedens geführt, aber es war ihm nicht beschieden, den Jordan zu überschreiten und in dieses Land zu gelangen.

Warum hat gerade Rabin, im Augenblick seines Todes, solche übermenschlichen Dimensionen angenommen? Wie hat gerade dieser nüchterne, schüchterne, kontaktarme Mensch die inbrünstige Liebe von Millionen erweckt? Rabin selbst hatte für Symbole und Mythen nichts übrig.

Siebzig Jahre lang war Yitzhak Rabin ein Konformist, Mitglied einer Generation, die im Schatten ihrer großen Eltern, der legendären Helden der zionistischen Revolution, aufgewachsen war. Die Macht ihrer Ideologie, einer politischen und sozialen Religion, bestimmte seinen Lebenslauf. Und dann, scheinbar ganz plötzlich, betrat er einen ganz neuen Weg – und löste eine Revolution im Leben Israels aus.

Dreißig Tage vor seinem Tod, in seiner letzten Knessetrede zu Beginn der Debatte über das neue Abkommen mit den Palästinensern, sprach er einen schicksalsschweren Satz aus, der im Laufe der stürmischen Auseinandersetzung nicht beachtet wurde. Er bestand aus vier hebräischen Worten: »Wir kamen nicht in ein leeres Land!« Vier Worte, die ein hundert Jahre altes Dogma zerbrachen.

Es ist nämlich ein zionistischer Glaubensartikel, dass Palästina ein leeres Land war, als die moderne jüdische Einwanderung 1882 begann, und dass erst die Juden die Wüste zum Blühen brachten. Darauf gründet sich der Anspruch auf absolutes Recht – Golda Meirs Diktum, es gebe keine Palästinenser, ebenso wie das ideologische Fundament der Siedlungen in den besetzten Gebieten. Daran glaubten auch Rabin und seine Generation von Jugend an.

Er war der Prototyp dieser Generation, so wie seine Eltern die typischen zionistischen Gründer waren. Seine Mutter, Rosa Cohen, ist auf dem Foto einer Kundgebung zum 1. Mai in den zwanziger Jahren in Tel Aviv verewigt. Stolz trägt sie die rote Fahne voraus, unerschütterlich in ihrer sozialistisch-zionistischen Überzeugung. Auch der Vater widmete jede freie Stunde der Haganah, der illegalen Verteidigungsorganisation.

Für diese ganze Generation war es selbstverständlich, zu kämpfen und nicht zu zweifeln, auszuführen und nicht zu fragen, »das Volk auf den Schultern zu tragen«, wie es hieß – auch buchstäblich. Als die Schiffe mit illegalen Einwanderern nach dem Holocaust bei Nacht und Nebel an der Küste Palästinas landeten, wateten Rabin und seine Kameraden ins Wasser, um Kranke und Kinder auf ihrem Rücken ans Ufer zu bringen.

In der Schule war allen Jungen klar, ihr Leben müsse dem Volk gewidmet werden – im Kibbuz, der Wehrsiedlung, die nicht nur eine gerechte Gesellschaft schaffen, sondern auch militärischer Vorposten im Kampf um das Land sein sollte. Darum besuchte Rabin die Landwirtschaftsschule Kaduri beim Berg Tabor und wollte Bewässerungswirtschaft studieren.

Anstatt der Wasserleitungen wählte er jedoch Gewehrläufe. Mit kaum 18 Jahren kam er zur Palmach, der ersten stehenden Truppe des zionistischen Gemeinwesens in Palästina. Sie gehörte zur Haganah, der illegalen Miliz der zionistischen Führung, und wurde während des Zweiten Weltkriegs von den Briten geduldet, da sie im Fall eines deutschen Sieges im Nahen Osten einen Partisanenkrieg gegen die Wehrmacht führen sollte.

Rabin wurde schnell Kompanieführer. Nachdem die Gefahr eines deutschen Durchbruchs durch die Schlacht bei El-Alamein gebannt worden war, konnte sich die Palmach auf ihre wahre Aufgabe konzentrieren: den Kampf gegen die Palästinenser. Rabin und seine Kameraden waren in diesen Konflikt hineingeboren – der Krieg bestimmte ihre Geisteswelt, ihren ganzen Lebenslauf, ihre Lieder und ihre Witze. Er war das Zentrum der Wirklichkeit, in der sie aufwuchsen. Seine Frau, Lea Schloßberg aus Königsberg, lernte ihn auf der Straße kennen, als er einen Tag Urlaub hatte. Sie meldete sich sofort bei der Palmach, und 1948 heiratete er sie in Uniform während einer Kampfpause.

Rabin gestand in seinen Memoiren, dass er 1948 nach der Eroberung der arabischen Städte Lydda und Ramle an der mit Waffengewalt erfolgten Vertreibung von etwa 50 000 Palästinensern beteiligt war. Da es zu den israelischen Grundüberzeugungen gehört, dass die Palästinenser ihre Städte und Dörfer freiwillig verließen, war dieses Geständnis zwar sehr ehrlich, aber für die damalige Regierung äußerst ärgerlich. Rabin bestätigte damit, dass eine ethnische Säuberung stattgefunden hatte.

Als Botschafter in Washington empfahl er der Regierung Golda Meirs 1973, Ägypten »in der Tiefe« zu bombardieren, ein Beschluss, dem auch Hunderte von Arbeitern und Schulkinder zum Opfer fielen. Als Verteidigungsminister stieß er in den ersten Tagen der Intifada die unheilvollen Worte aus: »Brecht ihnen die Knochen!« Die Soldaten nahmen das wörtlich und zerschmetterten Hunderten von Palästinensern, auch Alten und Kindern, Arme und Beine. Als Ministerpräsident trat er für verschärfte Verhöre palästinensischer Verdächtiger ein – euphemistisch wurde die Folter »milder physischer Druck« genannt. Einer seiner allerletzten Befehle an den Mossad lautete, den palästinensischen Topterroristen Fathi Shikaki auf Malta umzubringen.

Militärische Härte war für Rabin im Kampf um die Existenz Israels logisch und notwendig. Für die Sicherheit des Staates und seiner Einwohner war er bereit, alles Nötige zu tun. Trotz dieser Härte war er weit davon entfernt, ein Fanatiker oder Extremist zu sein. Nach dem unglaublichen Sieg im Junikrieg, als ganz Israel sich im Siegestaumel befand, sagte der Generalstabschef Rabin: »Wir können uns nicht mit ganzem Herzen freuen ... Ich weiß, dass auch der schreckliche Preis, den der Feind bezahlt hat, die Herzen unserer Kämpfer tief berührt.«

Zu der Zeit führte ich einen geheimen Briefwechsel mit ihm. Es war mir zu Ohren gekommen, dass am Jordan massenhaft Flüchtlinge, darunter Frauen und Kinder, erschossen wurden, während sie nachts versuchten, wieder nach Hause zu gelangen.

Rabin versprach einzugreifen, und soviel ich weiß, wurde dem auch ein Ende gesetzt.

1969 benannte die Arbeitspartei Golda Meir zur neuen Regierungschefin. Der Staatspräsident bat auch mich, den Vorsitzenden einer kleinen Fraktion in der Knesset (die sich für die sofortige Gründung eines Palästinenserstaates in den besetzten Gebieten einsetzte), pro forma zu erklären, wen ich als neuen Ministerpräsidenten bevorzugen würde. Golda gebärdete sich wie ein extremer Falke, und ich suchte eine Persönlichkeit, die zur Arbeitspartei gehörte, aber als Taube galt. So schlug ich Rabin vor.

Ein paar Monate später besuchte ich ihn in der israelischen Botschaft in Washington. Ich wollte im Weißen Haus und im Kongress für Frieden mit den Palästinensern werben und stieß überall auf Ablehnung. Rabin war freundlich und sachlich wie immer. Auch er lehnte meine Idee ab. Er sagte aber, er bevorzuge eine »offene« Grenze gegenüber einer »sicheren« Grenze, das damalige Kodewort für Annexion.

Ein richtiger Dialog entstand zwischen uns erst 1975, und darum bin ich vielleicht der einzige Zeuge, der über Rabins Wandlung aussagen kann. Kurz zuvor hatte ich begonnen, in Europa heimliche Kontakte zur PLO-Führung zu knüpfen. Die palästinensischen Partner und ich beschlossen, Arafat und Rabin über den Inhalt der Gespräche zu unterrichten. Rabin sagte mir: »Ich bin absolut gegen den Kurs, den du empfiehlst. Aber ich verbiete dir nicht, diese Kontakte weiterzuführen.«

Die Gespräche mit ihm verliefen stets freundschaftlich und nüchtern; er hörte auch gut zu, was ja bei Politikern nicht immer selbstverständlich ist. Rabin stemmte sich aber von allen israelischen Politikern am entschlossensten gegen jede Annäherung an die Palästinenser und gegen jede Verhandlung mit der PLO. Er war schließlich immer der proamerikanischste Politiker im proamerikanischen Israel und betrieb seine Politik damals in enger Abstimmung mit Henry Kissinger.

Pragmatisch und sachlich, aber auch fantasielos und ohne Intuition, entsprach seine Denkweise dem ironischen Satz seines internen Gegners Abba Eban: »Menschen und Nationen tun immer das Richtige, nachdem alle anderen Möglichkeiten erschöpft sind.«

Seine Amtszeit als Ministerpräsident nahm 1977 ein plötzliches Ende, da die religiösen Koalitionspartner die Regierung zum Sturz brachten. Rabin ging in die Wahlen als Führer der Arbeitspartei. Da entdeckte ein israelischer Journalist ein Konto Rabins bei einer amerikanischen Bank, das nicht aufgelöst worden war, als er den Botschafterposten in Washington verlassen hatte. Ein kleines Delikt, aber nach ein paar Korruptionsaffären waren solche Sachen damals in Israel sehr verpönt. Der Staatsanwalt leitete ein Gerichtsverfahren gegen Lea Rabin ein. Rabin stellte sich vor seine Frau und demissionierte. Shimon Peres wurde Parteichef – und verlor die Wahlen.

Als unglücklicher Parlamentarier in der Opposition hatte Rabin Zeit, nachzudenken und eine Bilanz zu ziehen. So kam er nach vielen Jahren des Kampfes langsam zu der Erkenntnis, das Palästinaproblem lasse sich nicht mit Gewalt lösen. Es wurde ihm auch klar, dass König Hussein von Jordanien nicht daran dachte, gegen den Willen der Palästinenser Frieden zu schließen. Nur die Palästinenser selbst blieben somit als Partner.

Heimliche Gespräche mit den palästinensischen Persönlichkeiten in den besetzten Gebieten überzeugten ihn, dass keiner von ihnen wagen würde, etwas ohne Genehmigung Arafats zu tun. Für einen logischen Menschen wie Rabin war die Konsequenz klar: Man musste mit der PLO verhandeln, alles andere führte zu nichts.

Vor den Wahlen von 1992 verkündete er, »innerhalb von sechs bis neun Monaten eine Lösung mit den Palästinensern« herbeizuführen. Ich rief dazu auf, ihn zu wählen. Alles ging aber langsam, stockend, zögernd. Am Ende ging es dann doch.

Ein Jahr vor Oslo war ich wieder bei Arafat in Tunis. Ich gab mir Mühe, Arafat davon zu überzeugen, dass Rabin es ernst meine und »so ehrlich ist, wie ein Politiker überhaupt sein kann«. Arafat lachte laut. Nach meiner Rückkehr bat ich Rabin um ein

Gespräch, und mir wurde klar, dass er sich entschlossen hatte, gemeinsam mit den Palästinensern ein Lösung zu finden.

Als er 1993 endlich die PLO als Vertretung »des palästinensischen Volkes« anerkannte, beim Handschlag in Washington, sah Rabin aus, als ob er eine nötige, aber übel schmeckende Medizin schlucke. Es dauerte noch zwei Jahre, bis er mit Arafat ungezwungen und beinah freundlich sprechen konnte.

Rabin war kein Rabbiner, der auf dem Weg nach Damaskus plötzlich vom Saulus zum Paulus wurde. Schleppend und schwer rang er sich zu einer neuen Überzeugung durch. Aber danach ließ er sich von nichts beirren, schon gar nicht von Beschimpfungen und Drohungen. Er zögerte oft, schritt vielleicht zu undramatisch voran – aber es war dieser Mann, der den historischen Umschwung im Leben Israels bewirkte. So wurde er Zielscheibe all derer, die Obsessionen, Hassgefühle und Vorurteile von vier Generationen nicht überwinden können.

Und so kam er um – eben noch umjubelt von hunderttausend Menschen, in einem glücklichen Moment und mit den letzten Klängen der israelischen Friedenshymne im Ohr. Ein unwahrscheinlicher Revolutionär, ein noch unwahrscheinlicherer Heiliger.

Die Provokation

1. Oktober 2000

Es hat keinen Zweck, Ariel Sharon wegen des Blutvergießens anzuklagen, das seinem Besuch auf dem Tempelberg folgte. Seit dem Massaker von Kibya 1953, dem blutigen Regiment in Gaza Ende der sechziger Jahre und dem, was 1982 in Beirut geschah, hat er viel Blut vergossen, wo immer er auftauchte. Das lässt an den Mann denken, der in der Bibel aufschrie: »Hinaus, hinaus, du Bluthund!« (2 Samuel 16,7)

Der zynische Zweck des Besuchs ist offensichtlich. Das Timing spricht für sich selbst: Sharon wollte die Aufmerksamkeit von Benyamin Netanyahu, der ein Comeback versuchte, ab- und auf sich lenken. Der Preis dafür waren ein paar Dutzend Tote und ein paar Hundert Verwundete. Na und?

Die Provokation selbst folgte einer alten Tradition des rechten Flügels. Der Aufstand von 1929, einschließlich des Massakers in Hebron, war die Folge einer Provokation der Beitar, einer Vorgängerorganisation des heutigen Likud, an der Klagemauer. Sie war ein Verstoß gegen die Regeln, die von der britischen Verwaltung erlassen worden waren, um den zerbrechlichen Frieden im Areal des Tempelbergs aufrechtzuerhalten.

Aber es hat keinen Zweck, den Elefanten anzuklagen, der sich im Porzellanladen bewegt. Das ist Elefantenart. Die Schuld liegt allein auf den Schultern derjenigen, die ihm erlaubten, den Laden zu betreten: Ehud Barak und Shlomo Ben-Ami.

Barak spielte bei der Provokation eine unrühmliche Rolle. Als Ministerpräsident ist er für den Friedensprozess verantwortlich. Als Verteidigungsminister ist er für das Leben und die Sicherheit der Bevölkerung des Landes zuständig, für Israelis genauso wie für Palästinenser. Beide Ämter verpflichteten ihn, Sharons Besuch auf dem Tempelberg zu verhindern; denn die blutigen Folgen eines solchen Besuchs waren leicht vorherzusehen. Stattdessen beging er zwei Sünden: Er gab dem Besuch seinen Segen, obwohl ihm voll bewusst war, welche Folgen er nach sich ziehen würde – und danach leugnete er jede Verbindung zwischen dem Besuch und seinen Folgen ab. Warum? Wie bei den meisten Handlungen und Unterlassungen Baraks während des letzten Jahres war Angst sein Motiv. Es ist traurig, sagen zu müssen, dass es dem Helden des Schlachtfelds an Zivilcourage und erst recht an politischer Courage fehlt. Er fürchtete, dass man ihm, hätte er den Besuch verboten, den Vorwurf gemacht hätte, den Muslimen nachgegeben zu haben. Aus Furcht vor der Anklage, vor den Arabern kapituliert zu haben, kapitulierte er gegenüber dem Likud.

Und wo war während all dieser Geschehnisse der Polizeiminister, beziehungsweise, mit seinem hochtönenden offiziellen Titel, der »Minister für Innere Sicherheit«? Wo war Shlomo Ben-Ami, er, der so viele Hoffnungen geweckt hatte, der Mann der politischen und menschlichen Vision, der Mann von hohem Intellekt und sozialem Gewissen, der dabei war, das Gesicht der Polizei zu verändern, der ihren rassistischen Charakter ausmerzen und sie in eine menschenfreundliche Macht umwandeln wollte?

Ben-Ami war an der Entscheidung beteiligt, Sharon zu diesem Zeitpunkt auf den Tempelplatz zu lassen. Er konzentrierte immense Polizeikräfte – etwa 1000 bis 2000 Beamte –, um die Bande von Provokateuren zu verteidigen. Auf diese Weise vergrößerte er im Voraus die Dimensionen eines unvermeidlichen Ausbruchs.

Wie Barak beging auch Ben-Ami eine doppelte Sünde. Als Ministerpräsident kam Barak dem Verteidigungsminister Barak zu Hilfe, der Außenminister Ben-Ami sprang für den Polizeiminister Ben-Ami in die Bresche. Um der Polizei zu erlauben, sich auf dem Tempelberg auszutoben, hätte es keines brillanten Intellektuellen bedurft, dies hätte jeder primitive Raufbold als Polizeiminister auch tun können. Ben-Ami jedoch brachte nun seine speziellen Begabungen zum Einsatz: Er rechtfertigte die üblen Taten mit honigsüßen Worten und fügte den staatlichen Methoden der Gehirnwäsche einige neue Spitzfindigkeiten hinzu – alles Lügen und Halbwahrheiten, die stets den Unterdrückungsmaßnahmen gegen die Palästinenser folgen.

Aber alle scheinheiligen Worte werden sich in Luft auflösen. Was bleiben wird, ist das Bild, das hundert Millionen Menschen rund um den Globus gesehen haben: Ein kleiner Junge, Muhammad ad-Durra, der mit dem letzten Atemzug in Todesangst schreit, bevor er – zusammen mit Ghassam al-Balbisi, einem Sanitäter, der ihn zu retten versucht – von Soldaten erschossen wird; auch sein Vater wurde tödlich verwundet. Dies wird wie ein Kainsmal auf der Stirn von Sharon, Barak und Ben-Ami haften bleiben. Und im Hintergrund wird man wie ein Echo die Worte von Chaim Bialik, dem israelischen Nationaldichter, hören: »Nicht einmal der Satan hat die Rache am Blut eines Kindes ersonnen.«

Diese ganze Serie von Gewalt, Dummheit und Feigheit wird sich an denen rächen, die sie verursacht haben. Sie hat der Welt bewiesen, dass der Haram esh-Sharif (Tempelberg) unter keinen Umständen den Händen israelischer Politiker überlassen werden sollte, einem zynischen Haufen, der ehrfurchtsvoll von »den heiligen Stätten der Nation« redet – den Mund aber voll Schweinefleisch hat. Das Geschehene hat der israelischen Öffentlichkeit gezeigt, dass der »politischer Prozess« genannten Farce ein Ende gesetzt und ein Friedensabkommen unterzeichnet werden muss, das den Palästinensern den Tempelberg und den Israelis die Klagemauer überlässt.

Ein verlorener Krieg

Acht Tage nach Ariel Sharons Besuch auf dem Tempelberg

6. Oktober 2000

Militäraktionen sprechen für sich selbst. Ihre Ergebnisse liegen offen zutage. In den jüngsten kriegsähnlichen Auseinandersetzungen wurden etwa 70 Palästinenser (einschließlich elf israelischer Araber) getötet, einige Tausend wurden verwundet, viele von ihnen schwer. Auf der israelischen Seite wurden zwei Soldaten getötet und ein paar Dutzend verwundet, fast alle von ihnen leicht.

Was geht daraus hervor? Das israelische Militär hat für diesen Krieg seit Monaten trainiert. Der Generalstabschef verkündete im Voraus, dass man Kampfhubschrauber, Raketen und Panzer verwenden werde. Aber von der Hauptwaffe sprach man nicht: von den Scharfschützen.

Der Scharfschütze ist ein Soldat oder ein Polizist, dessen Job es ist, zu töten. Es ist offensichtlich, dass die israelischen Scharfschützen im Training, das diesem Krieg vorausging, gründlich ausgebildet wurden. Der Scharfschütze ist darauf trainiert, auf eine Menge von Demonstranten zu blicken, ein Ziel auszuwählen und den Kopf oder die obere Körperhälfte zu treffen. Es werden spezielle Kugeln verwendet, um sicherzustellen, dass das Opfer gleich oder im Krankenhaus stirbt.

Diese Methode gründet auf einer einfachen Prämisse: »einen hohen Preis zu fordern«, wie es in der merkwürdigen Fachsprache der Generäle heißt. Die Planer dachten, dass die Palästinenser von sich aus die Konfrontation beenden und kapitulieren würden, wenn sie ihnen möglichst hohe Opfer zufügten.

Während der Kämpfe rühmten sich die Generäle mit Aussagen wie: »Wenn wir gewollt hätten, dann hätten wir noch viel mehr töten können.« Das ist natürlich wahr. Wahlloses Schießen in eine Menge von Demonstranten hätte Hunderte, ja Tausende töten können. Außerdem wäre es möglich gewesen, palästinensische Städte und Dörfer aus der Luft zu bombardieren oder sie mit Artillerie zu beschießen. Aber Ehud Barak verstand, dass der politische Preis solcher Aktionen unerträglich hoch sein würde. Andererseits hätte es einen zu großen militärischen Aufwand bedeutet, mit Panzern in palästinensische Städte zu fahren. In engen Gassen sind Panzer für Molotowcocktails angreifbar. Also gab man Scharfschützen den Vorzug.

Beide Strategien sind unmoralisch und unklug. Unmoralisch deshalb, weil auf diese Weise Soldaten und Polizisten zu Henkern werden. Diese Praxis an sich ist natürlich nicht neu. Sie wurde das erste Mal von Ariel Sharon (ja, derselbe Ariel Sharon) während der ersten Jahre der Besatzung ausgeübt, als er ein Terrorregime im Gazastreifen errichtete. Wie er mir später erzählte, gab er den Befehl, »keine Gefangenen zu machen«. Palästinenser, die man mit Waffen erwischte, wurden auf der Stelle getötet. Später wurde diese Praxis von Undercovereinheiten (*Mistaaravim*, das heißt »als Araber verkleidet«) angewandt, deren Slogan es war, »den Tod zu garantieren«. Dies kam an die Öffentlichkeit, als die *Mistaaravim* einen ihrer eigenen Leute in der Annahme töteten, er sei ein »Terrorist«. Nachdem sie ihn verwundet hatten, erledigten sie ihn aus nächster Nähe mit einem Kopfschuss.

Später entdeckte man, dass diese Praxis von den *Mistaaravim* ausgeweitet wurde, um medizinische Hilfe für die Verwundeten auszuschließen. Palästinensischen Ambulanzen wurde nicht erlaubt, sich den Verwundeten zu nähern. Sie blieben an Ort und Stelle liegen und starben dort. (Bedauerlicherweise lernten die Palästinenser diese Lektion und wandten dieselbe barbarische Methode am Josephgrab in Nablus an.) Israelische Scharfschützen töteten den Fahrer des Krankenwagens, der versucht hatte, den Jungen am Netzarim-Checkpoint zu retten.

Es scheint, dass der Einsatz von Scharfschützen, um zu töten, ein Teil der Doktrin geworden ist, nach der die Armee und die Polizei sich richten. Die Palästinenser andererseits sind noch nicht darauf trainiert worden, ihre Waffen in dieser Weise anzuwenden. Im Fernsehen konnte man beobachten, wie palästinensische Soldaten planlos drauflosschießen. Dies erklärt die ungleiche Verteilung der Todesfälle auf beiden Seiten.

Die Praxis des vorsätzlichen Tötens ist ganz offensichtlich unmoralisch. Vielleicht ist sie sogar nach israelischem Gesetz illegal und einer der Befehle, über dem nach den Worten eines israelischen Militärrichters die »schwarze Fahne der Illegalität weht«. Zweifellos widerspricht diese Praxis den internationalen Kriegsgesetzen. Die Palästinenser reden schon davon, vor das internationale Kriegsverbrechertribunal zu ziehen, das gerade eingerichtet wird. Ich beneide General Shaul Mofaz nicht um die Position, in die er gerät, wenn es so weit kommt.

Aber selbst von einem streng militärischen Gesichtspunkt aus ist diese Praxis kontraproduktiv. Die Exekutionen »befrieden« – ein bei Generälen weltweit beliebter Ausdruck – nicht. Sie erreichen damit genau das Gegenteil: Jedes Begräbnis weckt Rächer, jedes Grab vertieft den Hass und hat noch mehr Todesfälle zur Folge. Die herkömmlichen, nicht tödlichen Mittel, Unruhen ohne Eskalation unter Kontrolle zu bringen, wären sinnvoller gewesen.

Die Denkweise der Generäle, die diese Operationen geplant und ausgeführt haben, gibt Anlass zu traurigen Überlegungen. Wir hatten einmal Kommandeure mit moralischen Überzeugungen, so wie Yitzhak Sadeh und Shimon Avidan und intellektuelle Generäle wie Yigal Allon und Moshe Dayan. Innerhalb einer Generation haben wir Generäle bekommen, die ihren schlechtesten amerikanischen und russischen Kollegen ähneln, Generäle, die an die brutale Gewalt glauben. Sie sind überall geschlagen worden – von Vietnam bis Afghanistan. Unsere wurden im Libanon geschlagen, und sie machen so weiter.

Der Gebrauch von Kampfhubschraubern und Raketen beschwört eine Katastrophe herauf. Früher oder später wird unvermeidlich so etwas geschehen wie im April 1996 in Kafr Kana während der »Operation Früchte des Zorns« im Libanon: Ein versehentliches Massaker an Zivilisten, dessen Fotos weltweite Entrüstung hervorrufen.

In dieser Woche erlebten wir, was Entrüstung bewirken kann: Der Tod des Jungen Muhammad ad-Durra hat Israels Ruf über Nacht verändert. All die Lügen und Halbwahrheiten, die vom Armeesprecher veröffentlicht wurden, haben dieser Reaktion kein Ende gesetzt, sondern das Gegenteil bewirkt.

An jedem einzelnen Tag des gegenwärtigen Kriegs hat die Welt palästinensische Jugendliche gesehen, die fast alle nur mit Steinen bewaffnet waren und sich den Scharfschützen entgegenstellten. Ihr Mut weckt Bewunderung. In den Augen der Welt sind sie Helden. Hier gibt es keinen Ruhm für israelische Generäle.

Dieser Krieg war verloren, bevor er begonnen hat – so wie der viel größere nächste, der schon am Horizont erscheint.

Zwölf konventionelle Lügen

21. Oktober 2000

1 »Barak hat alles unternommen, um Frieden zu schaffen.«

Die Wahrheit ist, dass er alles unternommen hat, um Siedlungen zu bauen. Seit seinem ersten Tag im Amt hat er das Tempo beschleunigt, um unter dem Vorwand, bestehende Siedlungen zu erweitern, neue Siedlungen zu errichten, Land zu enteignen, palästinensische Häuser abzureißen und »Umgehungsstraßen« zu bauen, deren Hauptzweck es ist, den »Siedlungsblocks«, die er für Israel annektieren will, palästinensisches Land hinzuzufügen. In jeder Hinsicht hat Barak hier mehr getan als Netanyahu. Auch auf politischem Terrain hat Barak Netanyahu die Schau gestohlen. Bibi hat wenigstens den größeren Teil der Stadt Hebron an die Palästinenser zurückgegeben. Barak hat nicht einen Quadratmeter besetztes Land zurückgegeben.

2. »In Camp David ging Barak weiter als jeder frühere Ministerpräsident.«

Selbst wenn dies wahr wäre, würde es sehr wenig bedeuten. Wenn ein Marathonläufer (Netanyahu) nach zwei Kilometern aufgibt und ein anderer (Barak) erst nach fünf Kilometern, ist der Unterschied zwischen ihnen nicht wirklich bedeutsam. Von Bedeutung ist, dass sich keiner von beiden auch nur von fern dem Ziel (42 Kilometer) genähert hat.

Baraks Vorschläge im Sommer 2000 in Camp David waren weit entfernt von dem für einen Friedensschluss mit dem palästinensischen Volk und der ganzen arabischen Welt notwendigen Minimum: der palästinensischen Herrschaft über Ostjerusalem und besonders über den Bereich der beiden Moscheen (Haram esh-Sharif).

Barak deutete in Camp David an, dass er einige kosmetische Korrekturen in Betracht ziehen würde – womit er tatsächlich einige israelische Tabus gebrochen hätte –, aber in Wirklichkeit lehnte er die palästinensische, die arabische und die muslimische Herrschaft über den Haram esh-Sharif und die größeren arabischen Stadtteile ab. Genau deshalb war der Gipfel ein Fehlschlag, die Eskalation begann und führte zur Al-Aqsa-Intifada.

3. »Arafat ließ den Camp-David-Gipfel platzen.«

Am Vorabend seines Abflugs zum Gipfel verkündete Barak fünf Mindestforderungen, von denen er unter keinen Umständen abrücken wolle. Dazu gehörte: die volle Souveränität Israels über ganz Jerusalem; die Ablehnung einer Rückkehr zu den Grenzen von 1967; 80 Prozent der Siedler sollten in den palästinensischen Gebieten bleiben können; keinem einzigen Flüchtling sollte die Rückkehr nach Israel erlaubt werden. Später hat er an einigen dieser Punkte kleine Abstriche vorgenommen, aber nicht genug, um in die Nähe einer Übereinkunft zu kommen.

4. »Wir haben immer nur gegeben und gegeben – Arafat dagegen hat nichts gegeben.«

Als die Palästinenser sich mit einem Friedensabkommen einverstanden erklärten, das auf der Grenze von vor 1967 basiert – der Grünen Linie – hatten sie schon im Voraus 78 Prozent des Landes zwischen dem Meer und dem Jordan aufgegeben. Sie waren bereit, ihren Staat in den restlichen 22 Prozent zu errichten. Unsere Regierung wünschte einen »Kompromiss« über dieses Gebiet nach dem Motto: »Was mein ist, ist mein, und was euer ist, darüber wollen wir reden.«

Hierzu der sachliche Hintergrund: Am 29. November 1947 sprach der UN-Teilungsbeschluss dem jüdischen Staat 55 Prozent und dem arabischen Staat 45 Prozent von Palästina zu. In dem sich anschließenden Krieg – den die Araber begannen – eroberten wir die Hälfte des Landes, das den Arabern zugesprochen war. So kam es zur Grünen Linie und 78 Prozent des Landes blieben in israelischer Hand.

Das Problem kann allein in Prozentpunkten nicht hinreichend ausgedrückt werden. Barak scheint nur um zehn Prozent der besetzten Gebiete zu verhandeln. In Wirklichkeit sind es nahezu 30 Prozent, wenn man die Gebiete berücksichtigt, die er im Bereich Jerusalems annektieren und die er im Jordantal unter seine »Sicherheitskontrolle« zu bringen wünscht. Aber was noch schlimmer ist: Auf der den Palästinensern vorgelegten Karte zerschneiden die geforderten Gebiete das Land von Osten nach Westen und vom Norden nach Süden, sodass der palästinensische Staat aus einer Gruppe von Inseln besteht, die jede von israelischen Siedlern und Soldaten umgeben ist.

5. »Wie kann man mit den Palästinensern Frieden schließen, wenn sie jedes Abkommen brechen?«

Die palästinensischen Verletzungen sind im Vergleich zu den unseren nur geringfügig. Vor dem Ende der fünfjährigen Interimsperiode (Mai 1999) hätte die israelische Armee sich aus dem gesamten Westjordanland und dem Gazastreifen zurückziehen sollen, mit Ausnahme »spezifischer militärischer Bereiche«, der Siedlungen und Jerusalems. Barak weigerte sich selbst zu diesem späten Termin, dies zu tun. Außerdem sollten vier so genannte sichere Passagen zwischen dem Westjordanland und dem Gazastreifen schon seit langem in Betrieb sein. In Wirklichkeit wurde nur eine geöffnet, und diese eine kann von den Palästinensern nur nach vielen Schikanen benutzt werden.

6. »Barak ist der Erbe Rabins.«

Weit gefehlt. Innerhalb weniger Monate gelang es ihm, nicht nur das, was Rabin erreicht hatte, zu zerstören, sondern auch Begins Werk. Er hat das Oslo-Abkommen begraben – das er von Anfang an ablehnte – und die Beziehungen, die mit großer Mühe zwischen Israel und einer Anzahl arabischer Staaten aufgebaut worden waren, zerstört. Er hat selbst unter den Arabern Israels

Unruhe hervorgerufen. In vieler Hinsicht hat er uns auf die Zeit von 1948 oder sogar 1936 zurückgeworfen.

7. »Der Lynchmord in Ramallah zeigt, dass die Araber wie Tiere sind.«

In einer Konfrontation wie dieser zeigt jeder auf die Gräueltaten der anderen Seite und vergisst die eigenen Gräueltaten. Israel zeigt das abscheuliche Lynchen, die Palästinenser zeigen den Tod des zwölfjährigen Muhammad ad-Durra in den Armen seines Vaters und die tödlichen Hochgeschwindigkeitsgeschosse, die von den israelischen Scharfschützen gegen Steine werfende Kinder benutzt werden. Unsere Gewalttaten seien die Antwort auf die Aktionen der Palästinenser – ihre seien die Antwort auf unsere. Es ist ein Teufelskreis.

8. »Die palästinensischen Medien sind ein Instrument der Aufwiegelung.«

Das ist wahr, aber unglücklicherweise gibt es in dieser Hinsicht keinen großen Unterschied zwischen ihren und den unsrigen. Beide haben die gleiche Sprache, die den Richtlinien von oben gehorcht. Wenn palästinensische Fernsehshows immer wieder das Bild des sterbenden Jungen in den Armen seines Vaters zeigen, dann ist das Aufwiegelung. Wenn unser Fernsehen mehrmals täglich, Tag um Tag, das grässliche Lynchen in Ramallah zeigt, dann ist das Aufklärung.

9. »Sie schießen auf uns – und die israelische Armee übt sich in Selbstbeherrschung.«

Es ist seltsam, dass während der zwei Wochen »Selbstbeherrschung« drei israelische Soldaten, aber über 110 Palästinenser getötet worden sind. Kein israelischer Offizier hat sich dazu geäußert oder wurde nach einer Erklärung dieses eigenartigen Verhältnisses gefragt. Die Erklärung ist natürlich, dass die israelische Armee schon lange im Voraus Scharfschützen darauf trainiert hat, eine Person unter den Demonstranten auszuwählen, durch ein Teleskop genau diese als Ziel anzupeilen und mit einer tödlichen Hochgeschwindigkeitskugel zu treffen. Statt das Gebiet zu befrieden, wie beabsichtigt, hat diese Methode es nur noch mehr in Aufruhr gebracht. Jedes Begräbnis führte zu einer neuen Konfrontation.

10. »Die Araber schicken ihre Kinder gegen unsere Armeeposten, damit sie getötet werden können, um Bilder für die Weltmedien zu produzieren.«

Das ist eine abscheuliche Anklage, die einen widerlichen Rassismus verrät. Sie lässt glauben, dass es arabische Eltern gleichgültig lässt, wenn ihre Kinder sterben.

Im Kampf, der von unseren Untergrundorganisationen vor 1948 und von unserer Armee während des Unabhängigkeitskriegs ausgetragen wurde, spielten Jungen und Mädchen eine wichtige Rolle. Das Waffentraining der palästinensischen Jungen heute ist nichts anderes als das unseres Gadna-Jugend-Bataillons. Der Junge, der 1948 im Kibbuz Deganya einen syrischen Panzer zerstörte, ist ein Nationalheld geworden. Wenn ein Volk um seine nackte Existenz und um seine Freiheit kämpft, ist es unumgänglich, dass auch die Jugend daran teilnimmt. Ich trat der Irgun, die von den Briten als terroristische Organisation definiert wurde, im Alter von 14 Jahren bei. Mit 15 trug ich Pistolen. Übrigens: Johanna von Orléans war 16 Jahre alt, als sie die französische Armee in die Schlacht führte.

Die Siedler bringen ihre Kinder und Säuglinge, normalerweise ohne zu zögern, in gefährliche Situationen.

11. »Noch einmal wird bewiesen, dass die ganze Welt gegen uns ist. Sie sind alle Antisemiten.«

Die Meinung der Weltöffentlichkeit ist immer aufseiten der Unterdrückten. In diesem Kampf sind wir Goliath und die Palästinenser sind David. In den Augen der Welt kämpfen sie einen Befreiungskampf gegen eine feindliche Besatzung. Wir sind in ihrem Land – nicht sie in unserem. Wir siedeln auf ihrem Land – nicht sie auf unserem. Wir sind die Besatzer, sie sind die Opfer. Dies ist die objektive Situation, und kein Propagandaminister (wie Herr Nachman Shai) kann dies ändern.

12. »Wir haben keinen Partner für den Frieden.«

Stimmt, wir haben keinen Partner für einen Frieden, der für die Palästinenser eine Kapitulation vor israelischen Ultimaten bedeutet. Aber wir haben einen Partner für einen Frieden, der auf Gleichheit und gegenseitigem Respekt beruht.

Die Lösung ist ganz klar: Der Staat Palästina muss innerhalb der vor 1967 bestehenden Grenzen errichtet werden mit Jerusalem als der Hauptstadt beider Staaten; Ostjerusalem mit dem Haram esh-Sharif muss zu Palästina gehören – Westjerusalem mit der Klagemauer und dem jüdischen Viertel muss zu Israel gehören. Wenn diese Lösung grundsätzlich akzeptiert wird, können Verhandlungen über die anderen Probleme beginnen: über Sicherheit auf beiden Seiten, über den Austausch von Gebieten, über eine moralische und praktische Lösung für das Flüchtlingsproblem, über die Verteilung des Wassers und dergleichen mehr.

Dieser Frieden wird zustande kommen – weil die einzige Alternative für beide Seiten die Hölle bedeutet.

»Teurer« Siedler

25. November 2000

Vergeuden wir keine Zeit mit Wörtern wie »Dialog« oder »Versöhnung«, die von Törichten gern verwendet werden. Geben wir ehrlich zu, dass du mich nicht liebst und ich dich nicht liebe. Du glaubst, dass meine Freunde und ich »Zerstörer von Israel« seien, dass wir Leute seien, die vorhaben, euch aus euren Häusern zu vertreiben und diese den Arabern zu übergeben. Ich bin der Überzeugung, dass du und deine Freunde Zerstörer von Israel sind, die beabsichtigen, dem Staat ihren Willen aufzuzwingen, wodurch ihr ihn in einen ewigen Krieg zieht, der ihn zerstört.

Also lass uns über handfeste Dinge reden. Bis jetzt können du und deine Freunde auf eine Erfolgsstory zurückblicken. Ihr wolltet auf palästinensischem Boden vollendete Tatsachen schaffen, um so zu verhindern, dass die besetzten Gebiete an die Palästinenser zurückgegeben werden. Ihr habt alle Regierungen, von Eshkol bis Barak, gezwungen, euch einen großen Teil der Staatsgelder zu überlassen. Ihr habt die Armee in eure private Miliz verwandelt. Die israelische Armee ist zu einer Verteidigungsarmee der Siedlungen geworden.

Politiker aller Schattierungen habt ihr hofiert und tut es noch. Der Sozialist Yigal Allon pflanzte die ersten Siedler ins Herz von Hebron, Shimon Peres die erste Siedlung, Kedumim, ins Herz des Westjordanlands. Ehud Barak, der die Wahlen mit dem Slogan: »Geld für Erziehung und nicht für Siedlungen« gewann, hat sich als der größte Gönner der Siedler überhaupt entpuppt.

Du hast Erfolg gehabt. Seit den Zeloten (70 n. Chr.) haben nie wieder so wenige gegenüber so vielen ihren Willen durchsetzen können. Die Aktivitäten der Zeloten freilich haben nach anfänglichen Erfolgen zu dem Massenselbstmord in Masada geführt – und damit auf 1900 Jahre hinaus zum weitestgehenden Ende der jüdischen Präsenz in diesem Land.

Ich weiß, dass es größere Unterschiede zwischen den Siedlungen gibt. Da ist Kfar Darom, eine winzige, befestigte und isolierte Siedlung inmitten von 1,2 Millionen Palästinensern, die die Lebensader des Gazastreifens beherrscht. Sie ist wie ein Dorn im Fleisch. Dann gibt es die »Jüdische Siedlung in Hebron«, ein paar Dutzend fanatische Familien inmitten von 160 000 Hebroniten. 40 000 Palästinenser leben im »jüdischen Teil« von Hebron, die jedes Mal zu einer Ausgangssperre verurteilt sind, wenn eines ihrer Kinder einen Marktstand umkippt.

Ganz anders verhält es sich mit den Siedlungen, in denen es um die »Lebensqualität« geht. Sie wurden nicht deshalb gegründet, um das Kommen des Messias zu beschleunigen, sondern um sich an der guten Luft und an der Landschaft zu erfreuen, nach dem Motto: »Was für ein schönes Minarett im Dorf gegenüber!« Sie haben nichts gemeinsam mit den gewalttätigen Fanatikern von Maale Amos oder Yitzhar. Im Augenblick überschattet allerdings der Tod ihre Lebensqualität.

Maale Adumim, dessen Fläche offiziell größer ist als die von Tel Aviv, wurde von einem großen Unterstützer der Siedlungspolitik – Teddy Kollek – gegründet, um sein Lehensgebiet zu vergrößern. Kiryat Sefer, eine andere große Stadt, wurde von der Regierungskoalition errichtet, um die Orthodoxen zu bestechen, die hier kostenlose Luxuswohnungen erhielten.

Ganz verschiedene Siedlungen und Siedler aller Schattierungen gibt es also. Doch alle haben eins gemeinsam: Jede Siedlung ist eine Landmine auf der Straße des Friedens. Du, teurer Siedler, sitzt auf den Landreserven des palästinensischen Volkes, auf gestohlenem Land, und benutzt das Wasser, das das andere Volk zum bloßen Überleben braucht. Als Symbol der Besatzung beherrschst du die Landschaft. Die Planer zeichneten die Landkarte der Siedlungen mit dem Ziel, das palästinensische Land zu zerschneiden.

Deshalb war es nur eine Frage der Zeit, bis das palästinensische Volk sich gegen dich und deine Freunde erhob. Es ist wie bei der Transplantation eines fremden Körperteils in einen Körper: Der Körper mobilisiert alle Kräfte, um es wieder abzustoßen. Die Palästinenser sehen diesen Kampf als ihren Befreiungskrieg, dessen Hauptziel es ist, euch loszuwerden.

Mach dir doch nichts vor! Was auch immer geschieht, du hast keine Chance, diesen Krieg zu gewinnen. In den letzten hundert Jahren hat es Dutzende solcher Kriege gegeben, und die unterdrückten Völker haben sie alle gewonnen. In jedem dieser Kriege war die Besatzungsarmee unendlich viel stärker als die Rebellen. In jedem von ihnen hat das bezwungene Volk größere Verluste erlitten als die Besatzer. Aber die Besatzer waren des Kampfes immer vor den Besetzten müde, weil das besetzte Volk um sein Leben kämpfte, während die Besatzer um Luxus kämpften.

Vor ein paar Monaten zeigte eine öffentliche Meinungsumfrage überraschenderweise, dass du und deine Freunde der unbeliebteste Teil der israelischen Bevölkerung seid, noch unbeliebter als die Orthodoxen. Ihr mögt heute weniger unbeliebt sein, weil ihr Angriffen ausgesetzt seid. Aber macht euch keine Illusionen, das ist eine zeitlich sehr begrenzte Beliebtheit. Die wird sich in Luft auflösen, wenn die Zahl eurer Opfer steigt, wenn wir alles wieder verlieren, was wir in der arabischen Welt erreicht haben, wenn unser Ansehen in der Welt sinkt, wenn der Öffentlichkeit der ökonomische Preis dieses Kriegs bewusst wird und wenn die Gefahr eines allgemeinen Kriegs in der Region – eine Gefahr, die wir längst vergessen haben – wieder am Horizont auftaucht.

Die Franzosen kämpften sieben Jahre um Algerien, das sie für »einen Teil Frankreichs, wie die Provence«, hielten. Eine Million Menschen verloren ihr Leben. In einer kritischen Phase bauten die französischen Siedler ihre eigene Miliz (OAS) auf und begingen Racheakte, was schließlich zur Folge hatte, dass eine Million französischer Siedler der fünften und sechsten Generation innerhalb weniger Tage flohen, als Frankreich auf einmal Frieden schloss. Das Gleiche ereignete sich mit den britischen Siedlern in Kenia. Den weißen Siedlern Südafrikas blieb ein solches Schicksal erspart, weil sie beizeiten kapitulierten und Bürger des schwarzen Regimes wurden.

Ihr habt diese Gelegenheit verpasst. Was ihr und die Soldaten jetzt tut, ist, so viel Zorn und Hass unter den Palästinensern zu schüren, dass euer weiterer Verbleib in den besetzten Gebieten unmöglich geworden ist. Jedes tote Kind, jedes zerstörte Haus, jede Blockade und »Liquidierung« bringt eure Siedlungen dem Ende näher.

Ich bin sicher, dass ihr euch dessen voll und ganz bewusst seid. Euer ganzes Benehmen zeigt das. Ihr handelt aus Verzweiflung. Ich schlage euch vor: Tauscht die Verzweiflung in Hoffnung auf eine Lösung ein. Statt mit leeren Slogans wie: »Lasst die Armee gewinnen!« zu träumen, solltet ihr anfangen, über eure Rückkehr und eine Wiedereingliederung nachzudenken. Eure israelischen Gegner werden sagen: Wir schulden euch gar nichts. Keiner hat euch gezwungen, dorthin zu gehen. Wir haben Milliarden über Milliarden an euch verschwendet. Nun seht zu, wie ihr zurechtkommt!

Dies ist nicht meine Meinung. Ich und viele andere in der Friedensbewegung glauben, dass der Staat eure Rückkehr nach Israel und eine ordentliche Eingliederung finanzieren sollte. Nachdem wir problemlos eine Million neuer Einwanderer aus der Sowjetunion eingegliedert haben, sollten wir das auch mit 200 000 Siedlern tun können. Es wird sogar einfacher sein, weil die meisten von euch sowieso in Israel arbeiten, sodass nur das Wohnungsproblem bleibt. Aber wenn in Israel Frieden herrscht und die Wirtschaft blüht, dann sollte dieses Problem leicht zu bewältigen sein.

Ich bin davon überzeugt, dass die große Mehrheit der Siedler – außer dem harten Kern der Fanatiker – früher oder später diese Lösung akzeptieren wird. Lieber früher als später, hoffe ich. Habt Mitleid mit euch selbst, mit den Soldaten, die euch beschützen müssen. Jeder Tropfen vergossenes Blut ist unnötig. Lasst die Siedlungen nicht zu einem Altar des Moloch werden, auf dem die Kinder geopfert werden. Wenn auch ihr zu diesem Schluss gekommen seid, werdet ihr erkennen, dass wir eure Verbündeten sind, vertrauenswürdiger als all diejenigen, die euch jetzt umschmeicheln – und die euch morgen verraten.

Ariel Sharon: Eine Gebrauchsanweisung

22. März 2002

Nur sehr wenige Leute kennen Ariel Sharon wirklich. Ich glaube, ich gehöre zu ihnen. Seit 50 Jahren verfolge ich seinen Werdegang aus der Nähe. In den siebziger und achtziger Jahren habe ich drei lange biografische Studien über ihn geschrieben und dabei ausgedehnte Gespräche mit ihm geführt. Die Unkenntnis seines wahren Wesens hat in Israel und in der Welt zu gefährlichen Fehlschlüssen geführt. Ich werde hier versuchen, den wahren Sharon zu beschreiben.

Wo kommt er her?

Ariel Scheinermann, wie er ursprünglich hieß, wurde 1928 in der Genossenschaftssiedlung Kfar Malal, etwa 20 Kilometer nördlich von Tel Aviv, geboren. Sein Vater Samuel flüchtete im Ersten Weltkrieg von Brest-Litowsk nach Tiflis in Georgien; dort traf er die Medizinstudentin Vera und heiratete sie. Nach der bolschewistischen Revolution war er an geheimen zionistischen Aktivitäten beteiligt, wurde entdeckt und musste wieder flüchten. Vera, die keine Zionistin war, musste mit nach Palästina. Für die in der russischen Kultur groß gewordene verwöhnte Frau war das damalige Palästina eine öde Wüste. Ariel wuchs im Schatten einer verbitterten Frau auf, die mit allen Nachbarn zerstritten und von allen Menschen isoliert war.

Einer seiner stärksten Kindheitseindrücke hatte damit zu tun. Er fiel von einem Esel und zog sich eine tiefe Wunde am Kinn zu. Die Krankenkassenklinik war nebenan, aber Vera war mit ihr verkracht. Sie nahm das Kind in die Arme, rannte ein paar

Kilometer zu einer Ärztin im nächsten Ort. Die heftig blutende Wunde wurde ohne Betäubung zugenäht, und dann rannte Vera, mit Ariel in den Armen, wieder nach Hause. Der Vater, ein Agronom, war meistens abwesend.

Von seiner Mutter erbte Ariel die Hartnäckigkeit, die Unnachgiebigkeit, die Kompromisslosigkeit und auch die Araberfeindschaft.

Einstellung zu den Arabern

Ariels gesamte Kindheit stand im Schatten der Angst vor den Arabern. Der Boden, auf dem das Dorf Kfar Malal steht, war einem arabischen Großgrundbesitzer abgekauft worden. Die arabischen Pächter, die dort seit Generationen gelebt hatten, mussten von der britischen Polizei vertrieben werden. Das Dorf war damals ziemlich isoliert und von arabischen Dörfern umgeben.

1929 brachen im Land Unruhen aus. Die Araber wehrten sich gegen die zunehmende jüdische Einwanderung. Im Dorf kam das Gerücht auf, Araber aus der nahe gelegen Stadt Kalkilya planten einen Überfall. Vera nahm ihre beiden Babys, Ariel und seine Schwester, und versteckte sich hinter einer Betonwand. Aber die Araber kamen nicht. 25 Jahre später überfiel Major Sharon mit einem Sonderkommando der Armee die Stadt Kalkilya. Vor ein paar Tagen befahl Ministerpräsident Sharon der Armee, die Stadt Kalkilya wieder zu erobern, wobei große Zerstörung angerichtet wurde.

Kurz vor ihrem Tod, als sie schon über 80 Jahre alt war, besuchte Vera ihren Sohn auf seinem Gut, der »Sykomorenfarm«, im Negev. Bei den Blumenbeeten sah sie eine niedrige Mauer mit Bewässerungslöchern. »Gut, dass ihr solche Schießlöcher habt«, sagte sie, »da könnt ihr euch verteidigen, wenn die Araber kommen.«

Für Sharon waren und bleiben »die Araber« der Feind. Er hat sein ganzes Leben lang mit äußerster Brutalität gegen sie gekämpft. Das wird sich niemals ändern.

Charaktereigenschaften

Seine von der Mutter ererbte Hartnäckigkeit ist beinahe sprichwörtlich. Nicht umsonst nennt man ihn den »Bulldozer«. Als Minister war er bei seinen Kollegen dafür bekannt, dass er nie von einem seiner Vorschläge abließ. Wenn sein Entwurf von der Regierung abgelehnt wurde, brachte er ihn in der nächsten und übernächsten Sitzung wieder ein, bis die Gegner bei einer Sitzung in der Minderheit waren.

Seine Einstellungen sind primitiv, aber konsequent. Er besitzt die Engstirnigkeit des Dörflers, kennt die Welt kaum. Darum hat er die Fähigkeit, weltumfassende Pläne aufzustellen, die mit der Wirklichkeit wenig zu tun haben. Sie machen zunächst einen großen Eindruck auf die Zuhörer – bis diese Zeit haben, darüber nachzudenken. So verfolgte er etwa mit der Invasion in den Libanon 1982 folgende atemberaubende Ziele: einen christlich-maronitischen Diktator im Libanon einzusetzen, den Libanon in ein israelisches Protektorat zu verwandeln, die palästinensische Befreiungsorganisation PLO zu vernichten, die Syrer aus dem Libanon zu verjagen und die Palästinenser aus dem Libanon nach Jordanien zu vertreiben. Das Ergebnis: Ein schreckliches Massaker wurde in den palästinensischen Flüchtlingslagern Sabra und Shatila verübt, der Diktator Bashir Gemayel wurde ermordet, der Libanon wurde ein syrisches Protektorat, die PLO ist jetzt in Palästina etabliert und Israel hat den Libanon nach 28 blutigen Jahren endgültig geräumt.

Sharon ist nicht klug und noch weniger weise. Aber er besitzt eine Bauernschläue, die ihm zu Hilfe kommt. Er überlistet die Leute leicht, besonders die, die ihn nicht kennen. Seine stärkste Eigenschaft ist jedoch ein napoleonisches Selbstbewusstsein, das von Gegnern oft als Größenwahn gedeutet wird. Sharon ist zutiefst davon überzeugt, dass er allein vom Schicksal dazu auserkoren worden sei, Israel zu retten. Daher ist jeder, der ihm dabei in die Quere kommt, bewusst oder unbewusst ein Feind Israels. Für diejenigen, die seine Überlegenheit nicht anerkennen, hat er nur Verachtung übrig.

Das mag der Grund dafür sein, dass er auch in der Armee bei seinen Kollegen äußerst unbeliebt war und daher nie Generalstabschef werden konnte. Auch in der Politik ist er bei Parteikollegen nicht beliebt; sie werden bei der ersten Gelegenheit versuchen, ihn durch Benyamin Netanyahu zu ersetzen.

Um seine Ziele zu erreichen, instrumentalisiert Sharon Worte. Seine Beziehung zur Wahrheit ist immer problematisch. Vor 42 Jahren schrieb Ben-Gurion über ihn in sein Tagebuch: »Wenn er es sich abgewöhnen könnte, die Unwahrheit zu sagen, dann wäre er ein musterhafter militärischer Führer.« Und zwei Jahre früher, als er ihn zum Obersten ernannte, fragte ihn Ben-Gurion: »Arik, hast du dir abgewöhnt, die Unwahrheit zu sagen?«

Weltanschauung

Sharons Weltbild entstand in seiner Kindheit, es wurde im Dorf, durch seine Eltern, seine Umgebung und seine Schule geprägt. In dieser Weltsicht teilt sich die Menschheit in zwei Teile: Juden und Nichtjuden (Gojim genannt; Gojim, ursprünglich »Völker«, ist ein herabsetzender Ausdruck). Alle Gojim wollen die Juden umbringen, haben es immer gewollt und werden es auch immer wollen. Der Holocaust hat diese Überzeugung nur bekräftigt.

Einzelne Gojim können Israel helfen, aber man darf sich nicht auf sie verlassen. Wie David Ben-Gurion sagte: »Es ist nicht wichtig, was die Gojim sagen, wichtig ist, was die Juden tun.« Vor ein paar Jahren sang und tanzte eine Theatergruppe der Armee ein lustiges Lied, das mit den Worten anfing: »Die ganze Welt ist gegen uns , aber das stört uns nicht...«

Der Zionismus beruht auf dieser Voraussetzung. Im Grunde war er eine Bewegung, deren Ziel es war, die Juden aus Europa zu retten und einen Staat zu errichten, in dem die Juden sich selbst verteidigen können. Die Wahl fiel auf Palästina, auf Hebräisch Erez Israel, weil es eng mit der jüdischen Tradition, Religion und Geschichte verbunden ist. Die Tatsache, dass ein anderes Volk seit vielen Jahrhunderten in diesem Land lebt, wurde so gut wie ignoriert.

Wie jede große historische Bewegung hat auch der Zionismus viele Strömungen und Schattierungen, vom humanistischen Zionismus Martin Bubers bis zum rechtsradikalen – um nicht eine andere Bezeichnung zu gebrauchen – der Siedler. Sharons Zionismus ist einfach und klar: Das ganze Land gehört den Juden, Araber haben hier im Grunde nichts zu suchen, können höchstens geduldet werden, wenn sie gehorchen.

Das Wichtigste ist, das ganze Land – also alle besetzten Gebiete – mit jüdischen Siedlungen zu bedecken, sodass eine Rückgabe von Gebieten oder gar ein Staat Palästina überhaupt nicht mehr in Frage kommt. Das ist Sharons eigentliche Lebensaufgabe. Seit seinem Eintritt in die Regierung – 1977 als Landwirtschaftsminister – hat er sich hauptsächlich mit der Errichtung von Siedlungen beschäftigt. Danach war er Verteidigungsminister, Minister ohne Geschäftsbereich, Minister für Industrie und Handel, Wohnungsbauminister, Minister für die Infrastruktur und Außenminister; in allen diesen Ämtern hat er die Siedlungen gefördert. Die Vorstellung, er könnte für den Frieden Siedlungen aufgeben, ist nahezu lächerlich.

Bei den Wahlen im Februar 2001, die mit seinem großen Sieg endeten, war seine einzige Parole »Sharon bringt Frieden und Sicherheit«. Tatsächlich sind das zwei Begriffe, die ihm gleichgültig sind. Im Vergleich zu dem, was er als seine historische Mission betrachtet – die unwiderrufliche Ausdehnung des Judenstaates auf das ganze Land –, sind Frieden und Sicherheit reiner Luxus. Wenn wir leiden müssen, um ein Groß-Israel für die zukünftigen Generationen sicherzustellen, dann müssen wir eben leiden. Öffentlich sagt er natürlich etwas ganz anderes. Aber bei Sharon sollte man nicht hören, was er sagt, sondern sehen, was er tut. Ein palästinensischer Unterhändler reagierte auf die Wahl Sharons 2001 mit den Worten: »Allah behüte Palästina – und Israel.«

Die Selbstmordattentäter stehen Schlange

23. März 2002

Wenn ein ganzes Volk vor Wut kocht, wird es zu einem gefährlichen Feind, weil die Wut keinen Befehlen gehorcht. Und wenn Wut in den Herzen von Millionen Menschen brennt, kann sie nicht mit einem Knopfdruck gelöscht werden.

Wenn diese Wut überkocht, schafft sie Selbstmordattentäter. Gegen menschliche, von der Macht des Zorns getriebene Bomben, gibt es keine adäquate Gegenwehr. Ein Mensch, der sein Leben aufgegeben hat, der keinen Fluchtweg mehr braucht, tut alles, was sein beunruhigter Geist ihm diktiert. Einige der Selbstmordattentäter sind getötet worden, bevor sie ihr Ziel erreicht haben. Aber wenn es von ihnen Hunderte oder gar Tausende gibt, kann kein militärisches Mittel die Sicherheit wiederherstellen.

Während des letzten Monats haben die Aktionen von General Mofaz diese Wut einen bislang einmaligen Höhepunkt erreichen lassen und sie in den Herzen aller Palästinenser geschürt, ganz gleich, ob es sich um einen Universitätsprofessor oder einen Straßenjungen, eine Hausfrau, eine Studentin, einen Linken oder einen Fundamentalisten handelt.

Wenn Panzer im Zentrum einer Stadt Amok fahren, Autos zermalmen und Mauern zerstören, Straßen aufreißen, wahllos in alle Richtungen schießen, unter der Bevölkerung Panik verursachen – so löst das ohnmächtige Wut aus. Wenn Soldaten plötzlich die Mauer des Wohnzimmers einer Familie aufbrechen und Kinder und Erwachsene in einen Schockzustand versetzen, Wertgegenstände einstecken, die Früchte schwerer Lebensarbeit zerstören und dann die nächste Wand zum Nachbarn durchstoßen, um dort dasselbe zu tun – so löst das ohnmächtige Wut aus. Wenn Soldaten auf alles schießen, was sich bewegt – aus Panik oder Gesetzlosigkeit oder weil Sharon gesagt hat: »Fügt ihnen Verluste zu!« –, so löst das ohnmächtige Wut aus. Wenn Offiziere den Befehl geben, auf Ambulanzen, Ärzte und Sanitäter zu schießen, die das Leben von verblutenden Verletzten zu retten versuchen – so löst das ohnmächtige Wut aus.

Wenn diese und tausend ähnliche Akte ein ganzes Volk demütigen und die Seelen der Menschen zerstören, so löst das ohnmächtige Wut aus. Und dann erscheint diese Wut auf einmal nicht mehr ohnmächtig; denn die Selbstmordattentäter gehen los, um sich mit dem Einverständnis des ganzen Volkes zu rächen, und alle freuen sich dann über jeden getöteten Israeli, Soldaten oder Siedler, ein Mädchen im Bus oder einen Jugendlichen in der Diskothek.

Die israelische Öffentlichkeit steht sprachlos vor diesem schrecklichen Phänomen. Sie kann es nicht verstehen, weil sie nicht weiß – und vielleicht auch nicht wissen will –, was sich in den palästinensischen Städten und Dörfern abspielt. Nur ein schwaches Echo von dem, was sich wirklich abspielt, erreicht sie. Die gehorsamen, unkritischen Medien unterdrücken Informationen oder verwässern sie so, dass das Monster wie ein harmloses Schoßhündchen aussieht. Das Fernsehen, das einer Zensur im Sowjetstil unterliegt, erzählt seinen Zuschauern nicht, was los ist. Falls es jemandem erlaubt wird – um der Balance willen – ein paar Worte darüber zu sagen, werden diese Worte gleich in einem Meer von Geschwätz der Politiker, der regierungstreuen Kommentatoren und jener Generäle ertränkt, die das Chaos angerichtet haben.

Die Generäle sehen hilflos einem Kampf zu, den sie nicht verstehen. Sie geben daher arrogante Statements ab, die mit der Realität nichts zu tun haben. Erklärungen wie »Wir haben die Angriffe unterbrochen«, »Wir haben ihnen eine Lektion erteilt« oder »Wir haben die Infrastruktur des Terrorismus zerstört« zeigen einen infantilen Mangel an Verständnis dafür, was sie eigentlich tun. Weit entfernt vom »Zerstören der Infrastruktur des Terrorismus« haben sie ein Treibhaus zur Aufzucht von Selbstmordattentätern aufgebaut.

Ein Mensch, dessen geliebter Bruder getötet, dessen Haus in einer Orgie von Vandalismus zerstört, der vor seinen Kindern unendlich gedemütigt wurde, geht auf den Markt, kauft ein Gewehr für 40 000 Schekel – einige verkaufen dafür ihr Auto – und macht sich auf den Weg, um Rache zu nehmen.

Banden mit bewaffneten jungen Männern streifen nun durch alle Städte und Dörfer des Westjordanlands und des Gazastreifens – teilweise mit schwarzen Masken, die man für zehn Schekel auf den Märkten erhält. Diese Banden gehören nicht zu irgendeiner Organisation. Mitglieder der Fatah, von Hamas und Jihad Islami treffen sich, um Anschläge zu planen. Sie kümmern sich jedoch in keiner Weise um die etablierten Organisationen.

Jeder, der glaubt, dass Arafat nur auf einen Knopf zu drücken braucht, um dies zu stoppen, lebt in einer Traumwelt. Arafat ist der verehrte Führer, jetzt mehr als früher; aber wenn sein Volk vor Zorn kocht, dann kann er es nicht mehr unter Kontrolle halten. Der Dampfkochtopf kann bestenfalls langsam abkühlen, wenn der größte Teil des Volkes davon überzeugt werden kann, dass seine Ehre wiederhergestellt und seine Freiheit garantiert wird. Dann wird die allgemeine Unterstützung für die »Terroristen« abnehmen, die dann isoliert sein und allmählich verschwinden werden. So geschah es in der Vergangenheit. Auch während der Oslo-Periode gab es Anschläge, aber sie wurden von Dissidenten, von Fanatikern ausgeführt und die allgemeine Abneigung begrenzte den Schaden, den sie verursachten.

Ebenso wenig wie die israelischen Offiziere verstehen die US-Politiker, was sie tun. Wenn ein anmaßender Vizepräsident demütigende Bedingungen für ein Treffen mit Arafat diktiert, gießt er Öl ins Feuer. Ein Mensch, dem das Mitgefühl für die Leiden des unterdrückten Volkes fehlt, der dessen Lage nicht versteht, wäre gut beraten, zu schweigen. Denn jede dieser Demütigungen tötet Dutzende von Israelis. Schließlich stehen die Selbstmordattentäter bereits Schlange.

Das wahre Ziel

»Operation Schutzschild«

27. April 2002

Das wahre Ziel der »Operation Schutzschild« war nicht, die »Infrastruktur des Terrorismus zu zerstören«. Dies war lediglich eine gute Losung, um das israelische Volk zusammenzuhalten, nachdem es wegen der Selbstmordattentate aufgeregt war und Angst hatte. Es war zudem ein guter politischer Trick, der es Sharon erlaubte, auf Präsident Bushs Wagen »Krieg gegen den internationalen Terrorismus« aufzuspringen. Unter dem Vorwand, »die Infrastruktur des Terrorismus zerstören zu wollen«, kann man nämlich praktisch alles tun.

Falls Sharon wirklich beabsichtigt hätte, »die Infrastruktur des Terrorismus zu zerstören«, hätte er ganz anders gehandelt. Er hätte dem palästinensischen Volk die Hoffnung gegeben, dass es in naher Zukunft seine nationale Freiheit gewinnen kann. Er hätte die Position von Yassir Arafat gefestigt, dem einzigen wirklichen Partner für den Frieden. Er hätte die palästinensischen Sicherheitskräfte gestärkt und die wirtschaftliche Lage in den palästinensischen Gebieten grundlegend verbessert.

Aber »die Infrastruktur des Terrorismus zu zerstören«, war nicht Sharons Ziel. Sein Programm ist viel radikaler: das Rückgrat des palästinensischen Volkes zu brechen, die Regierungsinstitutionen zu zerstören, die Bevölkerung in menschliche Wracks zu verwandeln, mit denen er dann machen kann, was er will; sie zum Beispiel in mehrere Enklaven einsperren oder gar aus dem Land vertreiben. So wie Sharon es sieht, würde das die ab 1948 unternommenen Bemühungen, das wahre Israel vom Mittelmeer bis zum Jordan als einen nur von Juden bewohnten Staat aufzubauen, zum Abschluss bringen. Es ist kein Zufall, dass er offen Slobodan Milošević unterstützte, den Erfinder der »ethnischen Säuberung«.

Als ich das vor einem Jahr schrieb, klang es wie boshafte Verleumdung. Sharon wurde allgemein noch als ein Mann dargestellt, der entschlossen ist, den Terrorismus zu bekämpfen, und nicht als jemand, der in Wahrheit den Kampf gegen Terrorismus als Mittel benutzt, um ganz andere Ziele zu erreichen.

Vor vier Tagen war ich in Ramallah. Um mir ein eigenes Bild zu machen, schlich ich mich in die Stadt (es ist Israelis vom Militärgouverneur verboten, palästinensisches Gebiet zu betreten). Ich besuchte die palästinensischen Ministerien, und in der Tat bot sich mir ein schockierender Anblick. Nehmen wir zum Beispiel das palästinensische Erziehungsministerium. Es ist in einem imposanten Gebäude untergebracht, das wahrscheinlich auf die britische Mandatszeit zurückgeht, eine Mischung aus neoklassizistisch-europäischem und orientalischem Stil. Davor befand sich einmal ein Rosengarten – ich sage »einmal«, weil ein Panzer kreuz und quer durch den Garten gefahren ist, ohne ersichtlichen Grund, und was blieb, war nur ein einziger purpurroter Rosenstrauch in all seiner Pracht. Das geschah einfach so, um den Palästinensern eine Lektion zu erteilen.

Im oberen Stockwerk, wo sich die Archive und Computer befanden, war die Zerstörung total. Die Computer waren auf den Boden geworfen worden, der Safe aufgesprengt. Die Schubladen waren leer, die Telefone zerbrochen. Zum Teil handelte es sich um reinen Vandalismus. Das Geld aus dem Safe war gestohlen, die Möbel waren umgeworfen, Dokumente verstreut.

Aber bei näherem Hinsehen wurde das wahre Ziel der Operation klar. Die Festplatten aller Computer fehlten, alle wichtigen Dateien waren verschwunden; nur die leeren Gehäuse blieben. Alles, was für das Ministerium wichtig war, war weg: Verzeichnisse der Schüler und Lehrer, Prüfungsergebnisse, die ganze Logistik des palästinensischen Schulsystems.

Das Gesundheitsministerium hatte dasselbe Schicksal erlitten. Die Festplatten, welche die Daten über Krankheiten und medizinische Tests, die Informationen über Ärzte und Pflegepersonal, kurzum die gesamte Logistik der Krankenhäuser enthielten, waren alle verschwunden.

Sogar diejenigen, die der Palästinensischen Regierungsbehörde gegenüber sehr kritisch eingestellt waren, gaben zu, dass diese beiden Ministerien – Erziehung und Gesundheit – gut funktioniert hatten. Sie wurden völlig zerstört.

Das Gleiche geschah praktisch in allen anderen palästinensischen Regierungsbüros. Es gibt also keine Informationen mehr über Landregistrierung und Häuser, Steuern und Regierungsausgaben, Kfz-Zulassungen und Führerscheine – über alles, was nötig ist, um eine moderne Gesellschaft zu verwalten.

Die Liste der Terroristen war nicht in den Landvermessungsbüchern versteckt; das Bombenverzeichnis steckte nicht zwischen den Listen der Kindergärtnerinnen. Das wahre Ziel wurde deutlich: Nicht nur die Palästinensische Regierungsbehörde sollte zerstört werden, sondern die ganze palästinensische Gesellschaft. Sie sollte mit einem Schlag von der Stufe eines modernen, im Entstehen begriffenen Staates in das primitiven Stadium zur Zeit der osmanischen Herrschaft zurückgeworfen werden.

Dies trifft auf die bürgerliche Gesellschaft zu, aber noch mehr auf das Sicherheitssystem. Die Hauptquartiere der Sicherheitsdienste wurden zerstört, die Akten verbrannt, die Computer vernichtet, die Informationen über bewaffnete Untergrundorganisationen mit allen anderen Details, die den Krieg gegen den Terror betreffen, wurden gelöscht. Es gibt keinen besseren Beweis für die Ziele dieser Operation: Nicht um einen Krieg gegen den Terrorismus ging es, sondern um die Zerstörung der organisierten palästinensischen Gesellschaft.

Übrigens: An jenem Tag ging ich mit einer Gruppe israelischer Friedensaktivisten durch das Zentrum Ramallahs, vom Massengrab auf dem Krankenhausparkplatz bis zum belagerten Hauptquartier von Yassir Arafat. Wir trugen hebräische Demonstrationsschilder mit uns, begegneten viel Sympathie und keinem einzigen Zeichen von Feindlichkeit. Sogar in einer solchen Zeit können die Palästinenser sehr wohl Israelis aus dem Friedenslager von denen unterscheiden, die für den brutalen Angriff verantwortlich sind. Vielleicht liegt hierin der einzige Hoffnungsschimmer.

Die Stimme ihres Meisters

Fehler der Geheimdienste

15. Juni 2002

Als der wütende Mob im Begriff war, den Palast des Sultans zu stürmen, verbreitete der Agent des Wesirs das Gerücht, am Stadttor würde Weizen umsonst verteilt. Der Mob vergaß den Palast und eilte zum Stadttor. Plötzlich sprang der Wesir auf und begann ebenfalls wegzulaufen. »Wohin gehst du?«, rief der Sultan, »du weißt doch, dass es gar keinen Weizen gibt!« »Wer weiß?«, erwiderte er, »vielleicht stimmt es doch.«

Bei der kürzlichen Wende der Ereignisse in den Vereinigten Staaten musste ich an diese Geschichte denken. Nach langen Monaten einfältigen Schweigens – nach dem 11. September –, als alle US-Medien in geschlossener Reihe hinter dem Präsidenten marschierten (so wie die israelischen Medien hinter Sharon), begann man, kritische Stimmen zu vernehmen. Wo ist der Geheimdienst gewesen? Hätte er im Voraus etwas von dem wissen können, was passierte? Hat er sich eines gewaltigen Versäumnisses schuldig gemacht? Wer ist dafür verantwortlich? Nur die Geheimdienste oder auch der Präsident?

Bush mochte diese Fragen gar nicht. Als seinem Volk klar wurde, dass all das zu einer Untersuchung drängte, entdeckten die Dienststellen eine neue schreckliche Verschwörung: Der grausame Feind plante, eine radioaktive, »schmutzige Bombe« in den USA explodieren zu lassen. Sie entdeckten sogar den furchterregenden Bomber, einen kleinen Straßenganoven lateinamerikanischer Herkunft, der im Begriff war, jeden Moment diese wahrlich raffinierte Schandtat auszuführen. Die Nation wurde von Hysterie erfasst, die Medien und der Kongress standen in Hab-Acht-Stellung. Vielleicht ist sogar etwas Wahres dran? So wie der Wesir sagte: »Wer weiß? Vielleicht stimmt es doch.«

Mittlerweile wurde die Frage nach den Versäumnissen der Geheimdienste wieder zu den Akten gelegt. Man kann aber solche Tatsachen nicht lange unterdrücken. Die USA sind nicht Israel; die Medien dort sind es nicht gewohnt, im Gänsemarsch zu laufen und die Hintern der an der Macht befindlichen Politiker zu küssen.

Also, was wussten CIA und FBI? Falls schon eine Menge verdächtiges Material in ihrem Besitz war, warum haben sie dann keine klaren Schlüsse gezogen? Warum haben sie nicht gewarnt, warum keine vorsorglichen Schritte unternommen, die Führung nicht benachrichtigt? Das erinnert mich an eine andere Episode, die zwar etwas anders gelagert war – aber doch erstaunliche Ähnlichkeiten aufwies.

Nach dem Yom-Kippur-Krieg 1973 wurde der Generalstabschef, General David (»Dado«) Elazar, aus seinem Amt entlassen. Eine Untersuchungskommission war zu dem Ergebnis gekommen, er trage die Hauptverantwortung für das Versäumnis, die Reserveeinheiten zu mobilisieren und die Truppen beizeiten an die Front zu befördern. Dieses Versäumnis hatte es Ägyptern und Syrern ermöglicht, die Initiative zu ergreifen und zu Beginn des Kriegs bedeutende Fortschritte zu machen.

Einige Monate später lud mich Dado in sein Haus ein. Er litt unter starken psychischen Belastungen, da er überzeugt war, dass ihm eine große Ungerechtigkeit widerfahren sei. Wie konnte man ihn für Versäumnisse verantwortlich machen, wenn der militärische Geheimdienst (unter dem hebräischen Akronym Aman bekannt) alle Informationen, die er vor dem Krieg in seinen Akten gesammelt hatte, vor ihm versteckt hielt?

Welche Informationen? Neben ihm sitzend, hörte ich mit wachsendem Erstaunen zu, als er einige der Punkte aufzählte, die der Aman zu jener Zeit zur Kenntnis genommen hatte. So habe zum Beispiel ein ägyptischer muslimischer Armeegeistlicher die Soldaten seiner Einheit informiert, ab dem nächsten Morgen würde das Ramadanfasten gebrochen werden. Da das

Ramadanfasten eines der fünf Hauptgebote des Islam darstellt, hätte allein dies schon ein gewaltiges rotes Licht beim Aman aufblitzen lassen sollen.

Der Geheimdienst hatte eine Menge solcher Hinweise: Ein ägyptisches Unterseeboot hatte den strengen Befehl, ab einer bestimmten Stunde absolute Funkstille einzuhalten. Ein ägyptischer Soldat benutzte den Funk, um von seinem Bruder in einer anderen Einheit Abschied zu nehmen, und zwar mit einem muslimischen Segen, den die Gläubigen nur kurz vor dem Tod aussprechen. Und so weiter...

Was geschah mit all diesen Informationen? Nichts. Sie lagen zwischen den Aktendeckeln. Warum? Weil der Chef des Aman, Elie Zaira, absolut sicher war, dass die Ägypter es nicht wagen würden, die mächtige israelische Armee anzugreifen. Er glaubte, ihre Bewegungen seien ein großer Bluff, um auf die israelische Regierung Druck auszuüben. All jene erhaltenen Informationsbruchstücke fielen in das schwarze Loch vorgefasster Meinungen – im Hebräischen mit »Konzepzia« bezeichnet, einem Wort, das damals berühmt-berüchtigt war. Sie wurden also nicht dem Generalstabschef zur Kenntnis gebracht und erreichten so auch nicht den Verteidigungsminister Moshe Dayan oder die Ministerpräsidentin Golda Meir.

Nur ich – klein und unwichtig – warnte Golda ein paar Monate zuvor in einer Knessetrede, dass die Ägypter angreifen würden, und zwar selbst dann, wenn sie überzeugt seien, geschlagen zu werden. Goldas absolute Weigerung, auf Sadats Friedenssignale zu reagieren, zog eine totale politische Eiszeit nach sich. Die Ägypter waren sich sicher, dass ein militärischer Angriff – selbst ein verfehlter – dieses Eis brechen würde.

Der Yom-Kippur-Fehlschlag zerstörte den Mythos von der israelischen Unbesiegbarkeit und veränderte die Lage im Nahen Osten. Das war aber kein einmaliges Ereignis. Weit gefehlt! Etwas ganz Ähnliches passierte den Russen am Vorabend des Nazieinfalls (»Unternehmen Barbarossa«), als der sowjetische Geheimdienst rechtzeitig genaue Einzelheiten über den bevorstehenden Angriff, einschließlich Tag und Stunde, erfahren hatte.

Fast dasselbe erlebten auch die Amerikaner in Pearl Harbor. Die Liste ist lang. Warum wohl ist es ihnen allen so ergangen? Oder, wie man im Hebräischen sagt: Wo liegt der Hund begraben?

Ich habe jahrelang über unseren Fehlschlag von 1973 nachgedacht. Was veranlasst einen hochintelligenten Offizier wie Zaira, an seiner »Konzepzia« festzuhalten, selbst wenn direkt vor seinen Augen die ägyptische Offensive vorbereitet wird. War es nur intellektuelle Arroganz, wie manche glaubten?

In Israel hat der Chef des Aman ungeheure Macht. Er ist die einzige Person, die der politischen Führung die »Einschätzung der nationalen Lage« unterbreitet, die dann zu großen Teilen die Regierungspolitik bestimmt. Theoretisch ist er ein unpolitischer Soldat, von seiner Einschätzung wird höchste Professionalität verlangt.

Aber ist dies wirklich so? In jedem Land und unter jedem Regime weiß der Chef des Geheimdiensts, dass seine Karriere vom politischen Boss abhängt. Bewusst oder unbewusst passt er sich dem Konzept des Führers an – sei dieser ein skrupelloser Diktator oder ein demokratischer Ministerpräsident.

Nach dem Junikrieg 1967 führten Golda Meir und Moshe Dayan ein Volk, das von seinem Sieg wie berauscht war. Nicht im Traum dachten sie daran, irgendetwas vom eroberten Land zurückzugeben. Also brachten sie die Araber in Verruf, um das Gefühl aufkommen zu lassen, Araber seien so minderwertig, dass man sie einfach ignorieren könne. »So etwas wie ein palästinensisches Volk gibt es nicht«, verkündete Golda Meir, und Dayan machte Witze über die arabischen Armeen. Der Chef des militärischen Geheimdiensts passte sich dem an und nahm dies in seine »Konzepzia« auf.

Stalin war nicht bereit, zuzugeben, dass sein Abkommen mit Hitler ein historischer Fehler war. Deshalb drohte er jedem Geheimdienstoffizier, der ihm einen Bericht über einen bevorstehenden Angriff der Nazis brachte, mit Deportation nach Sibirien. Die Amerikaner machten sich lustig über die »kleinen Gelben«, und Franklin Roosevelt dachte, er könne sie ungestraft provozieren.

Geheimdienstler hören ihres Meisters Stimme und richten gute Botschaften aus. Der gegenwärtige israelische Geheimdienstchef bemüht sich, Sharon mit Auswertungen zu versorgen, die Arafat als Schuft und als irrelevant hinstellen. Dies kann man fast täglich den Medien entnehmen.

Vor dem 11. September 2001 wussten die Chefs der CIA und des FBI, dass der neue Präsident kein Interesse an internationalen Angelegenheiten hatte, dass er seine Fähigkeiten auf die Innenpolitik konzentrieren wollte. Bush wollte sich nicht mit dem Nahen Osten und dem Streit mit jüdischen und fundamentalistisch-christlichen Lobbys befassen. Also warum sollte man ihm von dem gewaltigen Zorn gegen Amerika berichten, der sich im Nahen Osten aufbaute, hauptsächlich wegen dessen Unterstützung von Israels Besatzungspolitik? Warum sollte man ihn darüber informieren, dass es da eine konkrete Gefahr gab, dass Muslime dabei waren, spektakuläre Racheaktionen zu begehen? Und überhaupt, was können denn diese jämmerlichen Araber schon tun?

Deshalb hat man den einzelnen Informationen, die rechtzeitig ein Warnsignal hätten aufleuchten lassen müssen, keine besondere Aufmerksamkeit geschenkt. Sie wurden nicht weitergegeben, veranlassten die konkurrierenden Geheim- und Sicherheitsdienste nicht, Informationen zu bündeln, und wurden somit auch dem Präsidenten und seiner Regierungsmannschaft im Weißen Haus nicht zur Kenntnisnahme weitergeleitet.

Wird eine Untersuchung dieser Versäumnisse positive Konsequenzen haben? Ich fürchte nein. Denn die Geheimdienstler werden vor der nächsten Katastrophe in den USA, in Israel oder sonst wo wie üblich ihren Führern genau das mitteilen, was sie zu hören wünschen – entsprechend ihrer absolut professionellen »Konzepzia«.

»Des Kaisers neue Kleider«

1. Juli 2002

Zufällig hörte ich die Rede von Präsident George W. Bush in Kopenhagen. Dies erinnerte mich gleich an die berühmteste Geschichte, die in dieser Stadt geschrieben wurde: »Des Kaisers neue Kleider«.

Jeder lobte diese gelungene Rede. Premierminister A. lobte den eleganten Schnitt, Präsident B. empfahl das feine Gewebe, Scheich C. bewunderte den schönen Kragen – und ich sah nur den nackten König.

Jeder weiß natürlich, dass es eine dumme Rede war, vielleicht die dümmste, die je ein amerikanischer Präsident gehalten hat. Aber wer will schon dem Führer der einzigen Weltmacht widersprechen? Wer will den Zorn eines Mannes auf sich ziehen, der, während er so dummes Zeug von sich gibt, solch eine erschreckende Macht besitzt.

Ein zwölfjähriger Schüler würde sich geschämt haben, seinem Lehrer einen derartigen Aufsatz abzuliefern. Die Annahmen entbehren jeder Grundlage, das von der Lage gezeichnete Bild ähnelt einer Karikatur, die Schlussfolgerungen sind lächerlich und ein Teil steht im Widerspruch zum anderen.

In der Rede heißt es: Die Palästinenser müssen ihren Führer in freier, demokratischer Wahl wählen – aber es ist ihnen verboten, einen Führer zu bestimmen, der weder Sharon noch Bush gefällt. Sie sollen ein demokratisches, pluralistisches, liberales Vielparteiensystem mit Gewaltenteilung, unabhängigen Gerichtshöfen und transparenten Finanzen aufbauen. Um all dies zu erreichen, wird ihnen befohlen, die Hilfe von Amerikas Verbündeten im Nahen Osten anzunehmen: dem »demokratischen« Saudi-Arabien, dem »pluralistischen« Ägypten, dem »liberalen« Jordanien – finanzielle Transparenz wie in Riad, Gewaltenteilung wie in Kairo, unabhängige Gerichtshöfe wie in Amman.

Die Errichtung dieses idealen Systems ist eine Vorbedingung jeglicher Friedensverhandlungen. In Europa wurde ein solches System nach einem jahrhundertelangen Kampf erreicht. In der arabischen Welt existiert es noch nirgends. Arafat ist der einzige arabische Staatschef, der in freien Wahlen gewählt wurde – unter internationaler Aufsicht, vom ehemaligen US-Präsidenten Jimmy Carter persönlich überwacht.

In Bushs Hohlspiegel geht der Terror der Besatzung voraus. Ja, in diesem Zusammenhang hat er die Besatzung sogar noch nicht einmal erwähnt. Da gibt es nur Terror. In seiner begrenzten Weltsicht ist Terror die Summe von allem. Am Anfang schuf Gott den Krieg gegen den Terrorismus, und die ganze Welt dreht sich um diesen. Terrorismus gibt es, wie Satan, seit Beginn der Schöpfung. Er ist nicht die Folge von irgendetwas. Er hat sein eigenes, unabhängiges Wesen. Und so wie ein gläubiger Christ jeden Augenblick seines Erdenlebens gegen den Teufel kämpfen muss, so muss jedes menschliche Wesen den Terrorismus bekämpfen und wird dementsprechend vom göttlichen Richter, Bush, beurteilt.

Und was ist Terrorismus? Terrorismus ist das, was die Feinde der USA tun. Die Freunde der USA tun so etwas natürlich nicht. In der Türkei sind beispielsweise die Kurden die Terroristen, während die türkische Armee eine humanitäre Truppe ist. Der gute Freund Putin begeht keine Akte des Terrorismus, seine Taten in Grosny sind fast so gemäßigt wie die Sharons in Jenin.

Aber Arafat ist ein Terrorist. Er ist auch korrupt und ein Diktator. Dazu benötigt man keine Beweise. Sharon sagt es, und Sharon ist über jeden Vorwurf erhaben. Arafat muss eliminiert, aus seinem Amtssitz entfernt, ausgewiesen, ermordet werden. Bush spricht natürlich nicht von Mord; aber es ist noch nicht lange her, dass das Dekret aufgehoben wurde, das amerikanischen Agenten verbot, ausländische Führer zu töten.

Was wird nach Arafats Entfernung, Ausweisung oder Ermodung geschehen? Bush zufolge ist das ganz klar: Reformwillige Palästinenser werden auftauchen, irgendeinen palästinensischen

Professor aus Havard oder Oxford als Präsidenten wählen und die palästinensische Schweiz schaffen.

Bush kann sich natürlich nicht vorstellen, dass etwas völlig anderes geschehen wird. Wer immer auf Arafat folgt, muss zeigen, dass er kein Handlanger des Mossad oder der CIA ist, also muss er extremer als Arafat sein. Um zu vermeiden, innerhalb von 24 Stunden von der Hamas als Verräter ermordet zu werden, muss er ein Bündnis mit ihr eingehen. In den folgenden Wahlen wird der Kandidat der »nationalen und islamischen Kräfte« gewinnen.

So sähe das Szenario im besten Fall aus. Im schlechtesten Fall gestaltet es sich folgendermaßen: Es gibt gar keinen alternativen Führer. Die palästinensische Gesellschaft zerfällt in Hunderte von Einzelteilen. Aus jedem kommen Selbstmordattentäter, die in den besetzten Gebieten, in Israel, im Nahen Osten und der ganzen Welt Attentate ausüben. Das Chaos wird der uneingeschränkte Herrscher sein. Das ist es, was Sharon sich wirklich wünscht, weil er dann die ethnische Säuberung ausführen, die palästinensischen Gebiete annektieren und sich so seinen Traum der letzten 50 Jahre erfüllen kann. Der gute Bush wünscht sich dieses Szenario sicher nicht, aber da er Sharons Knappe wurde – eine Art amerikanischer Sancho Pansa des israelischen Don Quijote –, zählt, was der Don sagt.

Nach der Rede von Bush traf ich mich mit einem hohen europäischen Diplomaten. »Nun, es mag nicht die glänzendste Rede gewesen sein, die wir jemals gehört haben«, sagte er mit einem geringschätzigen, ironischen Lächeln, »aber das ist es nun mal, was wir haben. Es wäre nicht klug, Bush direkt zu widersprechen, dann würde er nur störrisch werden.« Was kann man also tun? Das ironische Lächeln noch immer um seine Lippen: »Die europäische Diplomatie hat Hunderte von Jahren an Erfahrung. Es wäre klug, aus seiner Rede einen positiven Satz herauszupicken, diesen mächtig aufzublasen und die negativen Teile zu ignorieren.«

Europa wird sich auf die Wahlen in Palästina konzentrieren. Diese müssen frei sein und unter strenger internationaler Kontrolle stehen. Damit die Wahlen frei sind, müssen sich die Kandidaten frei bewegen können. Damit sich Parteien bilden und diese Wahlkampagnen durchführen können, muss Rede- und Versammlungsfreiheit herrschen. All das ist unter einer Besatzung unmöglich. Deshalb müssen als Erstes die Besatzer aus den palästinensischen Gebieten abziehen. Gemäß dem Oslo-Abkommen besitzen die palästinensischen Einwohner Jerusalems das aktive und das passive Wahlrecht – auch ihnen muss deshalb Bewegungsfreiheit zugestanden werden.

Bis zu den Wahlen muss die existierende gewählte Behörde, einschließlich ihres Präsidenten, ihre Arbeit fortsetzen können. Europa wird auch weiterhin mit Arafat verhandeln. Er hat, wie jeder andere Bürger, das Recht, sich zur Kandidatur zu stellen; und wenn er in einer freien Wahl gewählt wird, dann muss ihn die Welt – von Europa angeführt – anerkennen. Niemand zweifelt daran, dass er tatsächlich von einer großen Mehrheit gewählt werden wird.

Also kann nach alledem vielleicht doch ein goldener Faden in des »Kaisers neuen Kleidern« gefunden werden.

Die Armee hat einen Staat

20. Juli 2002

Im jüdischen Schtetl starb ein reicher Mann. Nun verlangte es die jüdische Tradition, dass irgendjemand eine Lobrede auf den Verstorbenen hielt und sich nur über seine Tugenden ausließ. Aber keiner in der Stadt war bereit, ein gutes Wort über diese verhasste Person zu sagen. Schließlich erbarmte sich ein Jude dieser Angelegenheit und sagte: »Wir alle wissen, dass der Verstorbene ein übler, grausamer und gieriger Mensch war. Aber verglichen mit seinem Sohn war er ein Engel.«

Ich bin versucht, dasselbe über Shaul Mofaz zu sagen, der vor ein paar Tagen das Amt des militärischen Oberkommandeurs abgegeben hat. Er war ein schlechter, anmaßender Generalstabschef, der primitive und grausame Ansichten hatte und der seine Aufgabe, für Sicherheit zu sorgen, absolut verfehlte. Aber verglichen mit seinem Nachfolger »Boogie« Ayalon war er großartig.

In Israel ist der Wechsel im Amt des Generalstabschefs wichtiger als der Wechsel des Präsidenten. Nur der Ministerpräsident ist wichtiger als der Generalstabschef, weil die Armee einen immensen Einfluss auf jede Lebenssphäre hat.

Graf von Mirabeau, einer der Väter der französischen Revolution, prägte den Satz: »Preußen ist kein Staat mit einer Armee, sondern eine Armee mit einem Staat.« Trifft dies nicht auch auf Israel zu? Theoretisch ist die israelische Armee der politischen Führung untergeordnet. Wir sind schließlich eine Demokratie. Die gewählte Regierung trifft die Entscheidungen – die Armee führt sie aus. So sollte es wenigstens sein. Aber die Realität sieht viel komplizierter aus.

Zunächst einmal findet sich in der politischen und wirtschaftlichen Elite eine Vielzahl von früheren Generälen. Von den fünfzehn Generalstabschefs, die Mofaz vorausgingen, wurden zwei sogar Ministerpräsidenten. Der gegenwärtige Ministerpräsident ist General und nach dem Mord an General Zeevi, dem Minister für Tourismus, sind noch vier Generäle in seinem Kabinett. Es wäre schön zu glauben, dass ein General, wenn er einmal seine Uniform auszieht, auch seine militärischen Ansichten ablegte. Aber das ist eine Illusion. Ein General bleibt ein General, Mitglied einer eng verbundenen Gruppe, die eine fast identische Einstellung zu allen staatlichen Problemen hat.

Israel ist das einzige Land in der demokratischen Welt, in dem der Generalstabschef an allen Kabinettssitzungen teilnimmt. Sehr oft bringt er dann den Chef des militärischen Geheimdiensts Aman mit.

In der Vergangenheit war der Einfluss des Oberbefehlshabers auf die Entscheidungen der Regierung eine Tatsache, über die nicht weiter geredet wurde. Mofaz aber brachte diesen Sachverhalt an die Öffentlichkeit, indem er dem Kabinett immer wieder ganz offen seine Ansichten diktierte. Wenn er verkündete, dass seiner »professionellen Sichtweise« nach dies oder jenes gemacht oder nicht gemacht werden sollte, dann hatte keiner der Minister den Mut, dagegen zu stimmen. Allein General Sharon wagte selten genug, Mofazs Vorschläge zurückzuweisen. General Ben-Elieser, der Verteidigungsminister, tat manchmal so, als würde er widersprechen, aber er meinte es nicht richtig ernst.

Nicht weniger bedeutsam ist der Status des militärischen Geheimdiensts. Genau wie der Generalstabschef die einzige Person ist, die »die Meinung der Armee« zum Ausdruck bringen darf, so hat allein der Chef des Aman den Auftrag, die »Einschätzung der nationalen Situation« zu formulieren. Kein Kabinettsminister und kein Knessetabgeordneter würde es wagen, einen Zweifel über egal welche Bewertung des Aman zu äußern – trotz der Tatsache, dass diese Einschätzungen sich jedes Mal in der Geschichte der Nation als falsch erwiesen haben. Es genügt, die Beurteilung der Lage durch den Amanchef am Vorabend des Yom-Kippur-Kriegs zu erwähnen, welche zu einer nationalen Katastrophe führte.

Die Armee hält eine »Peitsche« in den Händen, die kein Politiker zu ignorieren wagt: absolute Kontrolle über die Medien. Fast alle »Militärkorrespondenten« und »Militärkommentatoren« sind gehorsame Diener des Oberkommandos und veröffentlichen die Informationen des Oberbefehlshabers und seiner Generäle als ihre eigene Meinung. Fast alle »Korrespondenten für arabische Angelegenheiten« sind frühere oder gegenwärtige Amanmitarbeiter, welche die Amaninformationen als ihre eigenen Ansichten veröffentlichen. Falls ein Minister es wagt, die Forderungen des Generalstabs oder die Einschätzung des Aman zurückzuweisen, fallen die Medien wie eine gierige Meute über ihn her. Zudem ist in allen Fernseh- und Radionachrichtenprogrammen, Talkshows und Interviews die Zahl der früheren und gegenwärtigen Generäle, die sich zu jedem nur denkbaren Thema äußern, beinahe unglaublich.

All dies basiert übrigens auf dem Irrtum, dass die Militärs die Probleme des Staates besser als andere verstünden und dass sie allein die Interessen des Staates verträten – natürlich ohne irgendwelchen Eigennutz. In Wirklichkeit ist ein Militärtechniker auf seinem Gebiet ein Fachmann, wie zum Beispiel ein Installateur oder ein Arzt. So wie ein Installateur die Technik der Abwasserinstallation versteht und ein Arzt die medizinische Technik, so versteht ein höherer Armeeoffizier die Techniken der angewandten Militärmacht. Natürlich sieht er alle Probleme durch diese Brille. Dies macht ihn nicht zum Experten für Angelegenheiten des Staates, der Gesellschaft, der internationalen Beziehungen oder anderer Staaten. Es macht ihn gewiss nicht zum Experten für Terrorismus, ein im Wesentlichen politisches Phänomen.

Die israelische Armee ist eine der größten der Welt. Sie verbraucht einen immensen Teil der nationalen Ressourcen – pro Kopf gerechnet 15-mal mehr als in den USA. Sie ist eine mächtige wirtschaftliche Macht, die einen ungeheuren Einfluss auf die Wirtschaft im Ganzen ausübt, wo viele der großen Wirtschaftskonzerne von früheren Generälen kontrolliert werden. Ein großer Teil des Verteidigungsbudgets fließt in die Gehälter und Pensionen der Armeeoffiziere, die gewöhnlich mit vollem und großzügigem Gehalt in Pension geschickt werden – im reifen Alter von 43 Jahren. Das Gehalt eines Generals ist höher als das eines Knessetabgeordneten. Aber gnade Gott dem Finanzminister, der es versucht, den Verteidigungsetat zu kürzen. Er würde sofort als der Zerstörer Israels an den Pranger gestellt, als einer, der die Sicherheit des Staates untergräbt. Eine Folge dieser Politik sind die Kürzungen im sozialen Sicherungssystem, das einmal der Stolz Israels war – nun nähert es sich rapide dem Niveau eines Dritte-Welt-Landes.

Natürlich hatte das Militär von allem Anfang an einen tiefgreifenden Einfluss auf die Politik des Staates. Das ist nicht neu. Aber es gibt wenig Ähnlichkeiten zwischen der Armee von 1950 und der von 2002. Damals waren die meisten Offiziere Kibbuzmitglieder mit liberalen und linken Ansichten. Dies hat sich völlig geändert. Während der 35 Jahre andauernden Besatzung war ein negativer Auswahlprozess im Gange. Humanistisch und liberal eingestellte Menschen wählen heute wissenschaftliche und High-Tech-Berufe und nicht die Karriere beim Militär. Die Kibbuzniks sind verschwunden; stattdessen füllen nun mehr und mehr Siedler und religiöse Nationalisten die Offiziersränge.

Heutzutage besteht das riesige militärische Establishment, mit und ohne Uniform, aus einer nationalistischen und kriegsliebenden Überpartei, die glaubt, mit der Anwendung von Gewalt alle Probleme lösen zu können. Sie begünstigt die Besatzung und ist eng mit den Siedlern verbunden. Sie ist von Natur aus antipalästinensisch, antiarabisch und deshalb gegen den Frieden eingestellt. Die völlige Konformität, die in der Armee vorherrscht, stellt sicher, dass die ganze Armee wie Mofaz und Yaalon denkt. Jeder Offizier, der anders denkt, ist auf dem Weg nach draußen.

Zyniker mögen sagen, das alles sei eine Sache von Eigeninteresse: Die Macht, der Einfluss und die Privilegien der höheren Offiziere gründen auf der kritischen Sicherheitssituation, der andauernden Besatzung und dem nicht enden wollenden Krieg.

Natürlich benutzen sie ihren Einfluss, um diese Situation andauern und eskalieren zu lassen.

Weniger zynische Leute werden sagen, dass die militärische Mentalität selbst in diese Richtung tendiert; wenn aber jemand glaubt, dass reine Gewalt die Lösung aller Probleme sei, dann treibt er den Staat automatisch in einen permanenten Krieg.

Eine Folge davon wäre, dass Frauen – mehr als die Hälfte der Bevölkerung – überhaupt keinen Einfluss auf die Zukunft des Landes hätten. Die Armee ist das Reich der Männer und des Machismo. Die Zuständigkeit von Frauen beschränkt sich in fast allen Rängen darauf, Kaffee anzubieten. Sogar noch schlimmer gestaltet sich die Lage der arabischen Staatsbürger (einem Fünftel der Bevölkerung), was ihre Möglichkeiten angeht, die Zukunft des Landes zu beeinflussen.

Die Führer der türkischen Armee, die gute Freunde ihrer israelischen Kollegen sind, haben eine ähnliche Position in ihrem Land. Die Türkei ist eine Demokratie, da gibt es einen Präsidenten, ein Parlament, eine gewählte Regierung. Aber die Armee betrachtet sich selbst als obersten Wächter des Staates und seiner Werte. Wenn die Armee zu dem Schluss kommt, dass die Regierung abweicht, spricht sie dies aus, damit sie ihren Weg korrigiert. In extremen Fällen veranlasst die Armee die Auflösung der Regierung. In Israel ist der Prozess verdeckter und komplizierter, das Ergebnis ist aber ähnlich.

Mirabeau prägte noch eine weitere aufschlussreiche Formulierung: »Der Krieg ist die Nationalindustrie Preußens.« Man könnte nun sagen, dass die Besatzung die Nationalindustrie Israels ist.

Mit Ahmeds Augen gesehen

27. Juli 2002

Vor ein paar Jahren sagte Ehud Barak: »Wenn ich ein junger Palästinenser wäre, dann würde ich mich einer terroristischen Organisation anschließen.« Eine interessante Aussage. Sie belegt, dass Barak einmal die Fähigkeit besaß, sich in die Lage von jemand anderem zu versetzen.

Mir fällt das leichter, da ich mich, als ich jung war, tatsächlich einer terroristischen Organisation angeschlossen hatte. Ich kann mich noch sehr gut an die Gefühle und Gedanken erinnern, die mich zu diesem Entschluss bewegten. Wenn ich heute voraussagen will, was die Araber morgen tun werden, wende ich die gleiche Methode an: Ich versuche, mich in die Perspektive eines jungen Arabers zu versetzen, so wie ein Schauspieler sich in die Rolle dessen einlebt, den er zu spielen vorgibt. Ich versuche zu fühlen, was er fühlt, und zu denken, was er denkt.

In der letzten Woche versetzte ich mich in die Position von Ahmed, einem 18-jährigen Studenten der Universität Irbid in Jordanien. Sein Großvater floh 1948 aus Jaffa, ließ sich im Haschemitischen Königreich Jordanien nieder und wurde reich. Der junge Mann studiert Physik. Was mag er nach der Bombardierung von Gaza gefühlt und gedacht haben?

Wie jeder andere sah auch Ahmed die grausigen Bilder über den Sender Al-Jazira – immer und immer wieder. Er wird wahrscheinlich nie mehr das dreijährige Kind vergessen, das vor der Kamera starb, um es herum eine Menge Ärzte, die mit allen möglichen Instrumenten sein Leben retten wollten; das Zittern der kleinen Glieder, das Zucken des Kopfes – und dann plötzliche Ruhe.

Ahmed sah die zertrümmerten Häuser, die Mütter, die Leichen auf den Tragbahren, die starren und hilflosen Gesichter der geschockten Nachbarn. Er fühlte mit ihnen. Dann bemächtigte sich seiner ein verzehrender Hass, und alle seine Gefühle vereinigten sich zu einem einzigen Wunsch: Rache. Ahmed ist nicht besonders religiös, aber jetzt betet er zu Allah, er möge doch einen palästinensischen Helden schicken, der an den jüdischen Mördern eine große, schreckliche Rache vollstreckt.

Am Vortag hatte er in der Zeitung gelesen, dass vor der Bombardierung die Tanzim, die größte palästinensische Kampforganisation, entschieden hatte, einen einseitigen Waffenstillstand zu erklären, und auch versucht hatte, die Hamas zu überzeugen, dasselbe zu tun. Voll Erstaunen schüttelte er den Kopf: »Lernen die denn nie? Wissen sie denn nicht, dass Sharon gar keinen Frieden wünscht, dass er nur eines will: alle Palästinenser zu vertreiben?«

Und Amerika? Ahmed ist voller Wut gegen die USA. Präsident Bush hat die Gewalttat nicht einmal verurteilt. Er ließ nur einen unbedeutenden Regierungssprecher Sharon für seine unpassenden Mittel tadeln. Er nahm nicht einmal das Telefon in die Hand, um Sharon anzurufen und ihm die Leviten zu lesen, wie es Präsident Reagan gegenüber Begin tat, als dieser 1982 Beirut durch Sharon grausam bombardieren ließ. Er rief auch Präsident Arafat nicht an, um ihm zu kondolieren. Seine wirkliche Botschaft an Sharon war: Okay, mach weiter, aber mit kleineren Bomben.

Ahmed mag sich gesagt haben: Vielleicht hat Bin-Laden am Ende doch Recht. Die Amerikaner hassen die Araber wirklich. Nur ein Dummkopf setzt seine Hoffnungen noch auf sie. Und nur ein Dummkopf erhofft sich irgendetwas von den Europäern. Schau sie doch an: ein Haufen von Heuchlern, sie nehmen den Mund voll mit moralischer Entrüstung, tun aber nichts. Sie schwiegen, als die Deutschen die Juden misshandelten, und jetzt schweigen sie, während die Juden die Palästinenser misshandeln.

Am meisten ist Ahmed aber über die arabische Welt wütend. Konferenzen werden abgehalten, Resolutionen wird zugestimmt, einige Brosamen werden den verhungernden Palästinensern in ihren belagerten Städten zugeworfen. Er fühlt eine nagende Demütigung. Ist das nicht eine Schande? Ist dies die mächtige arabische Welt? Sehen so die Erben des Kalifen Omar und Saladins aus? Irgendjemand muss Flagge zeigen, die Massen bewegen, uns unseren Mut und Stolz wieder zurückgeben.

Auch wenn er selbst sich keinen Bart wachsen lässt und nicht in die Moschee geht, machte es ihm doch nichts aus, wenn die Muslimbrüder oder andere islamische Gruppen das tun. Hauptsache ist, dass irgendjemand die Demütigungen rächt. So kann es nicht weitergehen. Eine große Revolution muss kommen!

Hier verabschiede ich mich nun von Ahmed und komme zu mir selbst zurück. Ich habe Angst – Angst vor den vielen Millionen von Ahmeds in Kairo und Riad, Damaskus und Doha, Rabat und Bagdad, die genau wie er fühlen, die eines Tages, vielleicht morgen, vielleicht in zehn oder zwanzig Jahren sich erheben und die Region verändern werden, in der wir leben.

»Klagt die Verbrecher von Oslo an!«

3. August 2002

Wenn ich höre, wie rechte Israelis schreien: »Klagt die Verbrecher von Oslo an!«, dann schaudert es mich; weniger wegen der darin enthaltenen Verfälschung, als wegen des Klangs der Worte. Dieser Ausruf ist eigentlich die – vielleicht sogar bewusste – Kopie einer Parole, die von den Nazis während ihrer erfolgreichen Kampagne gegen die Weimarer Republik verwendet wurde. Ihre heiseren Kehlen schrien: »Klagt die Novemberverbrecher an!«

Die »Novemberverbrecher« waren die deutschen Staatsmänner, die im November 1918 den Waffenstillstand unterzeichneten, der den Ersten Weltkrieg beendete. Nach vier Jahren tapferen Kampfes war die deutsche Armee erschöpft. Der Kaiser war geflohen. Der prahlerische Generalstab war verzweifelt. Die Generäle baten die Staatsmänner, die Kapitulation zu unterzeichnen, um zu retten, was noch zu retten war.

Der Nazilegende zufolge geschah jedoch das Gegenteil. Die Staatsmänner, die den Waffenstillstand unterzeichnet hatten, seien Verräter. Sie hätten einen Dolch in den Rücken der siegreichen Armee gestoßen. Der Nazipropagandist Joseph Goebbels lehrte seine Anhänger, dass eine Lüge durch ständige Wiederholung in Wahrheit verwandelt werden kann und dass sie umso leichter akzeptiert wird, je größer sie ist. Die Agitation gegen die »Novemberverbrecher« hatte Erfolg. Sie wurden ermordet, und die Nazis kamen demokratisch gewählt an die Regierung.

Die Kampagne gegen die »Oslo-Verbrecher« war ebenfalls erfolgreich. Rabin wurde ermordet, und die Hetze nimmt immer weiter wachsende Dimensionen an. Mit solchen Mitteln hoffen die extreme Rechte und die Siedler, den Staat zu übernehmen. Gemäß dem bewährten Rezept wiederholen sie endlos die historische Lüge, sodass sie mittlerweile wie die Wahrheit eines Evangeliums akzeptiert wird. Die Medien wiederholen sie als selbstverständliche Tatsache. Die »Linke« – oder was von der »Linken« übrig geblieben ist – erweckt den Eindruck, als sei sie hypnotisiert worden und unfähig zu reagieren.

Die historische Wahrheit ist natürlich, dass nicht die Architekten des Oslo-Abkommens die historische Katastrophe verursacht haben, sondern diejenigen, die es zum Scheitern gebracht haben. Falls es »Oslo-Verbrecher« gibt, dann sind es die, die das Abkommen von Anfang an ausgehöhlt, seine Verwirklichung verhindert und es durch eine törichte Sabotagekampagne mit Erfolg zu Fall gebracht haben.

Als Basis für einen Frieden war das Oslo-Abkommen keine gute Vereinbarung. Sie konnte gar nicht gut sein, weil die objektiven Umstände schlecht waren. Das Kräftegleichgewicht zwischen Israel und den Palästinensern betrug etwa 1000 zu eins. In jeglicher Hinsicht – nach politischen, militärischen, wirtschaftlichen, technologischen und sonstigen Kriterien – war Israel weit überlegen. Der Erfolg der ersten Intifada hatte dieses Ungleichgewicht etwas aufgehoben und einen Kompromiss etwas leichter gemacht, aber die Situation war von einem vernünftigen Gleichgewicht weit entfernt. Arafat hatte gar nicht so Unrecht, als er seinem Volk sagte, dies sei »das bestmögliche Abkommen unter den schlechtesten Umständen«.

Wenn man das berücksichtigt, hätte das Oslo-Abkommen nicht besser sein können. Es ermöglichte eine enorme Errungenschaft: die Anerkennung des Staates Israel durch das palästinensische Volk und die Anerkennung des palästinensischen Volkes und seiner Befreiungsorganisation PLO durch den Staat Israel. Bis dahin hatte jede Seite die Existenz der anderen Seite bestritten. Diese gegenseitige Anerkennung ist eine unwiderrufliche historische Tatsache.

Es ist nicht nötig, die Schwachstellen des Abkommens aufzuzählen, dessen schlimmster Fehler es war, kein Fernziel zu definieren. Es skizzierte eine Folge von Zwischenstadien, ohne festzusetzen, wohin sie führen sollten. Es war ein Zeitplan aufgestellt worden, der viel zu langfristig war. Die Verpflichtungen beider Seiten waren zu vage formuliert. Diese Fehler waren nicht das Ergebnis von Nachlässigkeit, wie viele – besonders Palästinenser – glauben, sondern sie waren absichtlich in das Abkommen eingebaut worden, und zwar von israelischen Offizieren, die – auf Wunsch von Rabin – im letzten Augenblick noch eine Vielzahl von Paragraphen veränderten.

Im israelischen Friedenslager erkannten viele diese Fehler ganz deutlich, aber nach einer hitzigen internen Debatte entschieden die meisten von uns, das Abkommen trotzdem zu unterstützen. Unser Hauptargument war, dass nach der historischen gegenseitigen Anerkennung eine unwiderrufliche Friedensdynamik den Prozess vorwärts bringen würde.

Ich bin noch heute davon überzeugt, dass das Oslo-Abkommen zum Frieden geführt hätte, wenn der Prozess schnell vorangebracht worden wäre. Zu jener Zeit baten wir Rabin, die Warnung des früheren britischen Premiers David Lloyd George zu beachten, der über das irische Problem sagte: »Ein Abgrund kann nicht mit zwei Sprüngen überwunden werden.« Rabin, ein ehrenwerter, aber zögerlicher Mensch, fürchtete sich, die Dinge schnell voranzutreiben. Er selbst klopfte den ersten Nagel in den Oslo-Sarg, indem er erklärte: »Es gibt keine heiligen Termine.« Dadurch rechtfertigte er die ersten Verletzungen des Abkommens und gewährte so den widerstreitenden Kräften in Israel die Zeit, um sich für einen Gegenangriff zu formieren.

Unter den Palästinensern verursachte das Abkommen zunächst eine gewaltige Euphorie. Ich war am Tag der Unterzeichnung Augenzeuge des Freudenausbruchs. Angriffe auf Israel blieben lange Zeit aus. Die Palästinenser waren davon überzeugt, dass als Gegenleistung für ihre große Konzession in Oslo – sie verzichteten offiziell auf 78 Prozent vom Mandatsgebiet Palästina – bald der palästinensische Staat in allen besetzten Gebieten, einschließlich Ostjerusalem, errichtet werden könnte.

Das geschah jedoch nicht. Jede der nachfolgenden israelischen Regierungen weigerte sich, ihre Verpflichtungen zu erfüllen, indem sie behauptete, die andere Seite hätte das Abkommen ebenfalls verletzt. Israel hat bis heute die dritte Stufe des Truppenabzugs noch nicht umgesetzt, die schon vor drei Jahren fast das gesamte Westjordanland (Zone C) hätte befreien sollen. Noch immer sind die vier versprochenen »sicheren Passagen« zwischen Gaza und dem Westjordanland nicht eröffnet worden. Die Siedlungstätigkeit wurde in ständig wachsendem Maße weitergeführt. Die wirtschaftliche und menschliche Lage in den besetzten Gebieten ist von Tag zu Tag schlimmer geworden. Zum Beispiel: Vor Oslo konnte jeder Palästinenser in Israel selbst uneingeschränkt reisen, auch zwischen Gaza und dem Westjordanland, einschließlich Jerusalem. Mit dem Abkommen von Oslo war damit Schluss.

Auf palästinensischer Seite hat die Enttäuschung eine gefährliche Situation geschaffen. In Israel wiederum wurde die Opposition aggressiv und gewalttätig. Der Mord an Rabin war zwar die Tat eines Einzelnen, entsprach aber dem Wunsch eines großen Lagers und war der Anfang des Mordes an Oslo. Die Feinde des Abkommens waren in Israel an die Macht gekommen, und sie sind es noch immer. Der ganze Oslo-Prozess ist auf den Kopf gestellt worden, und es zeichnet sich keine andere Lösung ab. Die blutige Gewaltspirale von Angriff – Vergeltung – Selbstmordanschlag hat wieder begonnen, sich zu drehen.

Als die Logik des Friedens der Logik des Kriegs wich, kehrten sich die Abmachungen von Oslo ins Gegenteil um. So verwandelten sich etwa die 40 000 bewaffneten Palästinenser, denen es erlaubt worden war, in die palästinensischen Gebiete zu kommen, um dem palästinensischen Staat als solide Grundlage zu dienen und für Frieden und Sicherheit zu sorgen, in einen Arm des Aufstands gegen die fortdauernde Besatzung. Die Palästinensische Nationalbehörde, die den Grundstock des werdenden Staates bilden sollte, wurde das Zentrum der Intifada. All dies hätte vermieden und der Frieden zwischen beiden Völkern hätte längst Realität werden können, wären wir schnell und entschieden auf der Oslo-Route vorangegangen. Die Mörder von Oslo haben dies verhindert, und sie stehen vor allem auf der israelischen Seite – weil wir die stärkere Partei sind. Der Slogan »Klagt die Verbrecher von Oslo an!« sollte gegen sie angewandt werden.

Die ganze Wahrheit über die Aktivitäten von Gush Shalom gegen Kriegsverbrechen

Erklärung von Gush Shalom

Haaretz, 9. August 2002

1 Es ist die Absicht von Gush Shalom, Offiziere wie auch Soldaten zu warnen, dass gewisse Aktionen in unbestimmter Zukunft zu ihrer Anklage vor einem israelischen oder sogar vor einem internationalen Gericht führen könnten.

2. Das ist ganz sicher ein patriotischer Akt, der zum Ziel hat, die Ehre Israels zu verteidigen und sein Ansehen zu bewahren.

3. Die Vierte Genfer Konvention fordert seine Unterzeichner auf, unter ihnen Israel, Gesetzesübertreter vor ein Gericht zu bringen oder sie zu diesem Zweck an andere Länder auszuliefern.

4. Gush Shalom gelang es, eine öffentliche Diskussion über Kriegsverbrechen in Israel in Gang zu bringen und Offiziere und Soldaten beizeiten vor der möglichen Konsequenz gewisser Aktionen zu warnen – ganz gemäß dem biblischen Gebot: Du sollst in jeglicher Weise deinen Nachbarn zurechtweisen.

5. Dass die Aktion im Geheimen geschah, ist eine völlig falsche Behauptung.

6. Im Januar dieses Jahres (2002) organisierte Gush Shalom in Tel Aviv eine große Veranstaltung, um eine öffentliche Debatte über dieses Problem in Gang zu bringen. Obgleich Professoren und hochrangige Armeeoffiziere (im Ruhestand) anwesend waren und sprachen, wurde die Veranstaltung von allen bedeutenden Medien ignoriert.

7. Der Hauptzweck unserer Kampagne ist nicht, zu verklagen, sondern vielmehr die Ausübung illegaler Aktionen zu ver-

hindern, indem man diejenigen, die sie begehen könnten, warnt, dass die Gesetze über Kriegsverbrechen nicht der Verjährung unterworfen sind und dass Täter überall und zu jeder Zeit vor Gericht gestellt werden können.

8. Gush Shalom warnt Soldaten, dass sie, falls sie Kriegsverbrechen begehen, nicht mehr in der Lage wären, ins Ausland zu reisen, da sie befürchten müssten, angeklagt und verhaftet zu werden.

9. Um dies den Offizieren und Soldaten der IDF (*Israel Defence Forces*, israelische Armee) bewusst zu machen, hat Gush Shalom einen Leitfaden für Soldaten herausgebracht, in dem diejenigen Aktionen, die Kriegsverbrechen sind, im Einzelnen dargestellt werden.

10. Außerdem produzierte Gush Shalom zu diesem Thema einen Radiobeitrag. Die Rundfunkbehörde weigerte sich aber, diesen zu senden – nicht einmal als bezahlten Werbespot. Der Oberste Gerichtshof lehnte es ab, die Rundfunkbehörde zur Sendung zu verpflichten.

11. Der hemmungslose Angriff auf Gush Shalom, der durch Ministerpräsident Sharon initiiert wurde, hat unbeabsichtigt in allen Rängen der IDF das Bewusstsein für das Problem der Kriegsverbrechen gesteigert.

12. Die Diffamierung von Gush Shalom und die Hetze gegen diese Organisation – indem man Gush-Shalom-Aktivisten unter anderem als Denunzianten, Kapos (jüdische Lagerpolizei in den KZs) oder Judenräte (von Nazis ernannte jüdische Ghettokomitees) bezeichnete – hatte folgenden Zweck: Durch die Bildung einer neuen »Dolchstoßlegende« sollte die Aufmerksamkeit vom Versagen Sharons und Ben-Eliesers, dem Land und seinen Bürgern Sicherheit zu bringen, abgelenkt werden. Diese Legende erinnert an dunkle Tage und finstere Regime.

13. Die politische und militärische Führung Israels gibt stillschweigend zu, dass es unmöglich ist, Besatzer eines anderen Volkes zu sein, ohne Kriegsverbrechen zu begehen und internationale Gesetze zu verletzen.

14. Die unvermeidliche Schlussfolgerung wäre, dass die Besatzung beendet werden muss.

15. Die Behauptung, dass der Kriegszustand und die Notwendigkeit, die Bürger Israels zu verteidigen, gezwungenermaßen mit Kriegsverbrechen verbunden seien, ist unzulässig und falsch. Allein der Begriff »Kriegsverbrechen« impliziert, dass solche Verbrechen ausdrücklich auch in Kriegszeiten verboten sind, wenn jede Seite glaubt, das Leben ihrer Bürger zu verteidigen.

16. Gush Shalom ruft die Soldaten auf, sich zu weigern, Befehle auszuführen, die offenkundig illegal sind. Dies entspricht auch israelischem Gesetz.

17. Nach israelischem Gesetz ist ein »offenkundig illegaler Befehl« einer, über dem die »schwarze Fahne der Illegalität« weht, ein Befehl, den jeder normale Mensch eindeutig als illegal erkennt.

18. Hinrichtungen ohne Gerichtsverhandlung (so genannte »Liquidationen«) durchzuführen, wehrlose Verwundete zu töten (die so genannte »Bestätigung des Todes«), medizinische Hilfe für Verwundete zu verhindern, auf Ambulanzen, Ärzte und Sanitäter im Einsatz zu schießen, das Verhungern der Bevölkerung zuzulassen, Wohnviertel zu bombardieren, Häuser in Schutt und Asche zu legen, Familien für die Taten eines Familienmitglieds durch Ausweisung und die Zerstörung ihrer Häuser zu bestrafen – dies alles sind Beispiele für illegale Befehle.

19. Traurigerweise entspricht es nicht der Wahrheit, dass die israelische Armee Kriegsverbrechen und Verletzungen israelischen und internationalen Rechts selbst untersucht und die Straffälligen selbst bestraft. Während des gegenwärtigen Konflikts haben die Medien von Hunderten von Aktionen berichtet, die im Widerspruch zu israelischem und internationalem Recht stehen – und nur sehr selten wurde jemandem deswegen der Prozess gemacht, und niemand wurde angemessen bestraft.

20. Zusätzlich zu den Gefahren, die vor Offizieren und Soldaten liegen, die illegale Aktionen begehen und die Menschenrechte verletzen, schaden solche Aktionen dem Frieden und der Sicherheit, denn sie lassen den Hass anwachsen und provozieren grausame Vergeltung. So geschah es nach dem Mord an Sa-

lah Shehade, der eine Welle von schrecklichen Racheakten zur Folge hatte.

21. Während der letzten Monate hat Gush Shalom Briefe an einige hochrangige Offiziere gesandt, die in den Medien im Zusammenhang mit offenkundig illegalen Aktionen erwähnt wurden. Ihnen wurde mitgeteilt, dass Gush Shalom Informationen über solche Aktionen sammelt.

22. Kopien dieser Briefe wurden an alle Medien gesandt, die sich aber ihrerseits dazu entschlossen, sie nicht zu veröffentlichen, sowie an den Obersten Armeeanwalt, der nichts gegen diese Offiziere unternahm.

23. Der wichtigste Zweck der Briefe war, den Kommandeuren den Ernst solcher Aktionen unter dem Aspekt israelischer und internationaler Gesetze klar zu machen und sie zu überzeugen, von solchen Aktionen abzusehen.

24. Den Offizieren wurde gesagt, dass wir, sollten sie Kriegsverbrechen begehen und israelische und internationale Gesetze verletzen, unsere Informationen an die israelischen Justizbehörden weitergeben werden, und zwar dann, wenn diese Behörden ihre Verantwortung ernst nehmen und dem Gesetz Geltung verschaffen, um solchen Aktionen ein Ende zu setzen.

25. Amir Oren, ein Militärkommentator, berichtete in dieser Woche, dass der Generalstab Vorbereitungen für eine »Dritte Operation« getroffen hätte – noch umfassender als die beiden vorausgegangenen –, die zur »Verletzung von Tausenden von Palästinensern« führen würde. Dieser Bericht lässt den Verdacht aufkommen, dass die Operation schwere Kriegsverbrechen mit sich bringen wird, die die Planer und Ausführenden als Angeklagte vor den Internationalen Strafgerichtshof in Den Haag bringen müssten.

26. Gush Shalom hat sich noch nicht entschieden, ob man das Material dem Internationalen Strafgerichtshof vorlegen wird, zu dem Gush Shalom noch keine Kontakte unterhält. Wenn aber israelische Gerichte dem Gesetz keine Geltung verschaffen, überlegen wir uns, diese Möglichkeit als letztes Mittel ins Auge zu fassen.

27. Gush Shalom unterstützt den Internationalen Strafgerichtshof, der kürzlich in Den Haag eingerichtet wurde, und betrachtet ihn als Realisierung der jüdischen und weltweiten Bestrebungen. Die Weigerung der israelischen Regierung, diese Institution anzuerkennen, demonstriert deutlich deren moralische Zielsetzung und fügt unserem internationalen Ansehen großen Schaden zu.

28. Da der Internationale Strafgerichtshof, der weltweit gutgeheißen wird, an Ansehen gewinnt, könnten sich unsere militärischen und politischen Führer auf der Grundlage von Berichten in den internationalen Medien und ohne jegliche Beteiligung von Gush Shalom in Den Haag als Angeklagte wiederfinden.

29. Gesetze, die Gerichtsverfahren auch gegen solche Personen zulassen, sind in anderen Ländern, wie in Belgien, in Vorbereitung. Dies bedeutet, dass internationale Haftbefehle ausgegeben werden können, die in ganz Europa und in anderen Ländern Gültigkeit haben werden.

30. Die israelische Armee hat mittlerweile erkannt, dass ihre Soldaten in Den Haag vor Gericht gebracht werden könnten, und verhindert jetzt die Veröffentlichung der Namen von Offizieren und Soldaten, die in gewisse Operationen verwickelt sind. Auf Anforderung der israelischen Armee hat das israelische Fernsehen damit begonnen, gelegentlich die Gesichter von Soldaten unkenntlich zu machen, als ob sie jugendliche Kriminelle wären.

31. Wenn irgendeine Organisation in Serbien Milošević und seine Generäle öffentlich vor Kriegsverbrechen gewarnt hätte, dann hätten dem alle israelischen Zeitungen und Politiker (außer Sharon) Beifall gespendet.

32. Um öffentliche Debatten über die wirklichen Bedingungen für Frieden zu verhindern und um die öffentliche israelische Meinung aufrechtzuerhalten, dass wir einen »unvermeidlichen Krieg« kämpfen, hetzt Sharon gegen jene, die sich für den Frieden und für Versöhnung zwischen beiden Völkern einsetzen.

Zurück ins Ghetto

18. August 2002

Zwei Chassidim fuhren vom Schtetl nach Krakau. Der eine kam begeistert zurück: »Was für eine wunderbare Stadt! Voll von gottesfürchtigen Juden, Synagogen und Jeshives.« Der zweite kam entsetzt zurück: »Sodom und Gomorrha! Eine Stadt voller Bordelle und Kneipen!« Die Chassidim waren erstaunt: »Wie ist das möglich? Sie waren doch in derselben Stadt!« Daraufhin sprach der Rabbi: »Jeder fand, was er suchte.«

Ich erinnerte mich an diese Anekdote, als ich Anat Peris Artikel »Wenn Avnery anklagt, wird Deutschland gereinigt« in der *Haaretz*-Kolumne vom 13.8.2002 las. Laut Frau Peri, von der Zeitung als »Historikerin« bezeichnet, ist ganz Deutschland antisemitisch und beschäftigt sich mit »der Dämonisierung der Naziopfer ... eine Strategie, für die die Presse, die Literatur und sogar staatliche Institutionen in Deutschland mobilisiert werden«. Sie alle wollen beweisen, »dass zwischen den Nazis und ihren Opfern kein Unterschied besteht«. Zu diesem Zweck beschäftigen die Deutschen einen niederträchtigen jüdischen Kollaborateur. Und wer ist es? Sie haben es erraten: Ich.

Nun, was kann man tun? Ich und viele andere haben ein anderes Deutschland kennen gelernt. Ein Deutschland, dessen beste Jugend sich mit dem Holocaust beschäftigt; in dem sich ein großer Teil des Kulturlebens auf allen Gebieten mit diesem Thema auseinander setzt – mehr als in Israel – und in dem Gedenktafeln, Denkmäler und jüdische Friedhöfe in vielen Fällen von Christen gepflegt werden. Ein Deutschland, in dem Menschen vor dem wunderbaren Jüdischen Museum in Berlin Schlange stehen, das zum großen Teil mit öffentlichen deutschen Geldern erbaut wurde. Ein Deutschland, in dem beinahe alle Zeitungen über einen Roman hergefallen sind, in dem der Autor eine hässliche Abrechnung mit einem jüdischen Kritiker geführt hat. Ein Deutschland, in dem antisemitische Vereine verboten werden.

In Deutschland ist es unmöglich, dass irgendein Fernsehsender eine Diskussion über Pro und Kontra einer ethnischen Säuberung (euphemistisch »freiwilliger Transfer« genannt) veranstaltet oder dass eine Zeitung eine Werbung über sie veröffentlicht – was bei uns schon zur Routine geworden ist.[1] In Deutschland wäre es unmöglich, dass ein Mensch, der Meinungen wie die von Effi Eitam, Avigdor Liebermann und Usi Landau vertritt, im Parlament, geschweige denn in der Regierung, sitzen kann.[2]

Ich habe in Deutschland vier Friedens- und Menschenrechtspreise zugesprochen bekommen, alle vier von Institutionen, die gegen Rassismus, Antisemitismus und Kriegshetzerei kämpfen. Ich habe dort Idealisten kennen gelernt, die ihr Leben dem Kampf gegen diese Übel widmen. Aus irgendeinem Grund glauben sie, dass das Auftreten eines Israeli, der sich zu Hause für moralische Werte einsetzt, ihren Kampf im eigenen Land bestärken würde.

Natürlich gibt es in Deutschland Antisemiten, obwohl, wie mir scheint, weniger als bei einigen seiner Nachbarn. Sie sind eine Randerscheinung. Wenn dem so ist, wie entstand das monströse Bild, das Frau Peri malt? Ganz einfach: Jeder, der ein kritisches Wort über Sharons Politik in den besetzten Gebieten äußert, wird von Israel automatisch als Antisemit abgestempelt. Die wahren Antisemiten benutzen natürlich auch die Unterdrückungspolitik in den besetzten Gebieten, um gegen die Juden zu hetzen. (Das ist ein weiterer Grund, diese Taten einzustellen.) Aber die meisten Kritiker dieser Politik sind ausgerechnet die Besten im deutschen Volk, die immer wahre Freunde Israels waren, die in den Straßen ihres Landes gegen den Rassismus demonstrieren. Liegt es wirklich im wahren israelischen oder jüdischen Interesse, sie als Antisemiten abzustempeln?

Das Nachrichtenmagazin *Der Spiegel* hatte mich gebeten, meine Ansicht darüber auszudrücken. Unter anderem schrieb ich: »Wirkliche Antisemiten sind leicht zu erkennen. Sie haben einen Stil, der unverkennbar ist. Es ist eine Art kollektiver Geisteskrankheit ... Auf keinen Fall darf der Holocaust für politische Zwecke missbraucht werden – weder von Israelis noch von denen, die Israel kritisieren. Dieser industrialisierte Völkermord eines modernen Staates ist einmalig, er ist mit nichts zu vergleichen. Wenn israelische rechtsradikale Demagogen behaupten, Arafat sei ein zweiter Hitler, so ist das genauso zu verdammen wie die Behauptung, Israel wende nazistische Methoden an. Es gibt kein Auschwitz im Nahen Osten, weder ein israelisches noch ein arabisches. Auch kein Dachau.« (*Der Spiegel*, 3.6. 2002)

Ich hätte nicht auf die bizarren Behauptungen von Frau Peri reagiert, wenn sie nicht ein Teil der Hetzkampagne gegen Gush Shalom wären, einer Kampagne, die gestartet wurde, nachdem wir mit einer Aktion zur Verhütung von Kriegsverbrechen und Verstößen gegen das israelische und internationale Recht begonnen hatten. Es tut mir leid, dass *Haaretz* einen Leitartikel über dieses Thema veröffentlicht hat (»Blinder Purismus«, 6.8. 2002), der uns angreift, ohne auch nur mit einem einzigen Wort die Taten selbst zu verdammen.

Das Ziel unserer Aktion ist vor allem, solche Taten zu verhüten. Sie beabsichtigt, das moralische Ansehen Israels und der israelischen Armee zu wahren sowie Soldaten und Offiziere vor den Folgen ihrer Taten in der Gegenwart und Zukunft zu warnen. Zum Beispiel: Wenn die Eltern der Kinder, die bei der Bombardierung in Gaza getötet wurden, morgen eine Klage gegen den Chef der Luftwaffe am Internationalen Strafgerichtshof in Den Haag einreichen, kann eine Situation entstehen, die es diesem Offizier unmöglich macht, jemals ins Ausland zu reisen, weil er dort verhaftet und nach Den Haag ausgeliefert werden kann.

Wer diese Aktion von Gush Shalom gegen die Verletzung des israelischen und internationalen Gesetzes als »Denunziation« ansieht, der lebt noch im Ghetto. Vielleicht ist es leichter, die Juden aus dem Ghetto als das Ghetto aus den Köpfen gewisser Juden, wie auch dieser Dame, herauszuholen.

Anmerkungen

1 *Haaretz* selbst hat so eine Anzeige auf einer Titelseite veröffentlicht.

2 Zwei israelische Minister und ein Exminister, die extrem rechtsradikale Meinungen vertreten.

Brief an einen Piloten

24. August 2002

Ich habe das Interview gelesen, das Ihr Kommandeur, der Generalmajor Dan Halutz, gegeben hat, und war wie viele andere in Israel und im Ausland schockiert.

Am 23. Juli warf einer Ihrer Kameraden (vielleicht auch Sie selbst?) eine Ein-Tonnen-Bombe auf ein Haus in einem dicht bevölkerten Stadtteil von Gaza mit der Absicht, Salah Shehade, einen Hamasaktivisten, ohne Gerichtsurteil zu exekutieren. Außer ihm wurden 16 Nachbarn, darunter 11 Kinder, getötet, viele andere Männer, Frauen und Kinder wurden verletzt.

In der Schule lernten Sie sicher die Worte aus dem bekannten Gedicht von Chaim Bialik, dem israelischen Nationaldichter: »Nicht einmal der Satan hat die Rache am Blut eines Kindes ersonnen.« Ich vermute, dass Sie nun, nach dieser Tat, von Zweifeln heimgesucht werden, sodass Sie sich, wenn Sie ihre Kinder betrachten, fragen: »Kinder sind Kinder. Wie können ihre Kinder verantwortlich gemacht werden für diese Situation?«

Und nun kommt Ihr Kommandeur und sagt, dass Sie überhaupt keine Gewissensbisse haben. Ich weiß nicht, ob er die Wahrheit sagt oder ob er Sie verleumdet.

Der General berichtet, dass er zu Ihnen gesagt hat: »Ihre Ausführung war perfekt ... Sie haben exakt das getan, was Ihnen befohlen worden ist ... Sie sind keinen Zoll nach links oder rechts abgewichen ... da gibt es kein Problem.« Diejenigen, die dennoch mit dieser Aktion Probleme haben und dagegen protestieren – so wie ich –, werden vom General als »übertrieben empfindlich« bezeichnet und als »unbedeutende, aber lautstark zeternde Minderheit« abgetan. Er beschuldigt uns: Wir würden es wagen, »erpresserische Mafiamethoden gegen Kämpfer anzuwenden ... Verrat ist verboten ... ein Paragraph muss im Gesetzbuch gefunden werden, um diese Leute vor ein israelisches

Gericht zu stellen … Das erinnert mich an die dunklen Zeiten des jüdischen Volkes, als eine kleine Minderheit unter uns andere Juden anzeigte.« Er verurteilt auch »die Besessenheit einiger Journalisten … sie langweilen sich … also suchen sie sich ein Thema…«

Diese extremen Äußerungen zeugen keineswegs von einer seelischen Gelassenheit des Generals, der von sich sagte, er hätte ein »ausgeprägtes Gefühl für Gerechtigkeit und Moralität«. Ich würde sagen, dass auf dem Kopf des Generals die blaue Mütze brennt.[1] Jedes Wort verrät Hysterie. Der Stil seiner Äußerungen gibt jedoch Anlass zu großer Besorgnis. Die Worte hätten aus dem Mund eines Generals in Argentinien oder Chile während der Militärdiktatur normal geklungen oder auch bei einem türkischen Offizier, der dabei ist, die zivile Regierung zu stürzen. Wenn ein israelischer General aber solche Worte gegen die Medien und die zivile Gesellschaft äußert, leuchtet ein rotes Licht auf. Umso mehr, nachdem er nicht fristlos entlassen, sondern im Gegenteil öffentlich gelobt wurde. Die israelische Demokratie verliert an Niveau.

Aber ich will mit Ihnen ja gar nicht über Dan Halutz reden, sondern über Sie selbst. Wer sind Sie und was sind Sie?

Einer der Piloten erklärte der Interviewerin Vered Levy Barzilai: »Es ist die Einzigartigkeit und die Schönheit der Welt des Piloten. Man sitzt da oben, ruhig in einem weiten Raum. Da gibt es keinen Lärm, kein Dröhnen, keine schreienden Leute. Man konzentriert sich vollkommen auf ein Ziel, man hat weder den Schmutz noch den Schrecken des Schlachtfelds um sich. Man erfüllt seine Aufgabe und fliegt wieder nach Hause.«

Dan Halutz beschreibt seine Gefühle so: »Wenn Sie wirklich wissen wollen, was ich fühle, wenn ich eine Bombe löse, will ich es Ihnen sagen: Ich fühle eine kleine Erschütterung des Flugzeugs als Folge des Ausklinkens der Bombe. Eine Sekunde später ist es vorbei – und das ist alles. Das ist es, was ich fühle.«

»Das ist alles!« Und unten geschehen entsetzliche Dinge. Verstümmelte Körper fliegen durch die Luft, verwundete Menschen krümmen sich vor Schmerz, unter den Trümmern begrabene

Menschen stöhnen ein letztes Mal auf, Frauen schreien über ihre toten Kindern gebeugt; eine Szene aus der Hölle, nicht anders als die Szenerie nach einem Selbstmordattentat – und »das ist alles!« Eine leichte Erschütterung des Flugzeugs – und dann nach Hause, eine warme Dusche und ins Bett.

Ich muss gestehen, dass es für mich schwierig ist, mir diese Erfahrung vorzustellen. Ich diente bei der Infanterie. Ich sah, auf wen ich schoss und wer auf mich schoss. Ich hätte in jedem Augenblick verwundet werden können – und wurde es tatsächlich – oder auch getötet. Es ist für mich schwierig, die Erfahrung einer Person hoch oben im Himmel nachzuempfinden, die Tod und Zerstörung verbreitet, ohne selbst irgendeiner Gefahr ausgesetzt zu sein.

Wird dieser Pilot – werden Sie – von Zweifeln heimgesucht? Leidet er manchmal darunter? Fragt er sich, ob eine bestimmte Aktion erlaubt ist, moralisch, rechtlich? Oder ist er – sind Sie – zu einem Roboter geworden, zu einem »Professionellen«, der stolz ist auf seine vollkommene Kontrolle über eine schreckliche Todesmaschine, die ihm anvertraut wurde, stolz über die »exakte« Ausführung der Befehle?

Ich weiß, dass nicht alle Piloten Roboter sind. Ich sehe immer noch Oberst Yigal Shohat vor mir, wie er mit vor innerer Bewegung zitternder Stimme seinen historischen Appell an seine Pilotenkollegen und Schüler der Luftwaffe verlas, offensichtlich illegale Befehle zu verweigern – und die Aktion in Gaza war genau ein solcher illegaler Befehl. Shohat, ein Kriegsheld, der über Ägypten abgeschossen wurde und dessen Bein von einem ägyptischen Arzt amputiert wurde, ist das genaue Gegenteil von Halutz.

Sie müssen entscheiden – ob sie ein menschliches Wesen wie Shohat sein wollen, also sensibel gegenüber den Leiden der anderen, oder ein Roboter wie Halutz, der nur eine leichte Erschütterung fühlt, während er Dutzende von Menschen umbringt.

Die »Regeln des Kriegs« entstanden nach dem Dreißigjährigen Krieg, einem der schrecklichsten Kriege in der Geschichte Europas, der ein Drittel des deutschen Volkes auslöschte und zwei Drittel Deutschlands verwüstete. Die internationalen Konventionen basieren auf der Überzeugung, dass selbst in einem erbitterten Krieg, wenn jede Seite um ihre Existenz kämpft, die Regeln menschlicher Moral eingehalten werden sollten.

Machen Sie es sich nicht zu leicht, indem Sie die primitiven Parolen von Halutz übernehmen, der alles mit der Behauptung rechtfertigt, Shehade sei die »Inkarnation des Bösen« gewesen? Das sind Worte, die seine rechtsextreme Weltsicht verraten.

Shehade wurde nicht vor Gericht gestellt. Keine seiner angeblichen Taten wurde bewiesen. Er war sicher überzeugt, dass er seinem Volk diente, so wie Sie glauben, Ihrem Volk zu dienen. Aber selbst wenn bewiesen worden wäre, dass er ein gefährlicher Feind war, so hätte dies keineswegs das Töten seiner Nachbarn gerechtfertigt. Das Argument, dass dieses wahllose Töten den Tod von Juden verhindert hat, ist nicht stichhaltig. Als der Pilot seine Bombe ausklinkte, wusste er mit Sicherheit, dass er damit viele Menschen töten würde, während Shehades Fähigkeit, uns zu töten, nur eine Vermutung war. Andererseits war ziemlich sicher, dass dieses Töten Racheakte nach sich ziehen würde und dass dann viel jüdisches Blut fließen würde. Außerdem besteht ein gewaltiger Unterschied zwischen einer Guerillagruppe und einer mächtigen Armee, die im Auftrag eines Staates handelt.

Würden Sie unter diesen Umständen Ihrem Kommandeur gesagt haben: »Ich weigere mich, diesen Befehl auszuführen, weil er offensichtlich illegal ist«? Das israelische Gesetz und die menschliche Moral verpflichten Sie, dies zu tun. Dan Halutz sagt aber: »Die Durchführung eines Einsatzes zu verweigern, gehört nicht zu meinen Spielregeln.«

Wie lauten denn *Ihre* Spielregeln?

Anmerkung

1 Anspielung auf das jüdische Sprichwort: »Der Hut auf dem Kopf des Diebes brennt«; bedeutet, dass sein Benehmen seine Schuld aufdeckt.

Was für eine Schau!

Der Prozess gegen Marwan Barghuti

5. September 2002

Wer erinnert sich nicht an diese Szene: Ein Jude wurde in Moskau als zionistischer Spion vor Gericht gestellt. Familienmitglieder und Freunde waren gekommen, um den Prozess zu beobachten, wurden aber daran gehindert. Es sei kein Platz mehr frei, wurde ihnen gesagt; alle Plätze seien schon besetzt. Und tatsächlich, KGB-Agenten hatten die Halle schon beizeiten gefüllt, und als der Angeklagte hereingeführt wurde, fingen sie an zu schreien: »Verräter!« »Spion!« »Tötet ihn!«

Vorgestern wurde ich in Tel Aviv Zeuge einer erschreckend ähnlichen Szene. Im Distriktgericht war die Forderung der Anklage verhandelt worden, Marwan Barghuti bis zum Ende seines Prozesses im Gefängnis festzuhalten. Barghuti, eine prominente politische Persönlichkeit, war seit Jahren als der Führer von Arafats Fatah-Bewegung im Westjordanland bekannt. Er hatte an vielen Friedensdemonstrationen teilgenommen, dann wurde er von der israelischen Armee gekidnappt und als Terrorist vor Gericht gestellt. Gush-Shalom-Aktivisten und andere entschieden sich, den Prozess zu beobachten.

Ich war schon zwei Stunden früher da. Trotz meines Presseausweises wurde mir aber nicht erlaubt, den Gerichtssaal zu betreten. Das bereits anwesende Publikum wurde nach draußen getrieben, während drinnen eine Einsatzbesprechung von Sicherheitsleuten stattfand. Ich hatte einen flüchtigen Blick auf Dutzende von Sicherheitsbeamten und andere im Raum geworfen. Offensichtlich wurde geplant, was dann geschah.

Unterdessen versammelte sich vor der Tür eine Menschenmenge. Die Sicherheitsleute befahlen, dass alle ein Stockwerk tiefer gehen sollten und errichteten eine Absperrung am Fuß der Treppe. Dahinter nahmen Sicherheitsleute und Regierungsbeamte aus dem Büro des Ministerpräsidenten ihre Stellungen ein. Sie hatten Listen in der Hand. »Nur Leute, die hier auf der Liste stehen, dürfen hinein«, verkündeten sie.

Wer erhielt Einlass? Eine Anzahl von Journalisten und Fernsehteams, entsprechend der vom Pressebüro der Regierung – einem Ableger des Büros des Ministerpräsidenten – vorbereiteten Liste, ein paar Diplomaten und ein Knessetabgeordneter. Außer diesen erschienen auf der Liste nur Personen, die von der »Organisation der Terroropfer« ausgesucht worden waren.

Dies ist ein harmloser Name für eine wohlbekannte Gruppe vom radikalen rechten Flügel, die gut organisiert und speziell darauf trainiert ist, extrem laute, araberfeindliche Demonstrationen durchzuführen. Oft erscheinen die »Opfer« Seite an Seite mit den Rowdys von Kach – einer geächteten jüdischen Terrorgruppe. Die »Organisation der Terroropfer« vertritt natürlich nur eine winzige Anzahl derer, die von Gewalt betroffen sind; ihre Zahl geht in die Zehntausende, und sie gehören allen Teilen der Gesellschaft an. Selbstmordattentäter unterscheiden nicht zwischen Linken und Rechten, jüdischen und arabischen Bürgern.

Außer den Mitgliedern dieser Organisation war es niemandem – keiner einzigen Person! – erlaubt, den Gerichtssaal zu betreten. Ich bin Journalist. Seit fünfzig Jahren bin ich Inhaber eines Presseausweises, der vom Pressebüro der Regierung ausgestellt wurde. Auch bin ich ehemaliger Knessetabgeordneter. Aber das war ohne Bedeutung. Zweieinhalb Stunden stand ich vor der Absperrung, eingekeilt in der Menge. Unfähig mich zu bewegen, bekam ich in der stickigen Hitze kaum Luft, während die Mitglieder der »Organisation der Terroropfer« mit zusammengerollten Plakaten und großformatigen Fotos an mir vorbeigingen. Um mich herum standen Rechtsanwälte, Friedensaktivisten, ausländische Journalisten und gewöhnliche Zuschauer.

In Israel und rund um die Welt sah man, was sich im Gerichtssaal abspielte: Als Barghuti hereingeführt wurde, begann drinnen ein Tumult, Plakate und Fotos wurden geschwenkt, und die Menge schrie: »Mörder!« »Terrorist!« »Tötet ihn!« Es sah aus wie in der Zirkusarena des alten Rom oder wie ein Lynchmob. Wer diese Bilder in den Nachrichten sah, hatte keine Ahnung, dass alles eine im Voraus von der Sharon-Regierung gut geplante und organisierte Schau war.

Das Ziel war klar. Einer der Teilnehmer, mit Namen Swiri, bekannte, als er vom Fernsehen interviewt wurde, offen: »Ich wollte, dass die ganze Welt die Opfer dieses Mörders Barghuti sieht.« Das heißt also, die am Tumult Beteiligten waren nicht gekommen, um den Prozess zu verfolgen. Sie hatten den Angeklagten für schuldig befunden, bevor das Verfahren überhaupt begonnen hatte. Das Prinzip, dass jede Person unschuldig ist, bis eine ordentliche Gerichtsverhandlung ihre Schuld bewiesen hat, wurde von ihnen nicht anerkannt. Das gilt doch nicht für Palästinenser!

Allein schon die Entscheidung, die Gerichtshalle mit »Terroropfern« zu füllen und alle anderen auszuschließen, läuft auf eine Vorverurteilung hinaus. Die Opfer stehen dem Täter gegenüber. Das bedeutet, dass die ganze »Verhandlung« nichts anderes als eine Propagandavorführung ist – ein Schauprozess, wie man ihn mit faschistischen und kommunistischen Regimen in Verbindung bringt.

Der im Voraus geplante Tumult fand in einem Gericht statt. Die Gerichtswache, die viele Leute vom Sicherheitsdienst einschließt, nahm an der Organisation dieser Aufführung teil, die mit dem Büro des Ministerpräsidenten abgesprochen war. Es ist kaum zu glauben, dass all dies ohne Kenntnis des Gerichts – ohne eine Zusammenarbeit mit ihm – geschehen sein soll.

Ein derartiges Vorkommnis ist eine Schande für das ganze Gerichtssystem, das einmal der Stolz Israels gewesen ist. Wahrscheinlich war aber gerade diese Entwürdigung unvermeidbar. Nach den Entscheidungen des Obersten Gerichtshofs, Folter zuzulassen (»moderater physischer Druck«), Verwandte von Selbstmordattentätern zu verbannen und deren Häuser zu zerstören sowie Gekidnappte als Faustpfand festzuhalten (Scheich

Obeid und Scheich Dirani), mag dies ein anderes unvermeidliches Stadium sein. Es gehört zum Preis der Besatzung und der Intifada: Auch auf diesem Gebiet nähern wir uns immer mehr der so genannten Dritten Welt.

Israels Fernsehsender schenkten dem Tumult im Gerichtssaal viel Aufmerksamkeit, ohne zu berichten, wie er geplant und inszeniert worden war. Kein Wunder: Was heute in den Gerichtshöfen geschieht, hat sich schon vorher beim Fernsehen ereignet. Jetzt, nachdem Ariel Sharon kürzlich die direkte Kontrolle über die elektronischen Medien übernommen hat, kann jeder das Ergebnis mit eigenen Augen sehen. Wie der »selige« Stalin erscheint nun Sharon fast täglich im Fernsehen und spricht lang und breit über die Nation. Jede dieser Programmnummern wird äußerst gewissenhaft von seinen Propagandaexperten geplant und dirigiert. Er erscheint unter Soldaten mit Panzern im Hintergrund, in der Gesellschaft von Kindern, bei einem Treffen von hinterbliebenen Eltern, bei Gedenkfeiern – niemals mit den Arbeitslosen in Yeroham oder den hungrigen Familien in Dimona, die den Preis für die Intifada zu zahlen haben.

Jeden Tag ist ein anderer Minister an der Reihe, um die großartigen Leistungen der Regierung und auch seine eigenen in einem Fernsehinterview darzustellen. Um des Gleichgewichts willen wird oft ein Politiker vom rechten Flügel mit einem Kollegen vom rechtsextremen Flügel konfrontiert. Manchmal – doch bei immer seltener werdenden Gelegenheiten – wird zu Alibizwecken ein »Linker« dazugerufen, und es wird ihm erlaubt, ein paar Sätze über den Frieden zu äußern, bevor er von ärgerlichem Geschrei unterbrochen wird. Was für eine Schau!

So sieht die »einzige Demokratie im Nahen Osten« jetzt aus. Sie wurde einmal »Volksdemokratie« genannt.

»Krieg jetzt!«

Zur Irakkrise

7. September 2002

Langsam taucht Präsident Bushs Kriegsplan aus dickem Nebel auf. Zunächst hörte es sich so an, als sei er eine Sammlung von verschwommenen Slogans, aber allmählich wird deutlich, dass hinter ihnen klare Ziele versteckt sind. Der Plan ist nicht mit dem berühmt-berüchtigten »Krieg gegen den Terrorismus« verknüpft, nicht mit der Person von Saddam Hussein oder mit den Massenvernichtungswaffen, die der Irak produziert wie alle anderen Staaten der Region, von Pakistan bis Israel und Ägypten.

Kritiker der Kriegspläne – mich eingeschlossen – haben auf die verheerenden politischen Folgen hingewiesen, die zu erwarten sind: Der Irak würde in drei Teile zerbrechen, in den kurdischen Teil im Norden, den sunnitischen in der Mitte und den schiitischen im Süden; der Nahe Osten wäre dem Angriff des iranischen Fanatismus ausgesetzt und die prowestlichen arabischen Regime würden zusammenbrechen; Israel wäre von aggressiven islamischen Fundamentalisten umgeben wie das Königreich der Kreuzritter bei der Ankunft von Sultan Saladin.

Diese Einschätzung beruht auf einer Annahme, die eine Zeit lang Gültigkeit hatte: Die Vereinigten Staaten sind nicht bereit, eine große Anzahl von Truppen in weit entfernten Ländern zu stationieren. Dies würde bedeuten, dass die Truppen nach der Eroberung des Irak wieder zurückkehren würden und der Irak seinem Schicksal überlassen bliebe. Aber es ist gut möglich, dass diese Annahme nun nicht mehr gültig ist.

Der Kriegsplan von Bush & Co hat nur dann Sinn, wenn die US-Führung bereit ist, den Irak länger zu besetzen – ja, wenn sie geradezu darauf aus ist, viele, viele Jahre lang dort zu bleiben. Solch eine Besatzung erfordert gewaltige Investitionen an

Truppen und Ressourcen. Für eine so lange Zeit sind enorme militärische Kräfte gefordert. Genau deshalb sind die amerikanischen Generäle (einschließlich des Außenministers General Colin Powell) gegen diesen Plan. Aber in den Augen von Bush und seinen Beratern ist es eine lohnende Investition, die riesige Gewinne liefern würde. Unter anderem:

- Das Hauptziel der amerikanischen Wirtschaft (und darum der amerikanischen Politik) ist das Öl des Kaspischen Meers. Die Ausbeutung dieser riesigen Reserven, die zu den größten der Welt gehören, hat noch nicht begonnen. Seine Kontrolle ist für die Vereinigten Staaten die Garantie, in den nächsten Jahrzehnten über billige Brennstoffe zu verfügen. Bush, ein typischer Ölmanager, der jede alternative, umweltfreundliche Energiequelle verachtet, betrachtet dies als sein wichtigstes Ziel.
- Um auf den Weltmarkt zu gelangen, muss das Öl die offene See erreichen. Da gibt es mehrere mögliche Routen: über Afghanistan und Pakistan oder über die Türkei. Der Irak liegt nahe an all diesen Ländern. Die amerikanischen Luft- und Bodentruppen, die dort stationiert sind, werden die amerikanische Herrschaft über die ganze Region garantieren.
- Die Existenz einer sicheren amerikanischen Basis mitten in der arabischen Welt wird die Vereinigten Staaten dazu befähigen, alle arabischen Regierungen einzuschüchtern, damit sie nicht vom rechten Weg abkommen. Der Druck auf Saudi-Arabien wird enorm sein. Nicht nur, dass die amerikanischen Basen in Saudi-Arabien überflüssig werden, durch Manipulieren des Ölpreises könnte Amerika das Königreich auch an den Rand des Bankrotts treiben.
- Aufgrund der veränderten Situation wird schließlich die OPEC zerbrechen. Washington wird über Ölpreis und Verteilung des Öls entscheiden.
- Die neue Lage wird die letzten Reste arabischer Unabhängigkeit beseitigen. Selbst heute sind schon fast alle arabischen Länder von den USA abhängig. Eine massive phy-

sische Präsenz Amerikas in ihrer Mitte wird jeglicher Vortäuschung von arabischer Macht und Einheit ein Ende setzen.

- Dem benachbarten Iran wird jeder Appetit vergehen, dem amerikanischen großen Satan zu widerstehen. Das Land wird dann von beiden Seiten durch amerikanische Basen bedroht, von Afghanistan und dem Irak aus.
- Die totale amerikanische Kontrolle über sämtliche Ölreserven von Kasachstan im Norden bis Saudi-Arabien im Süden wird allen europäischen Hoffnungen, mit der wirtschaftlichen und politischen Macht der USA zu konkurrieren, ein Ende setzen. Wer das Öl kontrolliert, kontrolliert auch die Wirtschaft. Steigende Ölpreise werden Millionen von Arbeitern in Europa und Ostasien auf die Straße setzen.

Wie wird die Besatzung funktionieren? Wenn Amerikaner an Besatzung denken, vertrauen sie auf ihre Erfahrungen in Japan. Dort regierte ein amerikanischer General, Douglas MacArthur, ohne jegliche Einschränkungen. Die Japaner gehorchten ergeben, weil es ihnen von ihrem verehrten Kaiser, dem Mikado, geboten worden war.

Nun träumen einige Leute in Washington von einem irakischen Mikado, jemandem aus der haschemitischen Dynastie, die den Irak bis 1958 regierte, als der letzte König ermordet wurde. Warum nicht ein anderes Familienmitglied auf den Thron setzen, irgendeinen Verwandten des jordanischen Königs, oder warum nicht gleich daran denken, den Irak und Jordanien unter einer Krone zu vereinigen?

Das ist ein grandioser, weltumfassender, doch einfacher und logischer Entwurf. Woran erinnert er mich nur? Tatsächlich kommt er mir irgendwie bekannt vor. In den frühen achtziger Jahren hörte ich von Ariel Sharon von verschiedenen Plänen wie diesem, und ich veröffentlichte sie damals. Sharons Kopf war voll von großen Entwürfen, um den Nahen Osten neu zu strukturieren: In ihnen ging es um die Schaffung einer israelischen »Sicherheitszone« von Pakistan bis Zentralafrika, um das

Stürzen und Ersetzen von Regierungen, um die Vertreibung eines ganzen Volkes – der Palästinenser – und so weiter.

Ich kann mir nicht helfen, aber die nun aus Washington vernehmbaren Töne erinnern mich an Sharon. Ich habe nicht den geringsten Beweis, dass Bush & Co ihre Ideen von ihm haben, selbst wenn er sie alle in seinen Bann geschlagen zu haben scheint. Aber der Stil ist derselbe – eine Mischung aus Größenwahn, Kreativität, Arroganz, Ignoranz und Oberflächlichkeit. Eine explosive Mischung.

Wie wir wissen, ist aus Sharons grandiosem Entwurf bisher nicht viel geworden. Die kühnen Höhenflüge der Fantasie und die oberflächliche Logik halfen nicht – Sharon hat einfach den wahren Gang der Geschichte nicht verstanden. Ich befürchte, dass Bush, Cheney, Rumsfeld, Rice, Wolfowitz, Pearl und all die anderen kleinen Sharons am selben Syndrom leiden.

Der Irak ist nicht Japan, und die Iraker werden einem Mikado, der von den Amerikanern ins Land gebracht wurde, nicht in dem Maße gehorchen, wie sie einem lokalen nationalistischen Diktator gehorchen. Islamischer Fundamentalismus ist kein Tier, das sich leicht bändigen ließe. Hunderte Millionen von aufgebrachten Menschen in der ganzen arabischen und muslimischen Welt sind eine große Gefahr, sogar für eine gigantische Militärmacht.

Sharon mag glauben, dass er der große Gewinner eines solchen Schrittes der USA sein wird, auch wenn die Geschichte zeigen mag, dass dieser Schritt ein historisches Desaster über uns bringen wird. Er mag die anschließende Anarchie erfolgreich dazu nutzen können, die Palästinenser aus dem Land zu vertreiben. Aber in einigen Jahren könnte sich Israel von einem neuen Nahen Osten umgeben wiederfinden – anders als der, von dem Shimon Peres ständig redet. Eine Region voll Hass, die von Rache träumt, getrieben von religiösem und nationalem Fanatismus. Und am Ende werden die Amerikaner abziehen. Wir werden hier allein zurückbleiben. Doch Menschen wie Bush und Sharon marschieren nicht im Takt der Geschichte. Sie hören auf einen ganz anderen Trommler.

»Der Mord an Arafat«

21. September 2002

Sollte es Sharon gelingen, Yassir Arafat zu ermorden, wie er es gerne hätte, dann würde der palästinensische Führer im kollektiven Bewusstsein seines Volkes und der ganzen arabischen Welt in der Form in Erinnerung bleiben, wie Moses im jüdischen Bewusstsein geblieben ist.

Moses rebellierte gegen die ägyptische Unterdrückung, führte sein Volk aus dem »Haus der Knechtschaft«, zog mit ihm 40 Jahre lang durch die Wüste, machte aus ihm ein neues Volk und geleitete es an die Grenze des Gelobten Landes. Er selbst betrat dieses Land nicht; Gott zeigte es ihm nur von ferne. Genau das würde man auch von Arafat sagen, wenn er jetzt zum Märtyrer wird.

Moses ist natürlich eine mythologische Figur. Kein ernstzunehmender Wissenschaftler glaubt, dass der Auszug aus Ägypten tatsächlich stattgefunden hat. Fachleute können vielmehr erklären, warum er überhaupt nicht stattgefunden haben kann. Aber all das ist gar nicht so wichtig, denn der mythologische Moses formte das Bewusstsein des jüdischen Volkes mehr, als es ein Stammesführer aus Fleisch und Blut in der Wüste hätte tun können.

Die Haggada, das Buch, aus dem am Pessachabend in fast jeder jüdischen Familie auf der ganzen Welt vorgelesen wird, gebietet uns, so zu empfinden, als würden wir selbst aus Ägypten ziehen. Der jüdische Grundethos ist auf dieser Prämisse aufgebaut. Die Zehn Gebote im Fünften Buch Mose erklären unter anderem, warum am heiligen Sabbat auch den Dienern und Sklaven zu ruhen erlaubt werden muss: »Denkt daran, auch ihr seid einmal Sklaven in Ägypten gewesen!«

Im neuen Mythos, der gerade vor unseren Augen entsteht, ist Sharon der Pharao, und wir sind die alten Ägypter. In der Geschichte über den Exodus lässt die Bibel Gott sagen: »Ich habe das Herz des Pharao und das seiner Diener verhärtet.« Nach jeder Plage, die über den Pharao kam, brach er sein Versprechen, die Kinder Israels freizulassen. Warum wohl? Was bezweckte Gott damit? Er wollte, dass die Israeliten, bevor sie sich auf den langen Weg machten, durch die Not härter wurden. Das ist es, was die Palästinenser heute durchmachen.

Und was wird geschehen, wenn eine israelische Kugel Arafat jetzt tötet? Nach Moses erschien kein zweiter Moses, sondern Josua, der gnadenlose Krieger, der einen Völkermord begangen hat. (Dies ist – nebenbei gesagt – auch ein Mythos. Alle ernstzunehmenden Wissenschaftler glauben nämlich, dass dieser Völkermord in Wirklichkeit nie stattgefunden hat.) Arafats Nachfolger wird kein Abu Soundso sein. Es wird Bruder Kalaschnikow sein, so wie es in dem Lied heißt, das wir in unserer Jugend im Kampf gegen die Briten gesungen haben: »Gib das Wort weiter an Kamerad Parabellum, gib das Wort weiter an Kamerad Tommy-gun!« Parabellum war eine Pistole und Tommy-gun war ein Maschinengewehr.

Es wird keinen palästinensischen Quisling geben – und falls doch so ein Kandidat gefunden werden sollte, würde er am nächsten Tag getötet werden, wie Sharons libanesischer Quisling Bashir Gemayel. Dutzende von lokalen Guerillaführern werden die Macht übernehmen. Sie werden eine Rachekampagne starten, die Jahre dauern wird – und das nicht nur in diesem Land, sondern auf der ganzen Welt. Das Leben eines jeden Israeli wird zur Hölle werden und die ganze Welt eine Ben-Jehuda-Straße im Stil Jerusalems. Keine israelische Botschaft, keine Synagoge, kein Flugzeug, kein Tourist wird mehr sicher sein.

Der tote Arafat wird bei weitem gefährlicher sein als der lebende. Der lebende Arafat ist fähig und willig, Frieden zu schließen. Der tote Arafat wird es nicht mehr können. Er wird den Konflikt bis in alle Ewigkeit ausdehnen.

In unserer Zeit wundern sich die Historiker, was vor 1930 Jahren in das jüdische Volk gefahren ist, eine hoffnungslose Rebellion gegen das Römische Weltreich zu beginnen und so die völlige Zerstörung über das jüdische Gemeinwesen in Palästina zu bringen. Nach ein paar Hundert Jahren werden Historiker fragen, was in dieses Volk gefahren ist, einen Menschen wie Sharon zu wählen, der in seinem Leben nichts anderes getan hat, als Blut zu vergießen und Siedlungen aufzubauen. Was ist in ein Volk gefahren, das Siedlungen und etwas Land dem Frieden und der Versöhnung vorzieht? Und wie ist es möglich, dass das ganze Volk gleichgültig bleibt, wenn ihm von der ganzen arabischen Welt – vielleicht zum letzten Mal – wirklicher Frieden und normale Beziehungen angeboten werden? Die Öffentlichkeit lauscht der dummen Phrasendrescherei der Politiker und Kommentatoren, die das Angebot lächerlich machen und Sharon beim Start einer blutigen Kampagne zujubeln, die schlimmer ist als jede andere zuvor.

Die Geschichte erinnert an die wenigen, die das Volk vor der Katastrophe warnten, die eintreten würde, wenn es auf die Zeloten hörte. Die Geschichte wird auch an uns wenige erinnern, die wir jetzt das Volk vor der Katastrophe gewarnt haben, die über uns alle kommen wird, wenn wir Sharon und seiner Bande folgen. Lasst uns hoffen, dass unsere Stimmen noch rechtzeitig gehört werden, sodass wir alle einen neuen Weg einschlagen können.

Sollte Arafat ermordet werden, kommt der Zeitpunkt, an dem es kein Zurück mehr geben wird.

Fabrikation von Antisemiten

28. September 2002

Ein zionistischer Mythos, mit dem wir aufgewachsen sind, ist das erste israelische Opfer Saddam Husseins. Dieser Mythos besagt, dass Israel der Zufluchtsort aller Juden auf der Welt sein wird. In jedem anderen Land leben Juden in ständiger Furcht, dass ein grausamer Verfolger erscheinen könnte, wie es in Deutschland geschah. Israel ist der sichere Zufluchtsort, wohin Juden in Zeiten der Gefahr flüchten können. Und eben das war auch die Absicht, die seine Gründerväter mit der Errichtung des Staates verfolgten.

Nun kommt Saddam Hussein daher und beweist das Gegenteil: Überall auf der Welt leben die Juden in Sicherheit. Nur an einem einzigen Ort auf dem Planeten sind sie von Vernichtung bedroht – in Israel. Hier werden die Nationalparks für Massengräber vorbereitet, hier werden rührende Maßnahmen gegen biologische und chemische Waffen ergriffen. Viele Israelis planen schon, in die Gemeinden der Diaspora zu flüchten. Das Ende eines Mythos.

Ein anderer zionistischer Mythos starb schon vor diesem. Die Diaspora, so lernten wir in unserer Jugend, erzeugt Antisemitismus. Überall sind die Juden eine Minderheit, und eine Minderheit erregt unweigerlich den Hass der Mehrheit. Nur wenn die Juden sich im Land ihrer Vorfahren sammeln und dort eine Mehrheit bilden, wird der Antisemitismus auf der ganzen Welt verschwinden. So sprach Herzl, der Begründer des modernen Zionismus.

Aber nun geschieht das genaue Gegenteil. Der Staat Israel verursacht eine Renaissance des Antisemitismus auf der ganzen Welt und bedroht Juden überall. Die Sharon-Regierung ist wie ein riesiges Labor, in dem der Virus Antisemitismus gezüchtet und in die ganze Welt exportiert wird. Antisemitische Organisationen, die jahrelang abgelehnt und verachtet an den Rändern der Gesellschaft dahinvegetierten, wachsen und gedeihen plötzlich. Antisemitismus, der sich seit dem Ende des Zweiten Weltkriegs schamhaft versteckt hielt, reitet nun auf einer großen Welle der Opposition zu Sharons Politik der Unterdrückung.

Und Sharons Propagandaabteilung gießt Öl in die Flammen. Indem sie alle Kritiker seiner Politik des Antisemitismus bezichtigt, brandmarkt sie große Gemeinschaften. Viele anständige Personen, die keinerlei Hass gegen Juden empfinden, die aber die Drangsalierung der Palästinenser verabscheuen, werden jetzt als Antisemiten bezeichnet. So wird dem Wort der Stachel genommen und es in gewisser Hinsicht salonfähig gemacht.

Die eigentliche Folge davon ist nicht nur, dass Israel die Juden keineswegs vor Antisemitismus schützt, sondern es ist vielmehr das Gegenteil der Fall: Israel fabriziert und exportiert Antisemitismus, der Juden rund um die Welt gefährdet. Viele Jahre lang erfreute sich Israel der Sympathie vieler Menschen. Es wurde als der Staat der Holocaustüberlebenden angesehen, ein kleiner, mutiger Staat, der sich wiederholt gegen die mörderischen Angriffe der Araber verteidigte. Langsam verwandelte sich dieses Bild in ein anderes: in das eines grausamen, brutalen und kolonialisierenden Staates, der ein kleines und hilfloses Volk unterdrückt. Die Verfolgten sind zu Verfolgern geworden, David hat sich in Goliath verwandelt.

Für uns Israelis, die wir in einer Seifenblase von selbstfabrizierter Gehirnwäsche leben, ist die Vorstellung, wie uns die Welt jetzt sieht, schwer erträglich. In vielen Ländern zeigen Fernsehen und Zeitungen täglich Bilder von Kindern, die Steine auf riesige Panzer werfen, Bilder von verzweifelten alten Männern, die auf den Ruinen ihrer zerstörten Häuser sitzen, und Bilder von Soldaten, die Frauen an den Checkpoints belästigen oder die auf Kinder zielen und abdrücken. Diese Soldaten sehen nicht aus wie Menschen in Uniform, nicht wie »Nachbars Sohn«, wie sie bei den Israelis genannt werden, sondern wie Roboter ohne Gesicht, bis an die Zähne bewaffnet, die Köpfe unter Helmen versteckt, mit kugelsicheren Westen, die ihre Proportionen verändern. Menschen, die diese Fotos dutzend- oder hundertmal gesehen haben, beginnen, Israel mit anderen Augen zu betrachten.

Für die Juden entsteht hieraus ein gefährlicher Teufelskreis. Sharons Aktionen erzeugen auf der ganzen Welt Widerwillen und Opposition. Das verstärkt den Antisemitismus. Angesichts dieser Gefahr werden jüdische Organisationen dazu veranlasst, Israel zu verteidigen und es uneingeschränkt zu unterstützen. Diese Unterstützung gibt wiederum den Antisemiten einen Anlass, nicht nur die Regierung Israels anzugreifen, sondern auch die Juden vor Ort. Und so weiter…

In Europa stehen Juden immer unter Druck. Aber in den USA fühlen sie sich äußerst selbstbewusst. Juden in Europa haben über Jahrhunderte hinweg gelernt, dass es nicht klug ist, aufzufallen und ihren Reichtum und Einfluss zur Schau zu stellen. Doch in Amerika geschieht genau das Gegenteil: Das jüdische Establishment strengt sich geradezu an, zu beweisen, dass es das Land kontrolliert.

Alle paar Jahre »eliminiert« die jüdische Lobby einen amerikanischen Politiker, der die israelische Regierung nicht bedingungslos unterstützt. Das geschieht nicht im Geheimen, hinter den Kulissen, sondern als öffentliche »Exekution«. Erst vor kurzem widerfuhr dies der afroamerikanischen Kongressabgeordneten Cynthia McKinney, einer jungen, aktiven, intelligenten und sehr sympathischen Frau. Sie wagte es, die Sharon-Regierung zu kritisieren, unterstützte die Palästinenser und – was noch schlimmer ist – die israelischen und jüdischen Friedensgruppen. Das jüdische Establishment fand eine Gegenkandidatin, eine praktisch unbekannte afroamerikanische Frau, steckte eine Menge Geld in deren Kampagne und brachte Cynthia zu Fall.

Das geschah in aller Öffentlichkeit, ja mit Pauken und Trompeten, um ein Exempel zu statuieren. Jeder Senator und alle Kongressabgeordneten sollten erfahren, dass derjenige, der Sharon kritisiert, so viel wie politischen Selbstmord begeht.

Nun wird dasselbe in großem Stil wiederholt. Die proisraelische Lobby, die aus Juden und extrem rechten christlichen Fundamentalisten besteht, drängt die amerikanische Regierung, einen Krieg zu beginnen. Auch das geschieht wieder in aller Öffentlichkeit. Dutzende von Artikeln in den führenden Zeitungen weisen darauf als eine simple politische Tatsache hin.

Was aber wird passieren, wenn dieser Krieg ein Fehlschlag wird, wenn er unerwartet negative Ergebnisse bringt und viele junge Amerikaner zu Tode kommen? Was geschieht, falls die amerikanische Öffentlichkeit sich gegen den Krieg wendet, wie es während des Vietnamkriegs geschah? Man kann sich leicht ausmalen, welche Flüsterkampagne dann beginnt: »Die Juden haben uns in diesen Krieg gedrängt«, »Die Juden unterstützen Israel mehr als Amerika«, und schließlich: »Die Juden kontrollieren unser Land!«

Außerdem könnte Sharon früher oder später eine Revolution in der arabischen Welt herbeiführen, was für die amerikanischen Interessen ein Desaster bedeuten würde. Man würde die amerikanischen Juden – jetzt völlig mit Israel identifiziert – dafür verantwortlich machen. Jedenfalls kann die Auffälligkeit der Juden in den USA, besonders in den Medien und im Weißen Haus, irgendwann als Schuss nach hinten losgehen.

Natürlich fördert die besondere politische Kultur der USA solch ein Phänomen – aber das traf auch für das »Goldene Zeitalter« in Spanien zu und für die Weimarer Republik in Deutschland. Geschichte wiederholt sich zwar nicht, aber man sollte ihre Lektionen auch nicht unbeachtet lassen.

Es gibt Menschen in Israel, die im Geheimen den Sieg des Antisemitismus überall herbeiwünschen. Das würde einen anderen zionistischen Mythos bestätigen, mit dem wir groß geworden sind: Juden sind nicht in der Lage, anderswo als in Israel zu leben, weil letztlich überall der Antisemitismus siegen wird. Aber die USA sind nicht Frankreich oder Argentinien. Sie spielen im Nahen Osten eine wichtige Rolle. Israels nationale Sicherheit, wie sie seit Ben-Gurion von allen israelischen Regierungen ausgebaut wurde, gründet sich auf die rückhaltlose Unterstützung durch die USA – militärisch, politisch und wirtschaftlich.

Wenn man mich um Rat fragen würde, dann würde ich den jüdischen Gemeinden in aller Welt Folgendes raten: Verlasst den Teufelskreis! Entwaffnet die Antisemiten! Gebt die Gewohnheit auf, euch automatisch mit allem, was unsere Regierung tut, zu identifizieren! Achtet auf euer Gewissen! Kehrt zu den traditionellen jüdischen Werten zurück: »Das, was in allem recht ist, dem sollt ihr folgen« (5 Mose, 16, 20) und »Suchet den Frieden und jaget ihm nach!« (Psalm 34, 15). Identifiziert euch mit dem »anderen Israel«, das für diese Werte in seinem Land kämpft. Überall auf der Welt mehren sich solche neuen jüdischen Gruppen, die diesen Weg einschlagen. Sie demontieren so noch einen weiteren Mythos: den von der Pflicht der Juden, sich – wo immer sie leben – dem Diktat unserer Regierung unterzuordnen.

Ein jüdischer demographischer Staat

12. Oktober 2002

Es klingt wie ein schlechter Witz, aber es hat sich tatsächlich zugetragen: Ein Rabbiner aus Israel flog nach Peru, bekehrte dort eine Gruppe von Indios zum Judentum und brachte sie in eine israelische Siedlung, die auf Land liegt, das seinen palästinensischen Besitzern weggenommen wurde. Dort erhalten sie wie alle Siedler eine großzügige Regierungsunterstützung in Form von Geld, das Tausenden unter der Armutsgrenze lebenden Israelis vorenthalten wird. Von jetzt an können sie dort glücklich leben; es sei denn, sie verlassen die Siedlung in einem unbewaffneten Wagen, in dem sie von den ursprünglichen Besitzern des Landes angegriffen werden könnten.

Aus welchem Grund bringt ein Staat völlig Fremde aus einem anderen Erdteil hierher, um die einheimische Bevölkerung, die seit Jahrhunderten hier lebt, zu verdrängen, und zahlt dafür den Preis eines ewigen blutigen Konflikts? Dies ist eine Frage, die an die Fundamente des Staates Israels rührt. Seit seiner Gründung sind seine Emissäre auf der Suche nach »Juden« gewesen. In der früheren Sowjetunion wurden Juden entdeckt, indem man Christen ausfindig machte, die entfernte jüdische Verwandte hatten (die »jüdische Großmutter«), oder indem man einfach Dokumente fälschte. Niemand weiß, wie viele »Nichtjuden« auf diese Weise durch die *Jewish Agency* oder andere Organisationen nach Israel gebracht worden sind – mindestens 200 000, vielleicht auch 400 000. Nach den israelischen Gesetzen wurde ihnen automatisch die Staatsbürgerschaft gewährt.

Vor ein paar Tagen wurde der so genannte Nationale Demographische Rat wiederbelebt, nachdem er einige Jahre lang zur Untätigkeit verurteilt war. Er ist eine Institution, von der man erwartet, dass sie sich mit einem Problem befasst, das viele Israelis als das wichtigste ihres Staates betrachten – wichtiger als der Krieg mit den Palästinensern, als Saddam Husseins Vernichtungswaffen oder die wachsende Arbeitslosigkeit und die wirtschaftliche Krise.

Über das »demographische Problem« wird in den Universitäten nachgedacht, in den Medien gesprochen, von Politikern und Kommentatoren werden darüber Erklärungen abgegeben. »Experten« sind dabei, mit ihren Computern auszurechnen, wie hoch der Prozentsatz der Juden in Israel in 10, 25 oder 50 Jahren sein wird. Werden sie weniger als 78 Prozent oder – Gott behüte! – nur 75 Prozent stellen? Wird der Bauch der orthodoxen jüdischen Frau, zusätzlich zur erwarteten Einwanderung, die Produktion des arabischen Uterus ausgleichen? Und wenn nicht, was kann getan werden? Einige schlagen vor, zu mehr jüdischen Geburten zu ermutigen, gleichzeitig aber natürliches arabisches Wachstum entschlossen abzuschrecken. Einige schlagen vor, zu verhindern, dass Immigranten aus Russland ihre christlichen Familienmitglieder mitbringen, die nach dem Rückkehrgesetz in seiner jetzigen Fassung einwandern dürfen. Einige verlangen die sofortige Abschiebung aller ausländischen Arbeiter, bevor sie sich niederlassen und Familien gründen. Einige beten um wachsenden Antisemitismus in Frankreich und Argentinien – aber ganz sicher nicht in den USA –, damit große Mengen von Juden nach Israel gedrängt werden. Viele, einschließlich Mitglieder von Sharons Regierung, unterstützen die einfachste Lösung: die Vertreibung aller Araber aus dem Land. Der »neue Historiker« Benny Morris gab kürzlich zu verstehen, dass Ben-Gurion das schon 1948 hätte tun sollen.

Die Haltung des Staates gegenüber seinen arabischen Bürgern, die gegenwärtig 19 Prozent der Gesamtbevölkerung ausmachen, lässt an den biblischen Pharao denken, der seinem Volk Anweisungen für den Umgang mit einer damaligen, anderen nationalen Minderheit erteilte: »Wohlan, wir wollen sie mit List niederhalten, damit sie nicht noch mehr werden.« Und über die angewandte Methode heißt es: »Sie machten ihr Leben unerträglich« (2. Mose 1, 10 ff.).

Nach der offiziellen Definition ist Israel ein jüdischer demokratischer Staat. Dies wurde im Gesetz festgelegt und vom Obersten Gerichtshof bestätigt. Theoretisch gibt es da keinen Widerspruch zwischen den beiden Adjektiven: Der Staat ist jüdisch, aber Demokratie sichert die Gleichheit für Nichtjuden. Oder anders ausgedrückt: Der Staat ist demokratisch, achtet aber auf seinen jüdischen Charakter.

In Wirklichkeit ist es kein »jüdischer demokratischer Staat«, sondern ein »jüdischer demographischer Staat«. Auf allen Gebieten setzt sich Demographie gegenüber Demokratie durch. Ein arabischer Bürger fühlt von Kindheit an in jeder Phase seines Lebens, dass er keinen Anteil am Staat hat, dass er höchstens ein geduldeter Bewohner ist. In jedem Regierungsbüro, auf der Polizeistation oder auf dem Arbeitsplatz, sogar in der Knesset wird er anders behandelt als ein Jude, selbst in ruhigen Zeiten. Es ist wahr, dass abgesehen vom Rückkehrrecht, das einem Juden und seiner Familie – aber nicht arabischen Flüchtlingen – das absolute Recht gibt, nach Israel »heimzukommen«, kein Gesetz zwischen einem »Juden« und einem »Nichtjuden« unterscheidet. Aber das ist nur Spiegelfechterei: Zahlreiche Gesetze gewähren Personen, »denen das Rückkehrrecht zusteht«, spezielle Privilegien, ohne dass das Wort »Jude« extra Erwähnung findet.

Dies ist so selbstverständlich, dass alle staatlichen Angestellten danach handeln, ohne dass es ihnen bewusst ist. Die »Israelische Landbehörde« teilt den Juden Land zu, aber nicht den Arabern. Alle staatlichen Entwicklungsprojekte schließen nur Juden ein. Unter den Hunderten von neuen Städten und Dörfern, die seit der Staatsgründung errichtet wurden, wurde nicht eine einzige für Araber gebaut. Es gibt keinen arabischen Minister in der Regierung, keinen arabischen Richter am Obersten Gerichtshof.

Gewöhnlich werden diese Unterlassungen unter Verweis auf den fortdauernden israelisch-palästinensischen Konflikt wegdiskutiert. Schließlich sind Israels Araber eben auch Palästinenser. Doch die Frage ist: Was verursacht denn was? Schafft der Konflikt die antiarabische Haltung oder verlängert die antiarabische Haltung den Konflikt? Kritiker von Israel klagen es an, Apartheid, die südafrikanische Doktrin, zu praktizieren. Diese Analogie ist teilweise irreführend. Anders als Apartheid beruht Zionismus nicht auf Rassismus, sondern auf einer Mischung aus Ghettomentalität und europäischem Nationalismus des 19. Jahrhunderts.

Ghettomentalität ist der Geist einer verfolgten isolierten Gemeinschaft, die die ganze Welt in Juden und Gojim (Nichtjuden) einteilte. Der europäische Nationalismus kämpfte für einen homogenen ethnisch-nationalen Staat. Der jüdische demographische Staat hat diese beiden Elemente absorbiert: Er ist ein homogener jüdischer, national-ethnischer Staat mit so wenig Nichtjuden wie möglich.

In Europa, wo der klassische Nationalismus seinen Anfang nahm, ist er mittlerweile dabei, der modernen amerikanischen Auffassung zu weichen, derzufolge jeder Inhaber eines US-Passes auch zur amerikanischen Nation gehört, unabhängig von Rasse und ethnischer Herkunft. Auf diese Weise wurden die Vereinigten Staaten zum mächtigsten Land der Welt, kulturell, wirtschaftlich und militärisch. Die europäischen Nationalstaaten treten nach und nach ihre staatliche Souveränität an die Europäische Union ab, und ihre Staatsangehörigkeit wird auch ausländischen Einwanderern gewährt, die zur Wirtschaft beitragen und das Sozialsystem sichern. In Deutschland erhalten im Land geborene Kinder von Einwanderern die deutsche Staatsangehörigkeit. In Großbritannien und Frankreich handelt man diesbezüglich sogar noch liberaler.

Israel ist mit einer historischen Entscheidung konfrontiert: entweder einen Schritt zurück zu machen, um ein rein jüdisches Ghetto mit demographischen Ängsten und nationalstaatlichem Gebahren zu werden, oder sich mit Blick nach vorne auf ein neues Staatsmodell nach amerikanisch-europäischem Muster zuzubewegen.

Der Zionismus war die letzte europäische Nationalbewegung, und auch der israelische Kolonialismus kam um 200 Jahre zu spät. So ist es vielleicht natürlich, das ebenso die Herausforderung, eine neue nationale Sicht anzunehmen, ziemlich spät kommt. Aber am Ende – so hoffe ich – wird der jüdische demographische Staat um des Wohles und der Sicherheit seiner Bürger willen durch eine Israelische Demokratische Republik ersetzt werden.

Naboth hatte einen Weinberg

Gelebte Solidarität

26. Oktober 2002

Die meisten Israelis hätten ihren Augen nicht getraut, wenn sie am letzten Samstag bei Sonnenuntergang dabei gewesen wären. Mitten in Havarah, einem kleinen Dorf südlich von Nablus, standen 63 Israelis, Männer und Frauen, Junge und Alte mit Dutzenden von palästinensischen Dorfbewohnern zusammen. Juden und Araber plauderten miteinander, tranken den von den Gastgebern angebotenen Saft, tauschten Adressen und Telefonnummern aus. Die Kinder des Dorfes trugen die von den Gästen mitgebrachten Abzeichen, die die Flaggen Israels und Palästinas zeigten. Niemand trug eine Waffe.

Alle waren glücklich, und das mit gutem Grund: Sie hatten gerade einen harten Tag der Olivenernte hinter sich. Sie hatten gemeinsam die Oliven gepflückt und waren auch zusammen gewesen, als die jüdischen Siedler das Feuer eröffneten.

All dies geschah mitten im palästinensischen Gebiet nach zwei Jahren gewalttätiger Konfrontation – ein Fest von israelisch-palästinensischer Verbrüderung inmitten blutiger Angriffe. Eine menschliche Erfahrung. Ein politischer Akt. Ein symbolisches Ereignis.

Seit biblischen Zeiten sind die Olivenbäume das Symbol dieses Landes gewesen. Sie haben die Bauern vieler Generationen – Kanaaniter, Israeliten und Araber – am Leben erhalten. Das ganze Jahr über arbeiten sie in den Olivenhainen, die vom Vater auf den Sohn vererbt werden, sie beschneiden die Bäume, bearbeiten den Boden, entfernen das Unkraut. Während der wenigen Erntewochen pflückt die ganze Familie die Oliven – Männer und Frauen, alte Leute und Kinder. Die Oliven müssen zur richtigen Zeit abgeerntet und zur Olivenpresse gebracht werden, wo die goldene Flüssigkeit herausgepresst wird, das Olivenöl. Das sind Tage der Freude.

Eine ganze Familie kann von nur zehn Olivenbäumen leben. Ohne diese kann sie jedoch nicht existieren. Je härter nun die Besatzung ist, je mehr sie die Bewegungsfreiheit und den Lebensunterhalt erschwert, umso abhängiger werden die Dorfbewohner von den Olivenbäumen.

Deshalb sind die Aktionen der Siedler so heimtückisch. Sie versuchen, die Ernte zu verhindern, die Früchte zu stehlen oder die Bäume abzubrennen. Ihre Aktionen erinnern an eine der schlimmsten in der Bibel beschriebenen Taten, eine ewige Schande: die Geschichte von Naboths Weinberg (1 Könige 21):

»Naboth, der Jesreeliter hatte einen Weinberg in Jesreel, sehr nahe am Palast des Ahab, des Königs von Samaria. Und Ahab redete mit Naboth und sprach: Gib mir deinen Weinberg, ich will mir daraus einen Gemüsegarten machen, weil er so nah an meinem Hause liegt. Ich will dir einen besseren Weinberg geben als diesen oder wenn es dir gefällt, will ich dir Geld dafür geben. Und Naboth sagte zu Ahab: Das lasse der Herr fern von mir sein, dass ich dir meiner Väter Erbe geben sollte...« Das Ende der Geschichte ist bekannt: Isebel, die Frau von Ahab, ließ falsche Zeugen kommen, und Naboth wurde zu Tode gesteinigt. So erhielt Ahab den Weinberg. Am Ende aber leckten die Hunde das Blut von beiden, von Ahab und Isebel.

Im Vergleich zu den Siedlern von heute, war die boshafte Isebel allerdings noch ein Beispiel von Rechtschaffenheit. Die Siedler bemächtigen sich der Olivenhaine der Dorfbewohner ohne Bezahlung oder ohne eine andere Form der Entschädigung. Sie schießen nur. So wurde ein palästinensischer Junge von ihnen erschossen, während er Oliven pflückte, und Hunderte von Palästinensern wurden vertrieben.

Fast jedes palästinensische Dorf hat Olivenhaine, die an irgendeine Siedlung oder an einen so genannten Außenposten grenzen, der nun von Siedlern kontrolliert wird. Wenn sich die Besitzer nähern, um den Boden unter den Bäumen für die Ernte vorzubereiten oder um die Oliven zu ernten, schießen die Siedler auf sie – »nach Absprache mit der Armee«. Der einfache Vorwand: Wenn die Dorfbewohner in der Nähe der Siedlung ernten, könnten sie sehen, was dort geschieht, und sie bedrohen.

Das ist in der Tat eine monströse Verdrehung: eine Siedlung mitten in einer von Palästinensern dicht besiedelten Umgebung zu errichten und diesen dann zu verbieten, ihr Land zu bearbeiten, weil dieses nahe der Siedlung liegt. In einigen Fällen beließen es die Siedler nicht bei Warnschüssen, sondern fielen in die Olivenhaine ein, trieben die Dorfbewohner weg und raubten die schon gepflückten Oliven. Die Propheten Israels wären geschockt. Raub am helllichten Tage. Und die Armee sieht zu und unternimmt nichts dagegen.

Die Absichten der Siedler sind bösartiger als die von Ahab und Isebel. Sie wollen das Leben der Dorfbewohner zur Hölle machen, um sie zum Verlassen des Landes zu bewegen. Das nennt man »freiwilligen Transfer« oder, einfach ausgedrückt, »ethnische Säuberung«.

Für aufrechte Israelis bedeutet dies: Sie machen sich auf, um den Dorfbewohnern bei der Olivenernte zu helfen, bevor die Oliven an den Bäumen verfaulen oder gestohlen werden. Sie bilden einen menschlichen Schutzschild gegen die Siedler. Während der vergangenen Wochen haben Hunderte von Israelis zusammen mit Teilnehmern der Internationalen Solidaritätsbewegung (ISM) genau das getan. So reagierten 260 Israelis auf die Anfragen verschiedener Friedensorganisationen (Gush Shalom, Taayush, die Frauenkoalition, ein Teil von *Peace Now* und andere). Sie teilten sich auf die Dörfer auf, wo das Ernten am gefährlichsten ist.

Mein Los war es, nach Havarah zu kommen, einem Dorf, das in einem Tal zwischen zwei hohen Bergen liegt. Seine Olivenhaine liegen an den steilen Berghängen, die voller Felsen und dornigem Gestrüpp sind. Allein schon dort hinzugelangen, war ziemlich schwierig. Immer wieder fiel jemand hin und bekam Kratzer ab. Schließlich waren alle an Ort und Stelle.

Ein paar Dutzend Bäume standen dort. Die Gruppen von Pflückern, Israelis und Palästinenser, begannen mit der Arbeit. Die Besitzer der Bäume arbeiteten schnell, da Israelis mit dabei waren. Im Gegensatz zur üblichen Praxis warfen sie Stöcke in die Äste, damit die Früchte auf die grünen Plastikplanen herunterfielen, die unter den Bäumen ausgebreitet waren. Das ist zwar nicht so gut für die Bäume, geht aber schneller; denn die Zeit war knapp bemessen. Jeder arbeitete fieberhaft, hielt die vollhängenden Äste und füllte Eimer und Säcke oder sammelte die Früchte vom Boden auf. Jede Olive ist kostbar. Sportliche Männer und Frauen kletterten in die Bäume und füllten Hüte und Plastiktüten.

Die Gruppen, die die Bergkuppe erreichten, standen auf einmal den Siedlern von Yitzhar – einem berüchtigten Nest von Fanatikern – gegenüber, die in Sabbatkleidung, schwarzen Hosen und weißen Hemden, ihre Gewehre hielten. Sie bedrohten die Pflücker, schossen in die Luft und auf den Boden, sodass einer der israelischen Pflücker von einem Klumpen Erde getroffen wurde. Das Echo der Schüsse hallte zwischen den Bergen wider. Vierzig Minuten später erschienen Soldaten, die die Siedler zunächst herzlich begrüßten und dann den Pflückern befahlen, das Gebiet zu verlassen. Sie erklärten, dass die Siedler Recht hätten, wenn sie das Feuer eröffneten, weil die Pflücker die Siedlung gefährdeten. Die Pflücker machten hartnäckig weiter, da sie sich hinter dem »menschlichen Schutzschild« der Israelis sicher fühlten. Aber nach und nach wurden sie von Siedlern und Soldaten, die mitten unter ihnen waren, den Hang hinuntergedrängt.

In den andern Olivenhainen konnte die Arbeit ohne Unterbrechung fortgesetzt werden. Währenddessen wurden Zigaretten ausgetauscht, Gespräche angefangen, zunächst zurückhaltend, dann lebhafter – trotz der Verständigungsschwierigkeiten. Einige der Dorfbewohner sprachen Hebräisch und erzählten von den Orten, an denen sie in Tel Aviv gearbeitet hatten.

Bevor die Dunkelheit anbrach, wurden die Planen eingesammelt und zusammengefaltet, die Leute schulterten die schweren, vollen Säcke oder luden sie den Eseln auf und begannen den Abstieg von den steilen Hängen, von einer Terrasse zur andern. Für die jungen Burschen war es kein Problem; die Älteren und die Gäste bewegten sich hingegen vorsichtiger, hielten sich an den Büschen fest und halfen sich gegenseitig.

Viele glückliche Menschen gab es nach getaner Arbeit. Diejenigen, die den Krawallmachern getrotzt hatten, waren glücklich, weil sie nicht geflohen waren. Die israelischen Pflücker waren froh, weil sie eine politische Demonstration mit einer sinnvollen Aktivität hatten verbinden können. Die Palästinenser waren glücklich, dass sie so wenigstens einen Teil ihrer Ernte gerettet hatten. Sie trugen die schweren Säcke auf ihren Schultern. Am Fuß des Berges wurden die Säcke auf Esel und alte Karren geladen, die aussahen, als würden sie jeden Augenblick auseinander fallen.

Schließlich gab es eine bewegende Verabschiedung: Hunderte von palästinensischen Männern, Frauen und Kindern winkten begeistert den abfahrenden Israelis nach, auf dem Dorfplatz, in den Gassen und aus den Fenstern – ein ganzes Dorf. Das war der glückliche Lohn der Arbeit eines Tages.

Alles wegen einer kleinen Olive

Gedanken zum Regierungskollaps

2. November 2002

Warum ist die Regierung von Ariel Sharon, Benyamin Ben-Elieser und Shimon Peres zusammengebrochen? – Wegen einer kleinen Olive!

Es beginnt wie eine Kindergeschichte: Es war einmal eine kleine Olive in einem palästinensischen Dorf. Sie wuchs und reifte an einem Zweig eines alten Baumes im Olivenhain ganz oben auf einer Bergkuppe. »Pflückt mich! Ich möchte euch mein Öl schenken!« bat die kleine Olive. Sie wurde immer reifer, aber die Pflücker kamen nicht. Sie konnten sie nicht erreichen, weil israelische Siedler zwei Wohnmobile auf die Bergkuppe gestellt hatten, und so das ganze Gebiet zu einer »Sicherheitszone« dieses Außenpostens geworden war. Als die Besitzer des Olivenhaines sich näherten, wurden sie von den Siedlern beschimpft und geschlagen und zuletzt sogar beschossen. Dies geschah an Dutzenden von Orten überall im Westjordanland.

Die Dorfbewohner riefen die israelische Armee zu Hilfe; denn diese kontrollierte ja jetzt wieder alle palästinensischen Gebiete. Aber die Armee kam nicht, um sie zu beschützen. Viele der Armeeoffiziere waren selbst Siedler. Die Armee sah die Verteidigung der Siedler als ihre Aufgabe an und dachte gar nicht daran, diese anzugreifen. Als die Armee schließlich eingriff, vertrieb sie die Dorfbewohner aus ihren eigenen Olivenhainen rund um den Außenposten.

In ihrer Notlage riefen die Dorfbewohner dann die israelischen Friedensgruppen zu Hilfe. Und die waren bereit.

Nun besteht das israelische Friedenslager aus zwei Teilen. Das eine, rund um *Peace Now* (Frieden Jetzt), ist mit der Arbeitspartei verbunden, die eine Stütze der Regierung war. Der Parteivorsitzende war früher auch Verteidigungsminister und darum mitverantwortlich für all die schlimmen Dinge, die sich in den palästinensischen Gebieten ereignet haben.

Der andere Teil des Friedenslagers besteht aus vielen sehr engagierten Gruppen, von denen jede auf ihrem besonderen Sektor aktiv ist. *Gush Shalom* analysiert die Grundlagen der politischen Situation und die Mythen beider Konfliktparteien und wird dementsprechend vielseitig und provozierend aktiv. *Taayush* ist eine arabisch-jüdische israelische Gruppe, die der belagerten palästinensischen Bevölkerung hilft. *B'Tselem* sammelt und veröffentlicht Daten über Menschenrechtsverletzungen, wie es auch das *Alternative Informationszentrum* in ähnlicher Form tut (*News From Within*). Die *Ärzte für Menschenrechte* leisten eine sehr gute Arbeit auf medizinischem Gebiet, während die *Frauenkoalition für Frieden* und *Bat Shalom* Menschenrechtsaktivitäten mit einem feministischen Programm verbinden. Das *Komitee gegen Hauszerstörungen* initiiert den Wiederaufbau von Häusern, die von der israelischen Armee zerstört wurden, und die *Rabbiner für Menschenrechte* sind eine kleine religiöse Gemeinschaft, die nicht dem fanatisch nationalistischem Banner folgt, sondern sich sehr aktiv für marginale Bevölkerungsgruppen in den besetzten Gebieten und in Israel (Beduinen, Fremdarbeiter und andere) einsetzt. *Machsom Watch* berichtet über Schikanen an den Checkpoints und versucht, sie zu verhindern. *Yesh Gvul* hilft Soldaten, die den Dienst in den besetzten Gebieten verweigern. *New Profile* ist auf demselben Gebiet aktiv. Die Liste ist lang. Aktivisten der verschiedenen Organisationen arbeiten häufig zusammen, und viele gehören mehreren Gruppen an.

Die Aktivisten dieser Organisationen meldeten sich, um den Dorfbewohnern zu helfen. Sie gingen hin, um Oliven zu pflücken und gleichzeitig den Dorfbewohnern als menschliche Schutzschilde zu dienen. Es schlossen sich ihnen europäische Friedensaktivisten an, die seit fast zwei Jahren in sich ablösenden Schichten der besetzten palästinensischen Bevölkerung helfen. An manchen Tagen sind Dutzende von israelischen und internationalen Aktivisten in den Olivenhainen, am Sabbat Hunderte. Sie sind auf mehrere Dörfer verteilt, gehen auf die Hügel der Siedler und werden dort angegriffen. Bei Dutzenden von Zwischenfällen begannen die Siedler, in die Luft oder auf den Boden rund um die Olivenpflücker zu schießen.

Wochenlang erfuhr die Öffentlichkeit nichts von diesen Vorfällen. Denn unter den Medien gibt es ein verabredetes Stillschweigen über die Existenz eines sehr konsequenten Friedenslagers. Nur *Peace Now* wird irgendwie als zum nationalen Konsens gehörig betrachtet und deshalb wird über die Aktionen dieser Organisation – wenn auch nur knapp – berichtet. Über die Aktivitäten der in stärkerem Maße von politischen Prinzipien geleiteten und tatkräftigeren Gruppierungen (der »zutiefst Linken« nach den Worten des früheren Ministerpräsidenten Ehud Barak, der sie verabscheute) wurde aber bis dahin überhaupt nicht berichtet, es sei denn, sie waren mit blutigen Zusammenstößen verbunden.

Aber langsam sickerten auch in den Medien Berichte über den Olivenkrieg durch: über Siedler, die die Palästinenser wegjagten und ihnen die schon gepflückten Oliven stahlen; über Siedler, die, nachdem sie die Besitzer der Olivenhaine vertrieben hatten, selbst ernteten; über Siedler, die die Haine in Brand setzten; über den früheren Oberrabbiner, der verkündete, dass Juden recht handelten, wenn sie die Früchte wegnahmen, für die die arabischen Dorfbewohner schwer gearbeitet hatten, weil Gott die Früchte des Landes den Juden gegeben habe.

Das verabredete Stillschweigen wurde schließlich gebrochen, als eine Gruppe berühmter Schriftsteller mit ihrem Olivenpflücken ein Zeichen setzte. Die Medien, die die engagierte Arbeit von Hunderten von anonymen Aktivisten ignorierten, waren glücklich, auf Berühmtheiten wie Amos Oz, Abraham B. Yehoshua, David Grossman und Meir Shalev zu treffen. Nun wurde das Olivenpflücken ein Teil des Konsenses.

Man muss in diesem Zusammenhang darauf hinweisen, dass die Siedler in weiten Teilen der Öffentlichkeit nie beliebt waren. Der Zorn über sie wuchs, als bekannt wurde, dass man den Armen in Israel große Summen von Geld wegnahm, um damit die

Siedlungen zu mästen. Der Zorn war vermischt mit der Sorge um die Soldaten, die, häufig von Siedlern angegriffen, ihr Leben riskierten, um entfernt gelegene, halbleere Siedlungen zu schützen. Die Geschichten über das brutale Schikanieren von ungeschützten Olivenpflückern hatten gerade noch gefehlt. Sie haben selbst in der schweigenden Mehrheit Widerwillen und Abscheu hervorgerufen.

Dies hatte auch einen indirekten Einfluss auf Benyamin Ben-Elieser. Er nahm die sich verändernde Stimmung in der Öffentlich wahr und entschied, dass es nun in seinem Interesse und in dem der Partei sei, die Regierung zu verlassen. Er suchte fieberhaft nach einem Vorwand. Öffentliche Meinungsumfragen ergaben, dass die Siedler jetzt die unbeliebteste Gruppe im Land seien. So entschied er, die Regierung zu Fall zu bringen. Er verlangte plötzlich, dass die Regierung das für die Siedlungen bestimmte Geld den Rentnern geben solle.

Das war zwar nur ein Vorwand, aber es zeigte, dass ein großer Teil der Öffentlichkeit die Sache mit den Siedlungen einfach satt hat. Zu guter Letzt sind die Siedlungen somit zum Hauptstreitpunkt innerhalb der Regierung geworden. Während Ariel Sharon noch versucht, eine Regierung aufzustellen, die sich auf die Siedler und ihre Verbündeten der äußersten Rechten gründet, wird die Arbeitspartei – nun in der Opposition – gezwungen sein, ein Anti-Siedlungsprogramm vorzustellen. Somit wird der Slogan einer kleinen »marginalen« Minorität zum Programm eines großen Lagers.

Dies ist wieder einmal ein Beispiel für die These vom so genannten kleinen Rädchen, wie wir sie schon vor Jahrzehnten formuliert haben: ein kleines Zahnrad, von starkem unabhängigen Antrieb bewegt, dreht ein größeres Rad, das ein noch größeres antreibt... bis die ganze große Maschine sich zu bewegen beginnt. Auf diese Weise kann eine kleine politische Gruppe mit einem unabhängigen und klaren Programm einen entscheidenden politischen Prozess in die Wege leiten, wenn der richtige Zeitpunkt gekommen ist.

Wir haben noch immer einen weiten Weg vor uns. Die Gefahr des Faschismus schwebt noch immer über diesem Land. Es ist nun jedoch bewiesen, dass Dinge in die andere Richtung bewegt werden können. Vielleicht ist eine kleine Olive auf dem Hügel mächtiger als eine Ein-Tonnen-Bombe.

Brief an Amram Mitzna

9. November 2002

Lieber Amram Mitzna,
ich kenne Sie nicht persönlich; wir haben niemals miteinander gesprochen. Aber ich habe seit dem Libanonkrieg Ihre Aktivitäten aufmerksam von ferne verfolgt. Sie taten damals etwas, was mich tief beeindruckt hat: Sie sind aus Protest gegen Sharons wahnsinniges Abenteuer von Ihrem Armeeposten zurückgetreten.

Ranghohe Offiziere, die ihre Karriere aus Gewissensgründen aufgeben, sind in jeder Armee selten, ganz besonders in der israelischen Armee. Das erfordert sittliche Stärke, die meiner Meinung nach wichtiger ist als Mut auf dem Schlachtfeld.

Nachdem Menachem Begin – ein Mann, der Redlichkeit und Anstand respektierte – Sie wieder in die hohen Militärränge zurückgebracht hatte, ärgerte ich mich häufig über Sie, als Sie als Kommandeur des Militärkommandos Mitte versuchten, die Siedler zu beschwichtigen. Trotzdem gab ich die Hoffnung nicht auf, dass Sie Generalstabschef werden würden, obwohl ich wusste, dass es in der neuen Armee, die sich in den Jahren der Besatzung und Unterdrückung formiert hatte, für einen Mann mit Prinzipien keine Chance gibt, den höchsten Armeeposten zu erlangen. Der ist für Leute wie Shaul Mofaz und Moshe Yaalon reserviert.

Und jetzt sind Sie Kandidat für einen anderen hohen Posten: Vorsitzender der Arbeitspartei und Chef ihrer Wahlkampagne. Ich hoffe, Sie gewinnen, und falls dies geschieht, werde ich Sie nicht beneiden. Sie werden eine Partei übernehmen, die am Rand eines Abgrunds steht. Zwanzig schreckliche Monate wurde sie von Sharon wie eine verschmähte Geliebte behandelt. Es ist derselbe Sharon, gegen den Sie protestierten, als er im Libanon verheerende Verwüstungen anrichtete. Nun hat ihm die Arbeitspartei geholfen, noch schlimmere Verwüstungen in den palästinensischen Gebieten anzurichten. Shimon Peres hat die Welt davon überzeugt, dass aus dem »bösen Sharon«, dem Mann von Sabra und Shatila, der »gute Sharon« geworden sei, ja, ein wahrer Friedensapostel. Benyamin Ben-Elieser hat die Schmutzarbeit getan, indem er im Namen der Arbeitspartei die Politik der gezielten Liquidationen, der Zerstörung der palästinensischen Infrastruktur, der Häuser und Bäume zuließ, ebenso die Politik der Landenteignung und schließlich des Siedlungsbaus in wahnsinnigem Tempo.

So eine Partei wird die Wahlen mit einer verheerenden Niederlage verlieren. Wer braucht eine zweite Likud-Partei? Ganz sicher nicht die Rentner und die Arbeitslosen, die Invaliden und die Alleinstehenden, die die Arbeitspartei nun umwirbt, nachdem sie sich jahrelang keinen Pfifferling um sie gekümmert hat. Auch die arabischen Bürger nicht, die die Partei mit allerlei Geschwätz über den »politischen Horizont« zu verführen versucht, während sie es nicht einmal für nötig befindet, das Blut von ihren Händen zu waschen. Die Arbeitspartei huldigt dem Unheil, und dies würde für die ganze Nation Unglück bedeuten.

Die extreme Rechte will uneingeschränkte Macht ausüben. Sie will jede Möglichkeit für Frieden auf viele Jahre, vielleicht für Generationen, vielleicht auf immer zerstören. Die Arbeitspartei wird nicht einmal die Rolle einer Opposition spielen. Sie wird nur ein schwarzes Loch hinter sich lassen.

Falls Sie nominiert werden, müssten Sie diese Situation dramatisch und schnell ändern und dies obendrein inmitten einer Wahlkampagne. Das wird eine gewaltige Herausforderung sein. Keine Partei schafft während der Wahlen neue politische Aktivposten. Sie kann Gewinn nur aus dem erzielen, was sich im Laufe der Jahre angesammelt hat. Die Wähler haben gelernt, dass Wahlverspechen nichts wert sind. Und nun sind Sie dazu aufgerufen, etwas ohne Präzedenzfall zu tun: die Substanz und das Image Ihrer Partei mitten in der Wahlkampagne zu verändern.

Das ist zwar noch nie da gewesen, aber es ist nicht unmöglich – unter einer Bedingung: Ihre Botschaft muss eindeutig, ehrlich und klar umrissen sein, ohne Stottern und Zögern, ohne Demagogie, ohne Tricks und Firlefanz.

Wahlexperten und alle Arten von »Strategen« werden Ihnen sagen, dass Sie zunächst die Sprache des linken Flügels benutzen müssen, um die Führung der Partei zu gewinnen, und später dann die Sprache des rechten Flügels, um die Wähler der Mitte zu gewinnen. Wenn Sie das machen, werden Sie keinen Erfolg haben. Die Zeit ist viel zu kurz. Und das entspräche wohl auch nicht Ihrer Art. Ihre einzige Chance, den Test zu gewinnen, wäre, dass Sie sich selbst darstellen, Ihre eigene Wahrheit zum Ausdruck bringen, und zwar klar und aufrichtig. Die Botschaft muss einfach und eindringlich sein:

- Ohne Frieden hat Israel keine Zukunft.
- Frieden ist möglich, wenn wir bereit sind, den Preis zu zahlen.
- Es gibt einen Partner für den Frieden. Der größte Teil der palästinensischen Bevölkerung wünscht Frieden. Yassir Arafat wünscht Frieden. (Wenn Sie vor diesem Namen weglaufen, wie es die Feiglinge tun, wird Ihre Botschaft ihre Glaubwürdigkeit verlieren.)
- Frieden bedeutet: Es muss einen palästinensischen Staat geben; die Grüne Linie muss als Grenze anerkannt werden, wobei etwaige Grenzverschiebungen in beiderseitigem Einverständnis vorgenommen werden müssen; Jerusalem wird Hauptstadt zweier Staaten; alle Siedler müssen die palästinensischen Gebiete verlassen.
- Der gesamte Siedlungsbau muss sofort gestoppt werden. Das bislang hierfür ausgegebene Geld muss für wirtschaftliche Entwicklung und soziale Dienste verwendet werden.
- Verpflichtungen und Ressourcen müssen gerecht verteilt werden.
- Eine sofortige Waffenruhe muss erreicht werden; die israelische Armee muss aus den palästinensischen Städten und Dörfern abgezogen werden.

- Die Friedensverhandlungen müssen an dem Punkt aufgenommen werden, an dem sie 2001 in Taba zum Stillstand gekommen sind. Endstatusabkommen sollten innerhalb eines Jahres erreicht werden.

Dies ist eine klare Alternative, die die Stimmberechtigten vor eine echte Wahl stellen wird. Sie müssen versprechen, dass, sollte der rechte Flügel gewinnen, sich die Arbeitspartei nicht einer Regierung der »nationalen Einheit« anschließen wird.

Wird das Ihren Sieg bei der Abstimmung garantieren? Natürlich nicht. Aber Sie werden eine vernünftige Chance haben, während der augenblickliche Weg sicher in eine unvermeidliche schmachvolle Niederlage führt.

Selbst wenn die Rechte dieses Mal gewinnt, wird dieses klare Programm der Arbeitspartei erlauben, eine kämpferische Opposition zu werden, welche all diejenigen anzieht, die von der Rechten enttäuscht sind. Sie wird auf dem Weg sein, die Macht wiederzuerlangen. Die Gelegenheit wird dann kommen, wenn die Menschen schließlich die Nase voll haben von den Methoden brutaler Macht und Unterdrückung, die nur zu endlosem Blutvergießen sowie wirtschaftlichem und sozialem Niedergang führten. Viele Menschen, mehr als man gemeinhin glauben mag, warten auf diesen Tag.

Es erfordert viel Mut, diesen Weg zu gehen. In der Vergangenheit haben Sie bewiesen, dass Sie diese Art von Mut haben. Hoffen wir, dass Sie ihn auch jetzt haben!

Rache an einem Kind

Über die Psyche von Selbstmordattentätern

16. November 2002

Seit letztem Sonntag geht mir eine Frage nicht mehr aus dem Kopf und quält mich selbst noch im Schlaf. Was brachte den jungen Palästinenser, der in den Kibbuz Metzer einbrach, dazu, mit seiner Waffe auf eine Mutter und ihre beiden kleinen Kinder zu zielen und sie zu töten? Selbst in einem Krieg tötet man keine Kinder. Das ist ein fundamentaler menschlicher Instinkt, der allen Völkern und Kulturen gemeinsam ist. Selbst ein Palästinenser, der Rache nehmen möchte für die Hunderte von der israelischen Armee getöteten Kinder, sollte sich nicht an Kindern rächen. Es gibt kein moralisches Gebot: »Kind um Kind.«

Leute, die so etwas tun, sind nicht von klein auf als geistesgestörte Killer oder als blutdürstig bekannt. In fast allen Gesprächen mit Verwandten und Nachbarn werden sie als ganz gewöhnliche, nicht gewalttätige Individuen beschrieben. Viele von ihnen sind keine religiösen Fanatiker. Sirhan Sirhan, der tatsächlich diese Tat in Metzer begangen hat, gehört der Fatah, einer säkularen Bewegung, an.

Die Selbstmordattenäter kommen aus allen sozialen Klassen, einige aus armen Familien, die an der Schwelle zur Hungersnot stehen, andere aus der Mittelschicht, sind Studenten, gebildete Leute. Ihre Gene sind nicht anders als die unsrigen. Was bringt sie nun aber dazu, solche grausamen Dinge zu tun? Wie kommt es, dass andere Palästinenser ihre Taten rechtfertigen?

Um dies zu erklären, muss man *verstehen* — was nicht *rechtfertigen* heißt. Nichts in der Welt rechtfertigt einen Palästinenser, der ein Kind auf dem Schoße seiner Mutter erschießt – genau so wie nichts einen Israeli rechtfertigt, der eine Bombe auf ein Haus wirft, in dem ein Kind in seinem Bett schläft. Es ist so, wie der jüdische Dichter Chaim Bialik nach dem Pogrom von Kishinev vor hundert Jahren schrieb: »Nicht einmal der Satan hat die Rache am Blut eines Kindes ersonnen.« Ohne Verständnis kann man sich diese Tatsache also nicht erklären.

Die Militärs haben hingegen eine einfache Lösung: zuschlagen, zuschlagen, zuschlagen! Tötet die Angreifer! Tötet ihre Befehlshaber! Tötet die Führer ihrer Organisationen! Zerstört die Häuser ihrer Familien und verweist ihre Verwandten des Landes! Doch welch ein Wunder: Diese Methoden erreichen genau das Gegenteil. Nachdem der riesige Bulldozer der israelischen Armee die »Terrorinfrastruktur« dem Erdboden gleich gemacht hat, nachdem er alles, was in seinem Weg stand, zerstört, getötet, ausgerissen hat, gab es innerhalb weniger Tage eine »neue Infrastruktur«. Nach Meldungen der Armee selbst hat es seit der »Operation Schutzschild« vom Frühjahr 2002 schon wieder täglich etwa 50 Warnungen vor drohenden Angriffen gegeben.

Der Grund dafür ließe sich in einem Wort zusammenfassen: Wut. Eine schreckliche Wut, die die Seele eines Menschen so sehr erfüllt, dass kein Platz mehr für etwas anderes bleibt. Wut, die das ganze Leben eines Menschen beherrscht, sodass das Leben als solches unwichtig wird. Eine Wut, die alle Beschränkungen aufhebt, alle Werte auslöscht, alle Familienbande bricht, auch die der Verantwortung. Eine Wut, mit der jemand am Morgen aufwacht und am Abend zu Bett geht und nachts noch davon träumt. Es ist eine Wut, die zu jemandem sagt: Steh auf, nimm eine Waffe oder einen Gürtel voller Sprengstoff und geh zu ihren Häusern und töte, töte, töte! Ganz egal, welche Folgen es hat.

Ein normaler Israeli, der niemals in den palästinensischen Gebieten war, kann sich die Gründe der Wut überhaupt nicht vorstellen. Unsere Medien ignorieren vollständig, was dort geschieht, oder sie verbreiten es nur in dosierter, abgeschwächter Form. Der durchschnittliche Israeli weiß irgendwie, dass die Palästinenser leiden – natürlich ist es deren eigene Schuld –, aber er hat keine Ahnung davon, was dort wirklich geschieht. Irgendwie betrifft ihn das nicht.

- Häuser werden zerstört. Ein Kaufmann, ein Anwalt, ein gewöhnlicher Handwerker, der in seiner Gemeinde respektiert wird, wird über Nacht ein Obdachloser, zusammen mit seinen Kindern und Enkeln. Jeder ist ein potenzieller Selbstmordattentäter.
- Olivenbäume werden zu Tausenden ausgerissen. Für den Offizier sind es nur Bäume, Hindernisse. Für den Besitzer ist es das Herzblut, das Erbe seiner Vorfahren, jahrelange schwere Arbeit, der Lebensunterhalt der Familie. Jeder ist ein potenzieller Selbstmordattentäter.
- Auf einem Hügel zwischen den Dörfern hat eine Siedlerbande einen so genannten Außenposten errichtet. Die Armee erscheint und verteidigt sie. Wenn die Dorfbewohner kommen, um ihr Land zu bearbeiten, werden sie beschossen. Es wird ihnen verboten, innerhalb eines ein bis zwei Kilometer breiten Streifens um diesen Außenposten ihr Land zu bestellen, damit dessen Sicherheit nicht gefährdet wird. Mit Wehmut sehen die Bauern von ferne, wie die Früchte an ihren Bäumen verfaulen, wie auf ihren Feldern Disteln und Dornen wachsen, während ihre Kinder nichts zu essen haben. Jeder ist ein potenzieller Selbstmordattentäter.
- Menschen werden getötet. Ihre zerrissenen Körper liegen auf der Straße – für jeden sichtbar. Einige von ihnen sind »Märtyrer«, die sich ihr Schicksal gewählt haben. Aber viele andere – Männer, Frauen und Kinder – werden auf Grund eines »Fehlers«, »versehentlich« getötet oder weil »sie zu fliehen versuchten« oder weil sie »in die Schusslinie gerieten«. Für die professionellen Sprecher gibt es dafür unzählige Vorwände. Die israelische Armee entschuldigt sich nicht, Offiziere und Soldaten werden niemals für schuldig erklärt. »Im Krieg läuft es nun mal so!« Aber

alle Getöteten haben Eltern, Geschwister, Cousins. Jeder von ihnen ist ein potenzieller Selbstmordattentäter.

- Von alledem abgesehen leben die Familien am Rande einer Hungersnot und die Kinder leiden an schwerer Unterernährung. Die Väter, die ihren Kindern nichts zu essen geben können, sind verzweifelt. Jeder ist ein potenzieller Selbstmordattentäter.
- Hunderttausende werden wochen-, ja monatelang unter Ausgangssperre festgehalten, acht Personen in ein, zwei Räumen zusammengepfercht. Eine Hölle, wie man sie sich kaum auszumalen vermag. Währenddessen amüsieren sich die Siedler auf der Straße und werden von den Soldaten auch noch beschützt. Ein Teufelskreis: Die Attentäter von gestern verursachen die Ausgangssperre, die Ausgangssperre schafft die Attentäter von morgen.
- Hinzu kommt die totale Demütigung, die jeder einzelne Palästinenser ohne Unterschied des Alters, des Geschlechtes, der sozialen Schicht in jedem Augenblick seines Lebens erfährt. Das ist keine abstrakte Demütigung, sondern eine sehr konkrete. Auf Leben und Tod von den Launen eines 18-jährigen Soldaten auf der Straße oder an den unzähligen Checkpoints abhängig zu sein, an Straßensperren, die ein Palästinenser passieren muss, egal, wohin er will, während Siedlerbanden unkontrolliert vorbeifahren oder palästinensische Dörfer »besuchen«, Besitz beschädigen, die Oliven der Dorfbewohner stehlen oder deren Bäume in Brand setzen dürfen.
- Ein Israeli, der dies nicht gesehen hat, kann sich ein solches Leben nicht vorstellen, eine Situation, in der »jeder Bastard ein König« und »der Sklave Herr geworden ist«, eine Situation bestenfalls voller Flüche und Rempeleien, in vielen Fällen aber Drohungen mit Waffen, zuweilen mit tatsächlichen Schüssen. Damit sind noch nicht die Kranken auf dem Weg zur Dialyse erwähnt, die hochschwangeren Frauen auf dem Weg zum Krankenhaus, die Studenten und Schüler, die ihren Unterricht, die Kinder, die

ihre Schule nicht erreichen können. Die Jungen, die ihren verehrten Großvater von einem rotznäsigen Jungen in Uniform öffentlich gedemütigt sehen. Jeder ist ein potenzieller Selbstmordattentäter.

Ein normaler Israeli kann sich all dies nicht vorstellen. Schließlich sind die Soldaten doch nette Jungs, unsere Söhne, die gestern noch Schüler waren. Aber wenn man diese netten Jungs in Uniformen steckt, durch die Militärmaschinerie zieht und in die Situation der Besatzer bringt, dann geschieht etwas mit ihnen. Viele versuchen, ihr menschliches Antlitz auch unter unmöglichen Bedingungen zu bewahren, viele andere werden zu Robotern, die Befehle ausführen. Und immer gibt es – in jeder Kompanie – einige psychisch gestörte Soldaten, die in solch einer Situation aufblühen und widerliche Dinge tun, weil sie wissen, dass ihre Offiziere ein Auge zudrücken oder anerkennend darüber hinwegsehen werden.

All dies rechtfertigt nicht das Töten von Kindern in den Armen ihrer Mütter. Aber es hilft, zu begreifen, warum so etwas geschieht und warum das so weitergehen wird, solange die Besatzung besteht.

Der Geruch des Kriegs

8. Februar 2003

Dies ist kein Krieg gegen Terrorismus. Dies ist kein Krieg wegen Massenvernichtungswaffen. Dies ist kein Krieg um Demokratie im Irak. In diesem Krieg geht es um etwas ganz anderes.

Was den Terrorismus betrifft: Saddam Hussein ist ein grausamer Diktator, aber der Gedanke, es gäbe eine Verbindung zwischen ihm und Osama Bin Laden, ist lächerlich. Saddam ist der Kopf der irakischen Sektion der Baath-Partei, einer sehr säkularen Partei. Bin Laden ist ein islamischer Fundamentalist, und Al-Qaida zielt darauf, alle säkularen Regime der Region zu zerstören. Der Regierungsvertreter, der diese sonderbare Lüge erfunden hat, ist entweder ein Dummkopf oder ein Zyniker, der glaubt, dass man alle Menschen wenigstens einige Zeit lang zum Narren halten kann.

Was die Massenvernichtungswaffen betrifft: Die USA unterstützten Saddam Hussein, als er tödliches Giftgas gegen die Iraner und ihre kurdischen Verbündeten im Irak einsetzte. Zu jener Zeit waren die Vereinigten Staaten daran interessiert, die Iraner zu stoppen. Heute gibt es chemische und biologische Waffen in den meisten Ländern der Region, einschließlich Ägypten, Syrien und Israel, und Letzteres besitzt auch nukleare Waffen.

Was die Demokratie betrifft: Die Amerikaner scheren sich den Teufel darum. Einige ihrer besten Freunde in der islamischen Welt sind Diktatoren, einige mehr, einige weniger grausam als Saddam Hussein. Ein alter amerikanischer Ausspruch lautet: »Er ist ein Dreckskerl – aber er ist unser Dreckskerl!«

Falls es so ist, worum geht es in diesem Krieg? Mit einem Wort: um Öl. Es hängt ein starker Ölgeruch in der Luft. Ohne ihn zu riechen, kann man nicht verstehen, worum es sich handelt. Wenn man einmal begriffen hat, worum es überhaupt geht, sind die Handlungen von George W. Bush & Co, obgleich zynisch und heuchlerisch, äußerst logisch. Folgendes sind die US-amerikanischen Kriegsziele:

- Die immensen Ölreserven des Irak an sich zu reißen – sie gehören zu den größten der Welt.
- Die amerikanische Kontrolle der nahe gelegenen großen Ölreserven am Kaspischen Meer zu sichern.
- Die indirekte amerikanische Kontrolle über das Öl in allen Golfstaaten, wie Saudi-Arabien, Kuwait und Iran, zu verstärken.

Die Kontrolle über den größten Teil der Welterdölreserven wird die Vereinigten Staaten auf Dauer von den Launen des Ölmarkts befreien. Ihre Hand, und zwar ihre allein, wird den Ölhahn regulieren. Sie – und zwar sie allein – werden den Ölpreis auf der ganzen Welt bestimmen. Wenn sie wollen, dass der Preis steigt, dann steigt er. Wenn sie wollen, dass er sinkt, dann sinkt er. Mit einer einzigen Handbewegung werden sie befähigt sein, der Wirtschaft Deutschlands, Frankreichs und Japans einen vernichtenden Schlag zu versetzen. Kein Staat der Welt wird in der Lage sein, sich ihnen in irgendeiner Weise entgegenzustellen. Kein Wunder, dass sich Deutschland und Frankreich gegen den Krieg aussprechen – er ist auch gegen sie gerichtet.

Daraus folgt, dass die US-Amerikaner nicht beabsichtigen, den Irak zu erobern und dort eine Demokratie zu errichten, um dann wieder zu gehen. Allein der Gedanke ist lächerlich. Die USA werden vielmehr in den Irak eindringen, um dort zu bleiben – für Jahre oder Jahrzehnte. Ihre physische Präsenz in der arabischen und muslimischen Welt wird eine neue geopolitische Realität schaffen.

Natürlich ist es nicht das erste Mal, dass eine Weltmacht ihre Militärstärke dazu gebraucht, ihre wirtschaftliche Vorherrschaft zu festigen. Aus der Geschichte kennen wir viele Beispiele. Man könnte sogar sagen, die ganze Geschichte ist ein einziges Beispiel. Aber es gab nie eine solche Supermacht wie die Vereinigten Staaten, die keinen Rivalen mehr haben und die ihre ungeheure Militärmacht dazu gebrauchen, ihre Herrschaft über die Weltwirtschaft für die nächsten Generationen abzusichern.

Von diesem Standpunkt aus betrachtet wird der kommende Krieg gegen den Irak – auch wenn er militärisch ein »kleiner« Krieg sein wird – historisch große Bedeutung haben.

Auf jeden Fall wird Bush versuchen, irgendwie eine Regierung mit Irakern einzusetzen, um die amerikanische Besatzung zu vertuschen und ihr eine gewisse Legitimität zu verleihen. Da gibt es viele Freiwillige, die bereit sind, als Quislinge zu dienen. Bush mag unter Umständen aber auch einen neuen Saddam Hussein bevorzugen, einen von den USA ausgesuchten Diktator. Aber Krieg ist Krieg. Krieg beginnt im Allgemeinen mit einem sehr gut vorbereiteten Plan, aber selbst der »beste« Plan, von der mächtigsten Militärmacht unterstützt, kann schief gehen.

Die arabischen Massen könnten sich gegen ihre von Amerika unterstützten korrupten, untertänigen Regierungen erheben. Die Türken könnten ein Massaker im Norden des Irak verüben, um die Kurden ein für alle Mal zu zerschlagen, und keiner kann vorhersagen, wie das enden wird. In den heiligen Stätten der Schiiten im Süden des Irak, in der Nähe des Iran, könnten Unruhen entstehen.

Und wie wird sich das alles auf Israel auswirken? Oder, um eine alte Redewendung zu benutzen: »Ist es gut für die Juden?« Die Beziehungen zwischen George W. Bush und Ariel Sharon sind fast symbiotisch. Sharons Ansicht nach stärkt die massive Präsenz der USA in unserer Region Israel und wird ihm helfen, seine verborgenen Pläne auszuführen. Aber, wie man auf Hebräisch sagt, »der fette Schwanz des Schafes hat mittendrin einen Stachel«.

Die dauerhafte Besetzung des Irak lässt die Vereinigten Staaten zu einer Art »arabischer« Macht werden, mit den vitalen Interessen von Stabilität und Ruhe in der Region. Sie werden mit allen Mitteln versuchen – vor, während und nach dem Krieg –, Chaos in den arabischen Ländern zu verhindern.

Sharon und seine Generäle dagegen sind am größtmöglichen Chaos interessiert, um es dann für den »Transfer« von Millionen von Palästinensern auf die andere Seite des Jordan auszunutzen. Hier besteht ein deutlicher Interessenkonflikt zwischen Bush und Sharon.

Sharon, ein extremistisch eingestellter, aber überlegt handelnder Mensch, weiß indessen, dass er Bush unter keinen Umständen verärgern darf. Er wird also vorsichtig handeln. Er besitzt eine Menge Geduld und eine Menge Starrköpfigkeit. Er wird versuchen, von Bush die Genehmigung zu erhalten, wenigstens einen Teil der Palästinenser zu »transferieren«, Arafat ermorden zu lassen (wenn Saddam Hussein, warum nicht auch Yassir Arafat?) und den Widerstand des palästinensischen Volkes zu brechen.

Bush andererseits wird sich wünschen, dass Israel ruhig bleibt, ganz ruhig. Gleichzeitig wird er die Drohung Israels ausnutzen, um sicherzugehen, dass auch die Araber sich ruhig, sehr ruhig, verhalten. Er wird den arabischen Herrschern, die gewaltige Angst vor einem Aufstand ihrer Völker haben, damit drohen, dass er, falls sie sich nicht entsprechend verhalten, Sharon freien Lauf lasse.

Ist das alles gut für Israel? Vom wirtschaftlichen, sozialen und sicherheitspolitischen Standpunkt aus ist die Antwort negativ. Wir treten in ein Zeitalter der Abenteuerpolitik mit einem Abenteurer erster Güte an der Spitze unseres Staates. Die Erde unserer Region wird erbeben, und keiner kann die Gefahren voraussehen, die auf uns zukommen. Nur eines ist sicher: Er wird keinen Frieden bringen.

Ich gehöre nicht zu jenen, die mit Gleichmut über Krieg reden können. Ich habe den Krieg gesehen, ich kenne sein Gesicht. Ich sehe die Tausenden, die getötet werden, die Zehntausenden, die verwundet und verstümmelt werden, die Hunderttausenden, die zu Flüchtlingen werden, die zerstörten Familien, das Meer von Tränen und menschlichem Leid.

Ich schließe mich den Millionen auf der ganzen Welt an, die »Nein!« sagen.

Blinder Alarm?

Über die Vertreibung der Palästinenser

15. März 2003

»Warum denken Sie, dass Sharon den amerikanischen Angriff auf den Irak benutzen wird, um in den besetzten Gebieten eine Vertreibung durchzuführen?«, fragte mich ein Journalist, nachdem wir eine dahingehende Warnung in der Zeitung *Haaretz* veröffentlicht hatten. »Schlagen Sie nicht blinden Alarm?«

Ich hätte ihm eine Liste mit Zitaten von Mitgliedern der jetzigen Regierung geben können, die alle offen die Massenvertreibung der Palästinenser befürworten. Ich hätte Gerüchte zitieren können. Ich hätte ihm erzählen können, dass bereits seit einiger Zeit eine schleichende Vertreibung im Gang ist, indem man das Leben der Bewohner unerträglich macht – dass man ihre Häuser zerstört, Absperrungen errichtet, Ausgangssperren verordnet und eine Hungersnot zulässt. Aber ich wollte lieber über Geschehnisse aus der Vergangenheit berichten, bei denen ich selbst Augenzeuge war.

Es war 1967, als die israelische Armee das Westjordanland erobert hatte. Unmittelbar danach kam der Schriftsteller Amos Kenan, der als Soldat im Raum Latrun diente, zu mir. Er legte mir einen Bericht über das, was er mit eigenen Augen gesehen hatte, auf den Schreibtisch. Ich war zu jener Zeit Mitglied der Knesset und Herausgeber des Nachrichtenmagazins *Haolam Hazeh*.

In dem schockierenden Bericht beschrieb Kenan, wie die Bewohner von vier Dörfern im Gebiet von Latrun aus ihren Häusern vertrieben wurden. Männer und Frauen, Kinder und alte Leute waren gezwungen worden, in der erdrückenden Hitze von über 30 Grad zu Fuß nach Ramallah zu laufen – eine Entfernung von etwa 30 Kilometern. Gleich danach begann die Armee, die Häuser zu zerstören.[1]

Ich eilte dorthin. Die vier Dörfer Emmaus, Yalu, Beit Nuba und Deir Ayub waren schon fast vollständig zerstört. Ich sah, wie die Bulldozer die letzten Häuser platt walzten. Als ich versuchte, Fotos zu machen, trieben mich die Soldaten weg. Von dort ging ich direkt zur Knesset und bat ranghohe Persönlichkeiten zu intervenieren. Nachdem sie alle möglichen Leute kontaktiert hatten, sagten sie mir, es sei zu spät. Der Abbruch der Häuser sei beendet.

Warum gerade diese Dörfer? Warum in solcher Eile? Dieses Gebiet des Westjordanlands bildet eine Ausbuchtung nach Israel hinein, die die alte Straße von Tel Aviv nach Jerusalem beherrscht, die 1948 abgeschnitten wurde. Die Regierung war davon überzeugt, dass die Weltgemeinschaft Israel zwingen würde, alle Gebiete, die es besetzt hatte, wieder zurückzugeben, wie es nach dem letzten Krieg, dem Suezkrieg 1956, geschehen war. Sie dachte, wenn die vier Dörfer dem Erdboden gleichgemacht würden, ohne dass eine Spur von ihnen blieb, wäre es für Israel möglich, wenigstens dieses Gebiet zu behalten.

Natürlich wurde kein Druck auf Israel ausgeübt, und Israel ist bis heute im Besitz aller besetzten Gebiete geblieben. Noch immer befinden sich die Flüchtlinge in den Lagern bei Ramallah. Auf ihrem Land wurde der »Kanada-Park« errichtet – zum Ruhm dieses humanistischen und liberalen Landes, das diese Ehrung dankbar annahm.

Während die Bulldozer im Raum Latrun arbeiteten, geschah in Kalkilya etwas Ähnliches. Nachdem die Stadt erobert worden war, begann die Armee, systematisch einen zentralen Stadtteil zu sprengen. Die Bewohner waren vertrieben worden und gezwungen, die etwa 25 Kilometer nach Nablus zu Fuß zurückzulegen, wo sie anschließend in öffentlichen Parks lagerten.

Ich erfuhr ziemlich früh davon. Um sicherzugehen, dass meine Informationen der Wahrheit entsprachen, fuhr ich nach Kalkilya und Nablus und anschließend gleich weiter zur Knesset. Dort schnappte ich mir einige Minister, einschließlich Menachem

Begin, der gerade zum Minister ohne Geschäftsbereich ernannt worden war, und des Mapam-Ministers für Gesundheit, Israel Barzilai. Ich sprach zudem mit einigen Parteifunktionären, die die Nachricht direkt an den Ministerpräsidenten Levi Eshkol weitergeben konnten. Ich weiß nicht, ob das geholfen hat. Aber die Zerstörung wurde sofort gestoppt. Den Bewohnern wurde erlaubt, zurückzukehren, und der Stadtteil wurde wieder aufgebaut.

Warum Kalkilya? Weil es von allen Städten des Westjordanlands Tel Aviv am nächsten liegt. Von einem Hügel nahe der Stadt hatte jordanische Artillerie den Großraum von Tel Aviv beschossen. Der damalige Verteidigungsminister, Moshe Dayan, wollte daher hier die Grenze begradigen.

Jahre später erfuhr ich, dass zur selben Zeit auch im benachbarten Tulkarem die Vertreibung begonnen hatte. Raanan Lurie, der berühmte Karikaturist, zu jener Zeit Armeeoffizier, war in dem Augenblick dort, als der Befehl zur Vertreibung nach Jordanien gegeben wurde. Obwohl er ganz und gar kein Linker war, verweigerte er den Befehl, den er als offenkundig illegal betrachtete. Trotzdem wurden Busse bereitgestellt und die Einwohner gezwungen, einzusteigen. Sie wurden direkt zur Jordanbrücke gebracht und auf die andere Seite getrieben. Lurie bestätigte dies später.

Die bei weitem umfangreichste Vertreibung dieses Kriegs aber fand in Aqabat Jabr und den anderen großen Flüchtlingslagern von 1948 in der Nähe Jerichos statt. Es waren die größten Lager im Nahen Osten. Sie wurden vollständig geräumt – bis auf den letzten Mann wurden die Menschen ins nahe Jordanien vertrieben. In jenen Lagern befanden sich mindestens hunderttausend Flüchtlinge. Als ich die Orte unmittelbar nach Kriegsende besuchte, waren sie wie Geisterstädte.

Nach dem Krieg versuchten einige dieser Flüchtlinge, nachts heimlich den Jordan zu überqueren. Eines Tages kam ein Soldat – offensichtlich verstört – zu mir ins Büro und erzählte mir, dass all diese Flüchtlinge gefangen genommen und auf der Stelle erschossen worden seien. Ich bat ihn darum, eine eidesstattliche

Erklärung zu unterschreiben, die ich dem Generalstabschef, Yitzhak Rabin, zusandte. Sein Adjutant bestätigte, dass der Generalstabschef das Dokument gelesen habe. Ein oder zwei Tage später hörte das Morden auf.[2]

Ich hatte noch ein weiteres entsetzliches Erlebnis. Nach dem Besuch der Flüchtlingslager fuhr ich in der glühenden Hitze des Jordantals auf der steilen Straße von Jericho nach Jerusalem zurück. Das Thermometer näherte sich der 40-Grad-Marke. Hunderte von staubbedeckten Menschen schleppten sich auf dieser Straße in Richtung Jerusalem. Man hatte sie unter Drohungen und mit Gerüchten über bevorstehende Gräueltaten dazu gebracht, aus Jerusalem und Bethlehem nach Jordanien zu fliehen. Aber bevor sie den Jordan überquerten, erlaubte man ihnen, zurückzukehren. Unter ihnen waren Frauen, die auf dem Kopf schwere Lasten trugen – Kleidung, Decken, Küchenutensilien – und kleine Kinder mit sich zogen. Alte Leute humpelten mit Hilfe von Stöcken. Die meisten waren vor Müdigkeit und Durst der Ohnmacht nahe. Wir taten, was wir konnten, und brachten ihnen Trinkwasser. Es war schrecklich.

Nach verschiedenen Schätzungen waren es zwischen 100 000 und 260 000 Palästinenser, die während der so genannten Kleinen Nakba vertrieben wurden. In Oslo war man 1993 übereingekommen, dass ein gemeinsames israelisch-palästinensisch-ägyptisch-jordanisches Komitee Mittel und Wege finden sollte, damit sie wieder zurückkehren könnten. Aber dieses Komitee wurde niemals zusammengerufen.

General Matti Peled erzählte mir einmal, dass er vor dem Krieg, als er Kommandeur des Jerusalem-Distrikts war, bei seinem Personalstab zwei Offizieren begegnet sei, die ihm unbekannt waren. Als er sie befragte, eröffneten sie ihm, dass sie zu einer geheimen Einheit gehörten, die für eine etwaige nächste Gelegenheit eine Massenvertreibung vorbereite. Peled warf sie natürlich in hohem Bogen hinaus.

Im Krieg von 1956 fand keine Vertreibung statt, weil der Krieg nur gegen Ägypten gerichtet war. Während des Kriegs von 1973 hatte niemand Zeit, daran zu denken. Im Libanonkrieg hatte

Israel keine Annexionspläne. In keinem vorhergehenden Krieg hatte Israel eine Regierung, deren Minister öffentlich über eine Massenvertreibung debattierten. Wenn eine Trennmauer gebaut wird, die mehrere palästinensische Dörfer zwischen Palästina und Israel isoliert liegen lässt, fürchten die Palästinenser natürlich, dass sie aus diesen Dörfern vertrieben werden. Sie fürchten außerdem, dass benachbarte Städte und Dörfer östlich der Mauer ebenfalls geräumt werden. Kann ich also die Palästinenser beruhigen, ihre Befürchtungen seien unbegründet?

Anmerkungen

1 Der vollständige Bericht von Kenan kann nachgelesen werden in dem Buch *Die Kinder von Bethlehem* von Ellen Rohlfs und Muna Hamzeh-Muhaisen, S. 59 ff.

2 Siehe ebd., S. 61.

Es ist okay, belgische Schokolade zu essen

22. März 2003

Esst keine belgische Schokolade mehr«, befahl der israelische Konsul in Florida der großen jüdischen Gemeinde. In Israel schwollen die antibelgischen Flüche zu einem ohrenbetäubenden Crescendo an. Mieses Belgien! Verrücktes Belgien! Größenwahnsinniges Belgien! Und immer wieder: antisemitisches Belgien! Neonazi-Belgien! Der israelische Botschafter wurde natürlich aus Brüssel zurückgerufen. Kein Wunder! Denn wie könnte Israel einen Botschafter in der Weltstadt des Antisemitismus halten?

Dieser Sturm brach los, nachdem ein belgisches Gericht entschieden hatte, dass Ariel Sharon für die ihm zur Last gelegten Kriegsverbrechen verklagt werden kann, allerdings erst, wenn er seine Amtszeit als Ministerpräsident von Israel beendet hat. Israels Armeeoffiziere, die 1982 etwas mit den Massakern in den Flüchtlingslagern von Sabra und Shatila zu tun hatten, könnten schon jetzt angeklagt werden.

Im israelischen Fernsehprogramm drückte es ein Moderator folgendermaßen aus: »Das antisemitische Belgien wünscht, Offiziere eines anderen Landes für Verbrechen, die in einem dritten Land begangen wurden, zu verurteilen, während die Angeklagten keinerlei Verbindung zu Belgien haben, sich nicht auf belgischem Territorium befinden und die ganze Sache nichts mit Belgien zu tun hat. Das ist Größenwahn, wirklich eine Sache für den Psychiater!«

»Sehr merkwürdig!«, erwiderte ich im selben Programm. »Ich glaube, mich an einen Fall erinnern zu können, wo das Land A in einem Land B den Bürger eines Landes C gekidnappt hat, der im Land D Verbrechen gegen die Bürger der Länder E, F, und G begangen hat. All das trotz der Tatsache, dass die Verbrechen begangen worden sind, bevor der Staat A überhaupt existierte.« Natürlich meine ich den Eichmannprozess, dem wir alle zustimmten. »Wie können Sie beides vergleichen!«, schrien die anderen Teilnehmer des Programms in wütender Einstimmigkeit. Und in der Tat: Wie kann man Taten von Juden mit Taten von Nichtjuden gegen Juden vergleichen? Nun, es waren Juden, die nach dem Zweiten Weltkrieg verlangten, dass alle Länder Nazikriegsverbrecher und ihre Verbündeten vor Gericht bringen. Eichmann wurde in Israel nach dem israelischen, keine Grenzen kennenden »Gesetz, Nazis und ihre Helfer vor Gericht zu bringen«, verurteilt.

Es ist noch nicht so lange her, dass die Knesset ein anderes Gesetz verabschiedet hat, das israelischen Gerichten ermöglicht, Täter, die irgendwo auf der Welt Verbrechen gegen Juden begangen haben, zu verurteilen. Wenn dem so ist, was ist an dem belgischen Gesetz der »universalen Jurisdiktion« so falsch, das belgischen Gerichtshöfen erlaubt, Kriegsverbrechen aus aller Welt zu verurteilen? Immanuel Kant verkündete den kategorischen Imperativ: »Handle so, dass die Maxime deines Willens jederzeit zugleich als Prinzip einer allgemeinen Gesetzgebung gelten könnte.« Aber Kant war wahrscheinlich ein Antisemit.

Vor Hunderten von Jahren übernahm die ganze Welt einen Gesetzesgrundsatz, der jedem Land zugestand, Piraten zu verurteilen und zu hängen, ohne Rücksicht auf ihre Volkszugehörigkeit, ihren Ursprung und ihr Operationsgebiet. Man setzte voraus, dass der Pirat ein Feind der Menschheit im Allgemeinen sei und dass deshalb jedes Land das Recht – ja, sogar die Pflicht – habe, ihn zu verurteilen.

Das belgische Gesetz gegen Kriegsverbrechen ist ein Schritt in diese Richtung, und ich hoffe, dass viele Länder dasselbe tun werden. Natürlich wäre es besser, wenn der Internationale Strafgerichtshof in Den Haag diese Pflicht erfüllen würde, aber es wird noch viel Zeit vergehen, bis er dazu in der Lage ist. Gewaltiger politischer Druck wird auf ihn ausgeübt, viele Beschränkungen sind ihm auferlegt, seine Hände und Füße sind gefesselt worden. Und noch schlimmer: Die einzige Supermacht, die Vereinigten Staaten, versucht offen, ihn zu sabotieren, so wie sie es mit dem Völkerbund nach dem Ersten Weltkrieg getan hat.

Mein Traum ist, dass sich vor dem Ende des 21. Jahrhunderts eine neue, verpflichtende Weltordnung, der ein Weltparlament vorsteht, entwickeln wird. Diese Ordnung muss einen Weltgerichtshof miteinschließen und eine Weltpolizei, die Konflikte zwischen Völkern schlichtet, so wie nationale Gerichte über Konflikte zwischen Personen richten. Der Weg dorthin ist noch lang und voller Hindernisse; Jahrzehnte werden vergehen, bevor die Menschheit dieses Stadium erreicht hat. Aber wir müssen auf dieses Ziel zugehen und dafür kämpfen. Inzwischen müssen andere Länder dem belgischen Beispiel folgen, um auf diesem Weg voranzuschreiten, besonders was Kriegsverbrechen betrifft.

Einige werden sagen, wir sollten unsere Landsleute nicht ausliefern; es sei die Pflicht eines jeden Staates, seine Kriegsverbrecher selbst zu verurteilen. Aber das ist utopisch: Kein Land der Welt hat dies bisher wirklich getan. Das ist ganz natürlich. Staaten geben nicht nur ungern zu, dass derartige schändliche Verbrechen stattgefunden haben, und versuchen, sie zu verheimlichen; gewöhnlich werden solche Verbrechen sogar im Auftrag des Staates begangen.

Die Sache mit dem Massaker in den palästinensischen Flüchtlingslagern Sabra und Shatila ist ein gutes Beispiel. Hier kurz die Fakten: Im Sommer 1982 besetzte die israelische Armee Westbeirut unter Verletzung einer ausdrücklichen Verpflichtung, die mit dem amerikanischen Vermittler, Philip Habib, vereinbart worden war. Zu jenem Zeitpunkt hatten die PLO-Streitkräfte die Stadt bereits verlassen. Von diesem Augenblick an war Westbeirut, einschließlich der Lager Sabra und Shatila, israelisch besetztes Gebiet. Die israelische Armee war deshalb für alles, was dort geschah, verantwortlich. Nach der Besetzung ließ das israelische Militär die Phalangisten – Mitglieder einer extremen maronitisch-christlichen Gruppe – in die Lager hinein. Die Phalangisten hatten schon in anderen palästinensischen Lagern abscheuliche Verbrechen begangen. Sie wurden von einem notorischen Massenmörder, Elie Hobeika, angeführt.

Alle ranghohen israelischen Offiziere, die mit dem Libanon zu tun hatten, wussten, dass die Phalangisten Gräueltaten begingen, um die Palästinenser in Panik zu versetzen und sie zur Flucht aus dem Libanon zu bewegen. Als das israelische Kabinett über die Absicht der Armee, die Phalangisten in die Lager hineinzulassen, informiert wurde, warnte der aus Marokko stammende Minister David Levy, dies würde eine Katastrophe bedeuten. Seine Kollegen ignorierten diese Warnung jedoch. Unmittelbar nachdem die Phalangisten die Lager betreten hatten, fingen sie damit an, Männer, Frauen und Kinder wahllos niederzumetzeln. Der Kommandeur Elie Hobeika überblickte die Aktion vom Dach eines israelischen Divisionskommandopostens, der sehr nahe am Lager stand. Die Offiziere des israelischen Divisionskommandeurs, General Amos Yaron, hörten zufällig, wie Hobeika seine Leute über Funk instruierte, auch Frauen und Kinder zu töten. Sie informierten schnell Yaron, der diese Botschaft aber nicht zur Kenntnis nahm. Später gab er zu: »Unsere Sinne waren abgestumpft.«

In der Nacht, während das Massaker noch andauerte – es dauerte drei Tage –, befahl der israelische Generalstabschef, General Rafael Eitan, der Armee, der Forderung der Phalangisten nachzukommen und die Gegend zu beleuchten. Er stellte den Phalangisten auch einen Traktor zur Verfügung, der vermutlich dazu diente, die Leichen zu beerdigen. Ein junger israelischer Offizier, dem geschockte Frauen, denen die Flucht aus dem Lager gelungen war, Schreckliches berichtet hatten, lief von einem Offizier zum anderen und bat sie, einzuschreiten. Alle weigerten sich.

Nach dem Massaker lehnte es die Regierung Begin ab, eine unabhängige Untersuchung anzuordnen. Durch eine große Demonstration in Tel Aviv – mit sage und schreibe 400 000 Teilnehmern – zwangen wir die Regierung, eine Untersuchungskommission auf höchster Ebene zu ernennen, die vom Richter des Obersten Gerichtshofs, Yitzhak Kahan, geleitet wurde. Sie leistete gute Arbeit, und ihr Bericht schloss alle oben erwähnten

Fakten ein. Die Untersuchungskommission kam zu dem Ergebnis, dass Verteidigungsminister Sharon, der Generalstabschef und einige andere höhere Offiziere »indirekte Verantwortung« für das Massaker trügen. Einige von uns behaupteten schon damals, dass die Kommission sehr bemüht gewesen sei, die Staatsreputation zu bewahren, und dass aus den genannten Fakten viel weitreichendere Konsequenzen hätten gezogen werden müssen.

Die Kommission empfahl unter anderem, den Verteidigungsminister abzusetzen und Yaron das aktive Kommando über die Kampftruppen zu entziehen. Sie empfahl aber nicht, Sharon aller öffentlichen und der Regierungsämter zu entheben, und ebenso wenig, Yaron ganz aus der Armee zu entlassen. Sie unternahm auch keine Schritte gegen den Generalstabschef, da er sowieso kurz vor dem Ende seiner Dienstzeit stand. Die anderen Offiziere erhielten geringere Strafen.

Heute ist Sharon Ministerpräsident, der praktisch auch die Armee befehligt, und Amos Yaron ist Generaldirektor des Verteidigungsministeriums. Tatsächlich sind all jene, die von der Kahan-Kommission angeklagt wurden, befördert worden. Und das Wichtigste: Nicht einer der für das Massaker Verantwortlichen wurde jemals vor Gericht gestellt (was von der Untersuchungskommission zu unterscheiden ist).

Nach dem Erlass des belgischen Gesetzes hinsichtlich einer universalen Gerichtsbarkeit verklagen Überlebende des Massakers Sharon und die Offiziere in Brüssel. Das ist die Ursache des gegenwärtigen Tumults. Niemand bezweifelt die Integrität des belgischen Rechtssystems. Wenn Sharon und seine Leute von ihrer Unschuld überzeugt wären, warum sollten sie nicht vor Gericht stehen und diese beweisen? Immerhin hat die israelische Regierung ranghohe Anwälte zur Verfügung gestellt, die vom Staat bezahlt werden. Natürlich könnte man fragen, warum sollte ich für die rechtliche Verteidigung von Leuten zahlen, die wegen vermeintlicher Kriegsverbrechen vor Gericht gestellt werden? Aber lassen wir das so stehen.

All das hat nichts mit Antisemitismus zu tun. Die Anwendung dieser Diffamierung gegen jeden, der Sharon und seine

Kollegen zu kritisieren wagt, erinnert mich an Dr. Samuel Johnsons Ausspruch: »Patriotismus ist das letzte Refugium eines Schurken.«

Man kann also ruhig belgische Schokolade essen – auch wenn es die bittere Sorte ist.

Bitterer Reis – Bittere Enttäuschung

Gedanken zum Irakkrieg

22. März 2003

Hütet euch vor den Schiiten!

Die Probleme der Besatzung beginnen, wenn der Krieg zu Ende ist. Zur Verdeutlichung dieser Erkenntnis folgt hier eine kleine persönliche Geschichte und die Lektion daraus.

Am vierten Tag des israelischen Angriffs auf den Libanon 1982 überquerte ich die Grenze an einer entlegenen Stelle bei Metulla und sah mir die Front an, die schon die Außenbezirke von Sidon (Saida) erreicht hatte. Ich fuhr in meinem Privatwagen und wurde nur von einer Fotografin begleitet. Wir fuhren durch ein Dutzend schiitischer Dörfer und wurden überall mit großer Freude begrüßt. Nur mit einiger Mühe konnten wir uns den Hunderten von Dorfbewohnern entziehen, die alle darauf bestanden, dass wir in ihrem Haus eine Tasse Kaffee trinken sollten. In den vorangegangenen Tagen hatten sie die Soldaten vor Freude mit Reis überschüttet.

Einige Monate später schloss ich mich einem Armeekonvoi an, der in umgekehrter Richtung fuhr, von Sidon nach Metulla. Jetzt trugen die Soldaten kugelsichere Westen und Helme, viele waren der Panik nahe.

Was war geschehen? Die Schiiten empfingen die israelischen Soldaten als Befreier. Als ihnen aber klar wurde, dass diese als Besatzer kamen, fingen sie an, sie zu töten.

Als die israelischen Truppen im Libanon einmarschierten, waren die Schiiten eine unterdrückte, machtlose Gemeinschaft, von allen anderen verachtet. Nach einem Jahr des Kampfes gegen die Besatzung waren sie zu einem politischen und militärischen Machtfaktor geworden. Die schiitische Hizbollah ist die einzige militärische Macht in der arabischen Welt, die die mächtige israelische Armee geschlagen hat.

Der eigentliche Vater der schiitischen Kräfte im Libanon war Sharon. Bush könnte nun der Vater der schiitischen Kräfte im Irak werden. Die Schiiten, 60 Prozent der irakischen Bevölkerung, sind bis jetzt ein unterdrücktes und ohnmächtiges Volk gewesen. Wenn ihnen klar wird, dass die Amerikaner zu bleiben beabsichtigen, werden sie einen tödlichen Guerillakrieg beginnen. Bush hat nicht vor, den Irak zu verlassen, genauso wenig wie Sharon beabsichtigte, den Libanon zu verlassen. Und was dann? Amerika wird beweisen, dass der Iran, der große schiitische Nachbar, hinter der schiitischen Guerilla steckt. Im Iran gibt es nämlich auch eine Menge Öl. Das wird also das nächste Ziel sein.

Blut für Öl

George W. Bush ist ein primitiver Mensch, aber die Leute hinter ihm sind keinesfalls dumm. Sie alle sind Ölbarone und Giganten der Waffenindustrie. Sie wollen das tun, was alle Großmächte immer getan haben: ihre Militärmacht dazu benutzen, wirtschaftliche Hegemonie zu erlangen. Einfach ausgedrückt: die armen Völker ausrauben, um sich selbst noch mehr zu bereichern.

Die militärische Besatzung des Irak wird viele Jahre dauern und den USA die Kontrolle über weite Ölreserven sichern, ebenso über die Reserven rund um das Kaspische Meer und das gesamte arabische Öl. Das wird den Vereinigten Staaten die Kontrolle über die Weltwirtschaft in die Hand geben und das Entstehen eines konkurrierenden europäischen wirtschaftlichen Blocks verhindern. Amerika kämpft also genauso gegen Europa, wie es gegen den Irak kämpft. Das ist einer der Gründe, weshalb Europa ärgerlich reagiert.

Deutschland

Deutschland ist gegen den Krieg. Gegen jeden Krieg. In keinem anderen Land war der Protest gegen den Krieg so authentisch, sprach allen aus dem Herzen. Und wer ist wütend darüber? Israel, das Land der Holocaustüberlebenden. Wie können sie es nur wagen, die verdammten Deutschen, gegen diesen Krieg zu sein? Traurige Ironie der Geschichte: Alle deutschen Fernsehsender zeigen Menschen, Durchschnittsbürger wie Intellektuelle, die für den Frieden beten – alle israelischen Sender zeigen Generäle im Ruhestand, die offensichtlich mit großem Behagen darüber diskutieren, wie man riesige Bomben und andere Werkzeuge des Todes anwendet.

Machtrausch

Dies ist der erste Krieg im 21. Jahrhundert, und er verheißt nichts Gutes. Dieses Jahrhundert hat von seinem Vorgänger eine Welt übernommen, in der es nur eine einzige Supermacht gibt. Die Vereinigten Staaten haben keine Konkurrenten, es gibt keine anderen Militärmächte, die sich mit ihnen messen könnten. Sie können buchstäblich tun, was sie wollen, und genau das tun sie jetzt offen und brutal.

Als die US-Regierung ihren billigen und leichten Sieg in Afghanistan errang, bei dem sie intelligente Waffen und Koffer voller Geld einsetzte, war klar, dass sie sich selbst nicht mehr bremsen konnte. Eine so große Maschinerie wie diese will weiterkämpfen und sucht nach einem Feind. Jetzt ist es der Irak. Wer wird der nächste sein? Der Iran? Nordkorea?

Dasselbe geschah auch dem Römischen Reich. Es geschah Napoleon und Hitler. Machtrausch kennt keine Grenzen. Und keiner war je in der Situation der Vereinigten Staaten von heute: allein auf der Welt, ohne Feinde, die ihm Paroli bieten könnten.

Uri Avnery

Ein jüdischer Krieg?

Die Antisemiten behaupten, dass dies kein Krieg amerikanischer, sondern israelischer Interessen sei. Als Beleg verweisen sie auf eine Gruppe amerikanischer Juden, die eine führende Rolle bei der Vorbereitung des Kriegs spielten, wie etwa Paul Wolfowitz, Richard Perle und Douglas Feith im Verteidigungsministerium, Elliot Abrams im Nationalen Sicherheitsrat, auch Ari Fleisher im Weißen Haus und sogar Dan Kerzer, der US-Botschafter in Tel Aviv. Diese Leute unterstützen Sharon und die extreme Rechte in Israel; einige von ihnen sprechen Hebräisch, manche waren Berater von Benyamin Netanyahu, als er Ministerpräsident wurde. Zusammen mit den beiden Nichtjuden Richard Cheney und Donald Rumsfeld trieben sie Washington in den Krieg. So reden die Antisemiten.

An sich ist das wahr, aber dies ist zuallererst ein Krieg US-amerikanischer Interessen. Bush und Sharon sind jedoch der Ansicht, dass amerikanische und israelische Interessen praktisch identisch sind. Die jüdischen Kriegsbefürworter in Washington arbeiten eng zusammen mit den christlichen Fundamentalisten, die nun die Republikanische Partei kontrollieren und die ein geheimes antisemitisches Programm haben.

Die Antisemiten weisen auf eine weitere Tatsache hin: Israel ist das einzige Land der Welt, in dem weder irgendein Politiker noch irgendein Teil der Medien die Stimme gegen den Krieg erhoben haben. Während Millionen in aller Welt gegen den Krieg demonstrierten, fand in Israel nur eine einzige von Gush Shalom und einigen Friedensgruppen organisierte Antikriegsdemonstration statt, an der 2500 Menschen teilnahmen. Im Kampf zwischen Bush und der Weltmeinung stellte sich Israel hinter Bush. Auf den ersten Blick erscheint dies vernünftig, da Bush die Macht auf seiner Seite hat und außerdem Sharon unterstützt. Aber auf lange Sicht könnte sich herausstellen, dass man damit aufs falsche Pferd gesetzt hat.

Die Divisionen des Papstes

»Wie viele Divisionen hat der Papst?«, fragte Stalin sarkastisch, als man ihm erzählte, dass der Papst gegen seine Aktionen sei. Heute müsste die Frage lauten: Wie viele Divisionen befehligt die öffentliche Weltmeinung? Auf der ganzen Welt stellt sich die Öffentlichkeit gegen den Krieg, sogar in den Ländern, deren Regierungen sich Bushs »Koalition« angeschlossen haben. Es ist das erste Mal, dass es so etwas wie eine Weltmeinung gibt. Erst die Zukunft wird zeigen, ob sie eine wirkliche Macht ist. Thomas Jefferson, einer der Gründerväter der amerikanischen Demokratie, sagte einmal, dass kein Land seine Angelegenheiten ohne »eine gewisse Achtung gegenüber der Meinung der Welt« regeln könnte.

Vielleicht wird das 21. Jahrhundert Zeuge eines Kampfes zwischen der brutalen Streitmacht einer riesigen militärisch-wirtschaftlichen Supermacht und der öffentlichen Weltmeinung, die jetzt durch die moderne Technologie unterstützt wird.

Söldner

Dies ist ein Krieg, der von Söldnern ausgefochten wird. Die Kämpfer sind professionell ausgebildete Soldaten, Söhne der Armen, viele von ihnen sind Schwarze. Deshalb ist es für die Bürger der Mittelklasse leicht – und besonders für republikanische Wähler –, den Krieg zu befürworten. Es sind nicht ihre Söhne, die getötet werden.

In der Vergangenheit verlangte die europäische Linke die Abschaffung einer Berufsarmee und die Einführung einer allgemeinen Wehrpflicht. Zu jener Zeit war das ein fortschrittlicher Gedanke. Als die Linke an Bedeutung gewann, vergaß sie das alles. Der Vietnamkrieg wurde noch von einberufenen Dienstsoldaten ausgefochten. Der Widerstand gegen den Krieg wuchs, als immer mehr Leichensäcke mit gefallenen Soldaten zurückkamen. George W. Bush, der mit ganzem Herzen den Krieg unterstützt, nahm niemals an einem Kampf teil. Sein Vater besorgte ihm einen Job in der Heimat – er war nur einer der Drückeberger. Daher noch einmal Jefferson: »Ich zittere allerdings für mein Land, wenn ich daran denke, dass Gott gerecht ist.«

»Operation Syrische Freiheit«

...weitere Gedanken zum Irakkrieg

16. April 2003

Kein Sieg rechtfertigt einen schlechten, ungerechtfertigten Krieg. Im Gegenteil. Er vermehrt nur das Schlechte. Mit dem Einmarsch der amerikanischen Armee in Bagdad lässt in den USA und Großbritannien die Opposition gegen den Krieg nach. Auch in anderen Ländern beginnen die Zweifel, das Antikriegslager anzunagen. Ich habe Mühe damit, es zu verstehen. Sehr provokativ möchte ich deshalb die Frage stellen: Was wäre geschehen, wenn Adolf Hitler im Zweiten Weltkrieg gesiegt hätte? Hätte dies seinen Krieg in einen gerechten verwandelt? Nehmen wir an, Hitler hätte seine Feinde beim Nürnberger Kriegsgericht angeklagt: Churchill für den entsetzlichen Luftangriff auf Dresden, Truman für den Abwurf der Atombomben auf Hiroschima und Nagasaki und Stalin für die Ermordung von Millionen in den Gulag-Lagern. Ob die Historiker dies als einen gerechten Krieg betrachtet hätten? Ein Krieg, der mit dem Sieg des Aggressors endet, ist schlimmer als ein Krieg, der mit dessen Niederlage endet. Er ist destruktiver – sowohl physisch als auch moralisch.

Am Vorabend des Irakkriegs sprach die Weltöffentlichkeit wie nie zuvor mit einer Stimme. Diese Reaktion war ein unglaublich wertvoller, moralischer Sieg. Hierauf muss die Zukunft aufgebaut werden. Die Flamme der Begeisterung darf nicht erlöschen, sie muss wieder neu auflodern.

Um ein israelisches Scherzwort zu zitieren: »Es ist schwierig zu prophezeien, besonders die Zukunft.« Aber diesmal haben sich die Prophezeiungen so schnell bewahrheitet, dass selbst die »Propheten« erstaunt waren. Nach dem amerikanischen Angriff auf Afghanistan sagten wir: Eine Militärmaschinerie, die einen so schnellen und vollständigen Sieg mit so wenigen Verlusten errungen hat, kann man nicht anhalten. Sie will immer weiter in Aktion bleiben. Wir sagten: Die Regierungsclique, die Washington kontrolliert, kann jetzt nicht aufhören, genauso wenig wie Napoleon und Hitler aufhören konnten. Eine innere Logik wird sie zu immer weiteren Angriffen antreiben. Am Vorabend des Angriffs auf den Irak sagten wir: Die nächsten Ziele werden Syrien und der Iran sein. Und so ist es. Das Schießen in Bagdad hat noch nicht aufgehört – und schon werden die ersten Schritte zu einem Angriff auf Syrien unternommen.

Noch einmal derselbe Aufschrei: »Sie haben chemische Waffen!« (Die haben die USA, Russland, Ägypten, Israel, England, Frankreich und viele andere auch. Jede Militärmaschinerie entwickelt solche Waffen, und sei es auch nur für Verteidigungszwecke.) Und: »Da gibt es einen brutalen Diktator!« »Er unterstützt den Terrorismus!« In ein paar Tagen werden wir hören: »Er hat sein eigenes Volk geschlachtet, so wie Saddam es mit seinen Kurden getan hat!« (Gewiss, sein Vater tat es: Assad senior bombardierte die Stadt Hama und schlug eine islamistische Rebellion blutig nieder.) Und weiter: »Wir müssen das arme syrische Volk vom Tyrannen befreien!« Und dann: »Regimewechsel!«

Es beginnt mit Slogans, »Warnungen«, Reden bei der UNO und Sanktionen. Die sachkundigsten Fachleute werden die öffentliche Meinung vorbereiten. Die Medien in Amerika und auf der ganzen Welt (allen voran die israelischen) werden eifrig kooperieren. Und dann wird der Krieg »unvermeidlich« werden. Er hat sogar schon einen Namen: »Operation Syrische Freiheit«.

Es gibt aber einen bedeutenden Unterschied zwischen »Irakischer Freiheit« und »Syrischer Freiheit«. Der amerikanische Angriff auf den Irak hatte eine ganze Reihe von Zielen: Herrschaft über das Öl, Schaffung einer permanenten US-Basis mitten in der arabischen Welt, Rache für den Fehlschlag des Vaters. Die Förderung von Sharons Interessen war nur eines der Ziele – und solange er sich ruhig verhielt, war es nicht zu offensichtlich. Der kommende amerikanische Angriff auf Syrien wird einen völlig anderen Charakter haben. Er dient keinem besonderen

Interesse der USA, aber umso mehr Sharons Interessen. Für diejenigen, die die Entwicklung vergessen haben, hier eine kurze Erinnerung:

1967 griff die israelische Armee als Reaktion auf syrisch-ägyptische Drohungen nach Ägypten und Jordanien auch Syrien an und eroberte die Golanhöhen, die bis dahin in Israel als »die syrischen Höhen« bekannt gewesen waren. Die 160 000 Bewohner flohen – sie vegetieren bis heute als Flüchtlinge in Syrien –, ihr Land wurde von israelischen Siedlern übernommen. Anders als das Westjordanland und den Gazastreifen hat die israelische Likud-Regierung die Golanhöhen offiziell annektiert.

Seit dieser Zeit ist die Befreiung des Golan für Syrien ein zentrales Ziel geworden. Nach internationalem Recht handelt es sich dabei um besetztes syrisches Gebiet. Zwei israelische Ministerpräsidenten, Yitzhak Rabin und Ehud Barak, gaben das mehr oder weniger zu, als sie sich damit einverstanden erklärten, den ganzen Golan an Syrien zurückzugeben. Die Verhandlungen brachen jedes Mal wegen des Streits um ein paar hundert Meter ab. Weder Rabin noch Barak waren bereit, den Assads »ein Fußbad im See Genezareth« zu erlauben.

Die beiden Löwen (im Arabischen bedeutet Assad Löwe) reagierten sehr vorsichtig. Nachdem es dem Vater nicht gelang, die israelische Armee im Oktoberkrieg 1973 zu vertreiben, brauchten sie ihr eigenes Militär nicht mehr. Sie fanden einen Weg, um einen Stellvertreterkrieg zu führen: Die libanesische Hizbollahmiliz beunruhigte die israelische Armee mit Nadelstichen. Beide Assads hofften, dass dies ihnen helfen würde, den Golan schließlich zurückzuerhalten. Einige der palästinensischen prosyrischen und daher gegen Arafat eingestellten Organisationen haben ihren Stützpunkt in Damaskus.

Und nun kommt die Bush-Regierung unter dem Einfluss von Wolfowitz, Perle & Co und setzt den Syrern ein Ultimatum: Gebt eure chemischen Waffen auf, eliminiert die Hizbollah, werdet die »Terroristen« los. Für die Syrer wäre das gleichbedeutend mit dem Aufgeben aller Hoffnungen, jemals die Golanhöhen zurückzubekommen. Es bedeutet auch die amerikanische

Anerkennung der israelischen Annexion – im Widerspruch zu allen UN-Resolutionen und der Position eines jeden US-Präsidenten bis heute.

Ohne den Irak, Syrien und den Libanon wird die Bedrohung der »Östlichen Front«, die das israelische Militär jahrzehntelang heimgesucht hat, verschwinden. Ägypten und Jordanien haben schon Friedensverträge abgeschlossen. Sharon wird also in der Lage sein, all seine Macht auf die Palästinenser, die allein übrig bleiben, zu konzentrieren.

Zuweilen gibt ein einziges Wort eines Menschen seinen ganzen Charakter wieder. Ein solches Wort gab Donald Rumsfeld letzte Woche von sich.

Die Welt sah die schrecklichen Bilder von dem, was sich in Bagdad ereignete, und zwar unter den Augen der Besatzungsmächte. Bagdad wurde geplündert wie zur Zeit der Mongolen. Der Mob plünderte nicht nur die Regierungsgebäude, ohne die eine moderne Gesellschaft nicht funktionieren kann, sondern auch Krankenhäuser und Museen. Die Verwundeten und die Kranken blieben ohne lebensrettende Geräte und Medikamente zurück. Unschätzbare Kulturgüter aus der Wiege der Zivilisation wurden zerstört und geplündert – eine der schlimmsten kulturellen Katastrophen der Menschheitsgeschichte.

Die vollständige Verantwortung für diese tagtäglichen Gewalttaten, die sich länger als eine Woche hinzogen, geht zu Lasten der Besatzer. So lautet das internationale Gesetz, das mit dem normalen Menschenverstand übereinstimmt. Die Geschehnisse zeigen die totale Gleichgültigkeit der Kriegsplaner der Bevölkerung gegenüber, die sie zu »befreien« vorgaben. Keine Vorsorge war getroffen worden, um die Menschen vor der Anarchie zu schützen, die bei einem Regimesturz zu erwarten war, keine Vorbereitungen unternommen, um wichtige öffentliche Gebäude und Kulturschätze zu bewahren. Eine Millionenstadt wurde dem Mob überlassen.

Als Rumsfeld darauf angesprochen wurde, sagte der für diese Katastrophe verantwortliche Mann abschätzig: »Wenn ein Regime zusammenbricht, dann geschehen immer ein paar Unsauberkeiten«. Unsauberkeiten! Ein Wort, das Bände spricht. Auch über den Mann selbst.

Vor Jahren reisten meine Frau und ich durch die westliche Tschechoslowakei. Es war eine dunkle, bitterkalte Winternacht. Plötzlich wurde Rachel auf ein kleines Haus aufmerksam, das etwas abseits von der Straße stand. Ein rotes Licht erhellte ein kleines Schneeareal, das von tiefer Dunkelheit umgeben war. Sie bat mich anzuhalten, stapfte durch den tiefen Schnee, um ein paar Fotos zu machen. Während sie mit Fotografieren beschäftigt war, wurde die Tür plötzlich aufgerissen, und eine Frau im Morgenrock und Pantoffeln stürzte heraus. »Was wollen Sie? Was machen Sie da?«, fragte sie in panischer Angst. Rachel erklärte, dass sie eine Touristin sei und dass sie dieser wunderbare Anblick fasziniert habe. Langsam beruhigte sich die Frau. »Ich hatte Angst, Sie seien Deutsche, die das Haus zurückhaben wollen«, entschuldigte sie sich. Sie war Tschechin aus einer anderen Gegend des Landes, die als Kind mit ihrer Familie in dieses Haus umgesiedelt worden war, nachdem man die deutsche Bevölkerung nach Ende des Zweiten Weltkriegs vertrieben hatte. Noch nach fünfzig Jahren lebte sie in ständiger Furcht.

Daran musste ich denken, als ich über die irakisch-arabischen Siedler las, die von Saddam Hussein nach Kirkuk gebracht wurden, um diese kurdische Stadt zu arabisieren. Viele der kurdischen Bewohner waren vertrieben worden. Kürzlich traf ein ausländischer Journalist irgendwo zufällig auf diese Araber. In Panik waren sie – kurdische Rache fürchtend – aus ihren Häusern geflohen. Sie baten den Ausländer, er möge amerikanische Soldaten bringen, um sie zu schützen.

Darüber sollten unsere Siedler – nicht nur auf dem Golan – einmal nachdenken.

Die Schandmauer

3. Mai 2003

Den Bruchteil einer Sekunde lang war ich von panischer Angst erfüllt. Das schreckliche Monster, das auf mich zukam, war kaum mehr als fünf Meter von mir entfernt und rollte auf mich zu, als ob ich nicht da wäre. Der riesige Bulldozer schob einen großen Haufen Erde und Geröll vor sich her. Der Fahrer, zwei Meter über mir, schien ein Teil dieser Maschine zu sein. Es war klar, nichts würde ihn aufhalten. Ich sprang im letzten Augenblick zur Seite.

Vor ein paar Wochen war die amerikanische Friedensaktivistin Rachel Corrie in einer ähnlichen Situation; sie erwartete, dass der Fahrer anhalten würde. Er tat es nicht, und sie wurde zu Tode zermalmt.

Bei meiner Begegnung mit dem Monster kam ich nicht, um zu demonstrieren (wir werden dies heute tun), sondern um mich umzusehen. Im Olivenhain, ein paar Meter entfernt von den Zelten, die von den Dorfbewohnern von Masha zusammen mit israelischen und internationalen Friedensaktivisten aufgebaut worden waren, bereiteten drei Ungeheuer den Boden für die Trennmauer vor. Staubwolken wirbelten auf, und ohrenbetäubender Lärm umgab uns, sodass wir kaum miteinander reden konnten. Die Bulldozer arbeiteten jeden Tag, sogar über Pessach, zwölf Stunden am Tag ohne Unterbrechung.

Die gesamte israelische Öffentlichkeit ist für die Trennmauer. Sie weiß gar nicht, was sie da unterstützt. Man muss sich an Ort und Stelle begeben, um all die Folgen dieses Projekts zu verstehen.

Zunächst muss eindeutig gesagt werden: Diese Mauer hat nichts mit Sicherheit zu tun. Sie wird der israelischen Öffentlichkeit als so genannter »Sicherheitszaun« verkauft. Die Armee nennt sie ein »Hindernis«. Die Öffentlichkeit, die sich natürlich nach Sicherheit sehnt, nimmt dies für bare Münze. Endlich wird etwas getan!

Die Sache sieht tatsächlich auch ganz einfach aus. Selbst der einfachste Mensch kann sie begreifen. Es ist offensichtlich: Ein Palästinenser, der sich in Israel in die Luft jagen will, muss zuerst die Grenze von 1967, die so genannte Grüne Linie, überqueren. Wenn entlang der Grünen Linie eine Mauer oder ein Zaun gebaut wird, dann wird der Terrorist nicht mehr in der Lage sein, nach Israel zu gelangen. Keine Angriffe mehr, keine Selbstmordattentäter.

Aber, so viel sagt die Logik, wenn dies wirklich eine Sicherheitsmauer sein soll, wäre sie direkt entlang der Grünen Linie gebaut worden. Alle Israelis – außer den Siedlern – würden sich dann auf der einen Seite (der westlichen) befinden und alle Palästinenser auf der anderen. Die Linie sollte so gerade und so kurz wie möglich sein, denn sie muss inspiziert, patrouilliert und verteidigt werden. Je kürzer sie ist, desto einfacher und billiger ist sie zu verteidigen. Das wäre die Logik der Sicherheit.

Aber in Wirklichkeit wird die Mauer, von kleinen Abschnitten abgesehen, nicht auf der Grünen Linie gebaut, auch nicht in gerader Linie. Im Gegenteil: Sie mäandriert wie ein Fluss, dreht und windet sich, nähert sich der Grünen Linie und entfernt sich von ihr. Das ist kein Zufall. Der Verlauf eines Flussbetts wird von der Natur diktiert. Das Wasser gehorcht den Gesetzen der Schwerkraft. Aber der Plan für die Mauer berücksichtigt die Natur nicht. Die Bulldozer sind der Natur gegenüber gleichgültig; sie durchschneiden sie unbarmherzig. Was bestimmt diesen Plan?

Wenn man neben der Mauer steht, wird die Antwort deutlich sichtbar. Die einzige Erwägung, die ihren Verlauf bestimmt, sind die Siedlungen. Die Mauer windet sich wie eine Schlange nach einem einfachen Prinzip: Die meisten Siedlungen müssen auf ihrer westlichen Seite liegen, um eines Tages Israel angeschlossen werden zu können.

Als ich auf einem Hügel stand, der von der Mauer überquert werden soll, und in westliche Richtung sah, erblickte ich unten

Elkana, eine große jüdische Siedlung. Auf der östlichen Seite – nur ein paar Dutzend Meter entfernt – liegt das palästinensische Dorf Masha. Das Dorf selbst steht auf der östlichen Seite, aber fast all seine Ländereien liegen auf der westlichen Seite. Die Mauer wird das Dorf also von 98 Prozent seiner Ländereien abschneiden, von Olivenhainen und Feldern, die sich etwa sieben Kilometer bis zur Grünen Linie nahe Kafr Kassem erstrecken.

Masha ist ein großes Dorf, wie das Nachbardorf Bidia, in das früher jeden Samstag Tausende von Israelis zum Einkaufen kamen. Auch Masha war einst ein blühendes Dorf. Es hat ein großes Industriegebiet, das nun vollkommen verlassen ist. Man kann Masha nur zu Fuß auf einem steilen Pfad erreichen, da zu Beginn der Al-Aqsa-Intifada die israelische Armee mit zwei Erd- und Felshaufen die Hauptstraße blockierte. Kein Fahrzeug kann passieren.

»Zuerst haben sie unsere Existenzgrundlage zerstört«, sagt Anwar Amar, der Dorfälteste, bitter. »Jetzt kommen sie wieder und nehmen uns unser Land.«

Tatsächlich schwebt der faule Geruch des »Transfers« über der Mauer. Durch ihren Bau kommen ganze palästinensische Dörfer auf der westlichen Seite zu liegen – gefangen zwischen der Mauer und der Grünen Linie. Die Bewohner können sich nicht bewegen, um ihren Lebensunterhalt zu verdienen, und können kaum noch atmen. Andere Dörfer, wie Masha, werden auf der östlichen Seite der Mauer bleiben, aber ihr Land, von dem sie bisher lebten, wird auf der westlichen Seite sein. Es gibt Orte wie die Stadt Kalkilya, die fast vollständig von der Mauer umgeben werden, die nur eine kleine Öffnung zum Westjordanland hin offen lässt. Eine der Absichten des Mauerbaus ist es zweifellos, das Leben der Einwohner zur Hölle zu machen, um sie nach und nach zum Verlassen des Landes zu bewegen. Es ist eine Art »schleichender Transfer«.

Wie der furchterregende Bulldozer, der Erde und Felsen vor sich herschiebt, so schieben die Besatzer die palästinensische Bevölkerung vor sich her – immer weiter nach Osten, immer weiter hinaus.

Historiker können hierin einen kontinuierlichen Prozess erkennen, der vor 120 Jahren begann und seither keinen Augenblick unterbrochen wurde. Er begann mit der Vertreibung der Fellachen von Land, das von abwesenden Großgrundbesitzern verkauft worden war, und setzte sich in der Nakba von 1948 fort, der massive Landenteignungen der Araber in Israel folgten. Daran schlossen sich die Vertreibungen während des Kriegs von 1967 sowie die schleichende Räumung durch den Bau von Siedlungen und Umgehungsstraßen während der Besatzungsjahre an. Und nun kommt die Vertreibung durch die Mauer. Die hebräischen Bulldozer rollen vorwärts. Es ist kein Zufall, dass Ariel Sharon den Spitznamen »der Bulldozer« trägt.

Die Mauer von Masha und Kalkilya, die sich bis in die Gilboaberge fortsetzt, ist nicht die einzige. Östlich davon ist schon eine zweite in Planung. Sie wird Ariel und die Siedlung Kedumim umgeben, dabei 20 Kilometer auf palästinensisches Gebiet vordringen und so fast die Mittelachse des Westjordanlands, die Ramallah-Nablus-Straße, erreichen.

Doch damit nicht genug: Sharon plant auch noch die »Östliche Mauer«, die das Westjordanland vom Jordantal abschneiden soll. Wenn dieser Plan umgesetzt wird, wird das ganze Land zu einer Insel, die nur von israelischem Gebiet umgeben ist, von allen Seiten abgeschnitten. Auch das südliche Westjordanland (Hebron und Bethlehem) wird vom nördlichen (Ramallah, Nablus, Jenin), das ebenfalls in verschiedene Enklaven aufgeteilt wird, abgeschnitten.

Dieses Szenario erinnert sehr an die Karte von Südafrika zur Zeit der Apartheid. Die rassistische Regierung schuf mehrere schwarze »Homelands«, auch »Bantustans« genannt, angeblich selbstverwaltete Gebiete, deren schwarze Führer von der weißen Regierung bestimmt wurden. Jedes Bantustan war vollkommen vom Gebiet des rassistischen Staates umgeben, abgeschnitten vom Rest der Welt.

Genau das ist es, was Sharon im Sinn hat, wenn er von einem »palästinensischen Staat« spricht. Dieser soll aus mehreren von israelischem Gebiet umgebenen Enklaven bestehen, ohne eine

Außengrenze mit Jordanien oder Ägypten zu haben. Sharon hat seit Jahrzehnten an der Umsetzung dieses Plans gearbeitet, Dutzende von Siedlungen gemäß seiner Landkarte errichtet.

Die Mauer wird diesem Zweck dienen. Sie hat nichts mit Sicherheit zu tun. Sie wird gewiss keinen Frieden bringen, sondern zu nur noch mehr Hass und Blutvergießen führen. Die bloße Idee, dass ein Hindernis aus Zement oder Stacheldraht den Hass beenden könnte, ist lächerlich.

Die Arbeit der Bulldozer geht weiter – vom frühen Morgen bis in den späten Abend. Sharon redet über den so genannten Fahrplan zum Frieden (*Roadmap for Peace*) und schafft unterdessen auf dem Boden vollendete Tatsachen.

Aber diese Mauer hat noch eine tiefere Bedeutung. Es ist kein Zufall, dass sie in Israel so ungeheuer populär ist, von Ariel Sharon bis Amram Mitzna und Yossi Beilin: Sie verspricht nämlich, ein tiefes, inneres Bedürfnis zu befriedigen.

In seinem Buch *Der Judenstaat*, dem Gründungsdokument des Zionismus, schrieb Theodor Herzl 1896 folgende Sätze: »Für Europa würden wir dort (in Palästina) ein Stück des Walles gegen Asien bilden. Wir würden den Vorpostendienst der Kultur gegen die Barbarei besorgen.« Die Vorstellung, dass wir der Vorposten Europas sind und einen hohen Wall zwischen uns und asiatischer Barbarei – das heißt den Arabern – benötigen, ist so bereits Bestandteil der ursprünglichen Vision. Vielleicht hat sie sogar noch ältere Wurzeln. Als die Juden begannen, in Ghettos zu wohnen – bevor sie von außen dazu gezwungen wurden –, umgaben sie sich mit einer Mauer, um sich von der feindlichen Umwelt abzuschotten. Mauer und Trennung – als Garantie für Sicherheit – sind tief in das jüdische kollektive Unterbewusstsein eingeprägt.

Aber wir als neue hebräische Gesellschaft in diesem Land wollen nicht in einem neuen jüdischen Ghetto leben. Wir suchen nicht Trennung, sondern das Gegenteil: Offenheit gegenüber der Region; nicht »eine Villa im Dschungel« wie Ehud Barak es nannte, nicht einen europäischen Vorposten gegen asiatische Barbarei, wie Herzl es gesehen hat, sondern eine offene Gesellschaft, die in Frieden lebt und in Partnerschaft mit den Nationen der Region gedeiht.

Diese Schandmauer ist nicht nur ein Instrument der Regierung, um Palästinenser zu enteignen, nicht nur ein Instrument des Terrors, das als Verteidigung gegen den Terrorismus getarnt ist, und nicht nur ein Instrument der Siedler, das als Sicherheitsmaßnahme ausgegeben wird. Sie ist vor allem ein Hindernis für Israel, eine Mauer, die unseren Weg in eine Zukunft des Friedens, der Sicherheit und des Wohlstands blockiert.

»Arafat besuchen? Um Himmels willen, warum?«

10. Mai 2003

Sind Sie verrückt geworden? Gerade jetzt? Er ist doch erledigt!« Das war die Reaktion einiger Leute, als das israelische Fernsehen in dieser Woche über mein Treffen mit Arafat in Ramallah berichtete.

Ist Arafat »erledigt«? Wenn dem so wäre – er hat nichts davon gehört. Ich fand ihn in bester Verfassung vor. Bei einigen unserer Treffen im Laufe der letzten Jahre sah er müde aus, war zurückhaltend und in sich selbst versunken. Dieses Mal war er in guter Stimmung. Er sprach entschieden, reagierte schnell, machte sich sanft lustig über seine Mitarbeiter und gab auch ein paar bissige Bemerkungen zum Besten. Zum Beispiel: Als er über Sharons Forderung sprach, dass Mahmoud Abbas (Abu Mazen) Massenverhaftungen ausführen solle, meinte er lachend: »Aber die Israelis haben alle unsere Gefängnisse zerstört, außer dem einen in Jericho. Und wenn wir einen Kriminellen dorthin bringen wollen, müssen wir das Quartett – USA, EU, UNO und Russland – um einen Wagen bitten, um die Durchfahrt durch die israelischen Checkpoints zu ermöglichen.«

Man kann Arafats gute Stimmung verstehen. Während des letzten Jahres hing sein Leben an einem seidenen Faden. Sharon hätte jeden Augenblick seine Leute schicken können, um ihn zu töten. Mehrere Male schien diese Gefahr so nahe, dass meine Freunde und ich es für nötig hielten, schnell zu ihm zu eilen, um als menschliche Schutzschilde zu dienen. Ein israelischer Offizier rühmte sich diese Woche: »Nur eine dünne Wand hat ihn von mir getrennt.«

Nun ist diese Gefahr in weitere Ferne gerückt, auch wenn Arafat noch immer in seinem kleinen Gebäude inmitten von surrealistischen Ruinen festgehalten wird. Während der letzten 45 Jahre war sein Leben viele Male in Gefahr. Zahlreiche Attentatsversuche wurden auf ihn unternommen. Einmal musste sein Flugzeug notlanden, wobei mehrere seiner Mitarbeiter ums Leben kamen. Er überlebte jedes Mal – auch dieses Mal. Sein Gefühl der Erleichterung ist also nur zu verständlich.

Es gibt auch eine physische Erleichterung. Seit seiner Rückkehr nach Palästina war seine Arbeitslast unglaublich. Da er darauf bestand, praktisch alles selbst zu entscheiden, große wie kleine Dinge, arbeitete er unermüdlich, oft bis in die frühen Morgenstunden. Jetzt ist er vom größten Teil der Routinearbeit befreit, und die Folgen sind offensichtlich.

Die Hauptsache aber ist, dass Arafats Ansehen innerhalb seines Volkes jetzt größer ist als jemals zuvor. Seltsamerweise ist das die Folge der Ernennung eines Ministerpräsidenten. Die Berufung von Abbas, die von Sharon und Bush verlangt wurde, um Arafat zu »schwächen« und ihn »beiseite zu schieben«, erreichte das genaue Gegenteil.

Das muss erklärt werden. Schon seit Jahren war in Israel und im Westen eine andauernde und konzentrierte Kampagne geführt worden, die Arafat dämonisierte. In den zehn Jahren nach den Vereinbarungen von Oslo sind in den israelischen Medien Millionen von Wörtern über ihn gesprochen oder geschrieben worden – aber ich erinnere mich nicht an ein einziges Wort des Lobes. Er ist systematisch als Terrorist, Tyrann, Diktator, korrupter Lügner, Betrüger und was noch alles gezeichnet worden. Insbesondere wurde er als der Mann hingestellt, der zu den »unerhört großzügigen« Angeboten von Ehud Barak und Präsident Clinton »Nein« sagte und der damit »beweist«, dass sein wirkliches Ziel darin besteht, Israel zu zerstören. All diejenigen, die mit dieser Propaganda gefüttert wurden, können nicht verstehen, warum die Palästinenser ihn verehren. Die Antwort lautet: genau aus denselben Gründen.

In den Augen fast aller Palästinenser ist Arafat ein furchtloser Führer, der auch unter den schwierigsten Umständen unerschütterlich bleibt; ein Mann, der den Mut hat, zu den Forderungen der Mächtigen der Welt »Nein« zu sagen, da sie das palästinensische Volk um seine fundamentalen Rechte betrügen wollen. Ohne zurückzuschrecken, hat er sich den Herrschern der arabischen Welt entgegengestellt. In Camp David befand er sich im Juli 2000 unter immensem Druck von Clinton und Barak – ohne zurückzuweichen. Er hielt unter schrecklichen Bedingungen die Belagerung seines Amtssitzes in Ramallah aus – ohne zusammenzubrechen.

Die Palästinenser bewundern, wie alle Araber und überhaupt alle Völker, persönlichen Mut. Arafat hat seinen Mut unter Bedingungen bewiesen, die keinem anderen politischen Führer der Welt zugemutet wurden. Er ist zu einem Symbol der Standhaftigkeit des gesamten palästinensischen Volkes geworden. Das ist die Quelle seiner Autorität, sogar in den Augen seiner zahlreichen Kritiker vom rechten und vom linken Flügel. Diese Autorität ist für die politische Effektivität von Abbas wesentlich. Anders als Arafat ist er im Westen beliebt. Er strahlt Mäßigung und Kompromissbereitschaft aus. Das ist das Gesicht, das der Westen zu sehen wünscht. Die beiden sind ein wenig wie David Ben-Gurion und Moshe Sharett in Israels frühen Tagen. Ben-Gurion war das Idol der israelischen Öffentlichkeit, während Sharett auf internationaler Ebene beliebt war.

Mahmoud Abbas wird von der palästinensischen Öffentlichkeit akzeptiert. Wenn jemand anderes unter diesen Umständen das Amt angenommen hätte, würde er unter Verdacht stehen, ein Kollaborateur zu sein. Aber Abbas ist als palästinensischer Patriot bekannt und wird als einer der Gründer der Fatah-Bewegung respektiert. Selbst auf Demonstrationen extremistischer Gruppen hörte ich nie Protestschreie gegen ihn. Doch er ist kein charismatischer Führer und hat keine solide politische Basis. Deshalb benötigt Abbas Arafat. Ohne dessen soliden Rückhalt wird er weder fähig sein, Konzessionen im Ausland zu machen noch zu Hause wirkungsvoll handeln zu können. Mehr denn je ist Arafat somit für den Fortschritt auf dem Weg zum Frieden wichtig.

Aber wünscht Arafat wirklich Frieden? Die meisten Israelis können sich so etwas gar nicht vorstellen. Wie sollten sie auch? Hörten sie jemals die wahre Geschichte? Aus meiner persönlichen Erfahrung kann ich Folgendes erzählen: Am Ende des Oktoberkriegs 1973 folgerte Arafat, dass es, wenn die Armeen Ägyptens und Syriens nach ihren unerwarteten glänzenden Anfangssiegen besiegt würden, keine militärische Lösung dieses Konflikts geben werde. Wie gewöhnlich entschied er schnell und allein. Er wies den ihm nahe stehenden Said Hamami an, in London einen Artikel zu veröffentlichen, der ein israelisch-palästinensisches Friedensabkommen mit politischen Mitteln befürwortete. Dies veranlasste mich, mich im Geheimen mit Hamami zu treffen, und seitdem habe ich Arafats Maßnahmen aus der Nähe verfolgt.

Für die Palästinensische Nationalbewegung war die vorgeschlagene Wende radikal: ein politischer Prozess anstelle des alleinigen Vertrauens auf den »bewaffneten Kampf«. Ein Friedensabkommen mit Israel, das 78 Prozent des palästinensischen Landes in Besitz genommen und die Hälfte des palästinensischen Volkes aus seiner Heimat vertrieben hatte? Das erforderte eine geistige und politische Revolution, und seit 1974 fördert Arafat diese Revolution vorsichtig, aber entschlossen – Schritt für Schritt. (Ich konnte diese Schritte verfolgen, zuerst durch Said Hamami und Issam Sartawi, später durch persönlichen Kontakt mit Arafat.) 1988 übernahm der Palästinensische Nationalrat – nach einer Reihe von ambivalenten Resolutionen – zu guter Letzt diese Linie ausdrücklich. Abbas war mit diesem Prozess von Anfang an eng verbunden.

Während jener Periode widersetzten sich Yitzhak Rabin und Shimon Peres aktiv dieser Entwicklung. (Auch hier bin ich persönlich Zeuge, da ich mehrere Botschaften von Arafat an Rabin überbracht habe.) Es muss um der historischen Wahrheit willen klar herausgestellt werden: Nicht Rabin und Peres waren die geistigen Väter von Oslo, sondern Arafat und Abbas. Die Verleihung des Friedensnobelpreises an Peres und nicht an Abbas war deshalb eine große Ungerechtigkeit.

Sharon wünscht natürlich keinen Frieden, der einen lebensfähigen palästinensischen Staat in den besetzten Gebieten – und die Evakuierung der Siedlungen – mit sich bringt. Aber er ist viel zu schlau, um Abbas, den Protegé des Westens, offen zu sabotieren. Deshalb konzentriert er all seine Bemühungen darauf, Arafat auszuschalten. Er weiß genau: Abbas kann ohne ihn nichts ausrichten. Das ist der springende Punkt bei der Sache. Arafat ist für die Friedensbemühung wesentlich. Genau deshalb habe ich ihn besucht.

Die Patrioten, das sind wir!

28. Juni 2003

Ein wichtiges Ereignis fand heute in Ramallah statt. 300 Persönlichkeiten, die Hälfte von ihnen Palästinenser, die andere Hälfte Israelis, nahmen an der Gründungskonferenz der ersten völlig integrierten, gemeinsamen Friedensorganisation teil, der Gemeinsamen Israelisch-Palästinensischen Aktionsgruppe für Frieden. Zwei Monate zuvor war die Veröffentlichung eines gemeinsamen politischen Statements vorausgegangen, das von 1500 Palästinensern und Israelis unterzeichnet worden war.

Die Besatzungsarmee versuchte, die Israelis daran zu hindern, Ramallah zu erreichen; einige mussten in der Hitze zwei Kilometer weit laufen, um die Checkpoints zu umgehen. Ich wurde darum gebeten, auf der Gründungskonferenz eine der programmatischen Reden zu halten. Ich möchte sie hier – in aller Bescheidenheit – ungekürzt veröffentlichen:

Liebe Freunde,

wir, Israelis und Palästinenser, Palästinenser und Israelis, kommen heute zusammen, um etwas völlig Neues zu schaffen: eine gemeinsame Aktionsgruppe für den Frieden. Es geht dabei nicht um einen Waffenstillstand (arabisch *hudna*), nicht um einen vorläufigen Kompromiss, nicht nur um einen weiteren kleinen Schritt in einem endlosen Prozess der kleinen Schritte, sondern um einen wirklichen Frieden, um einen gerechten Frieden, um einen Frieden mit Würde, um einen Frieden zwischen Gleichberechtigten.

Was wir jetzt zu tun versuchen, ist etwas vollkommen Neues. Wir wollen nicht noch einen neuen Rahmen für die Zusammenarbeit zwischen Feinden aufbauen, sondern eine vollkommen integrierte Aktionsgruppe. Es soll nicht eine israelische Bewegung mit einem palästinensischen Anhängsel sein, und auch keine palästinensische Bewegung mit einem israelischen Anhängsel; sondern vielmehr eine Organisation, in der wir alle, Israelis wie Palästinenser, gleichwertige Partner sind, die durch eine gemeinsame Vision eines freien Palästina und eines freien Israel vereint sind, um zusammen nebeneinander zu leben.

Von all den Menschen, denen ich während des langen Kampfes um Frieden begegnet bin, vermisse ich heute bei diesem Treffen besonders einen: Issam Sartawi, der vor 20 Jahren ermordet wurde. Er würde hier sitzen – mitten unter uns.

Sartawi war ein Patriot, ein ehemaliger Feday (bewaffneter Freiheitskämpfer), der davon überzeugt war, dass es für das palästinensische Volk nur einen Weg gebe, um sein nationales Ziel zu erreichen: die Herzen des israelischen Volkes zu gewinnen. Auf dieselbe Weise – so glaube ich – ist es für Israel der einzige Weg, um eine sichere und glückliche Zukunft zu erleben: die Herzen des palästinensischen Volkes zu gewinnen.

Sartawi war davon überzeugt, dass der Kampf um die öffentliche Meinung Israels nicht nur eine unter vielen Aufgaben sei, sondern dass dieser die Hauptfront des palästinensischen Kampfes für die Befreiung darstelle. In gleicher Weise glaube ich, dass der Kampf um Versöhnung und Gerechtigkeit zusammen mit dem palästinensischen Volk die Hauptaufgabe jedes wirklichen israelischen Patrioten darstellt. Und die wirklichen israelischen Patrioten, das sind wir!

Als wir den Slogan »Zwei Staaten für zwei Völker« schufen, meinten wir nicht Trennung. Ganz sicher verstanden wir darunter nicht zwei Ghettos, die nebeneinander liegen, jedes von hohen Mauern und elektrischen Zäunen umgeben. Im Gegenteil: Wir verstanden darunter enge nachbarschaftliche Beziehungen, Zusammenarbeit, Partnerschaft, offene Grenzen, freie Bewegung der Menschen.

Um unsere eigenen Völker davon zu überzeugen, dass das möglich, dass es nicht nur ein Traum naiver Peaceniks ist, müssen wir durch unsere täglichen Aktivitäten beweisen, dass wir zusammenarbeiten und zusammen mit einer Stimme reden können. Es ist eine Tragödie, dass in all den Jahren – besonders seit Oslo – keine gemeinsame Friedensorganisation entstanden ist.

Natürlich haben wir uns oft bei gemeinsamen Aktionen getroffen, und wir haben viele gemeinsame Erinnerungen. Wir sind gemeinsam von Soldaten geschlagen worden, wir haben gemeinsam Tränengasangriffe durchgemacht, und wir haben viele Male gemeinsam demonstriert. Aber niemals gab es das eine, was nötig gewesen wäre: regelmäßige, systematische, andauernde gemeinsame Aktionen Tag um Tag, Woche um Woche, Monat um Monat. Wir müssen jetzt diesen historischen Fehler korrigieren, der ernste Konsequenzen für den Frieden gebracht hat.

Wir treffen uns in finsteren Zeiten. Gezielte Tötungen, Selbstmordattentate, das Töten von Frauen und Kindern sind zur täglichen Routine geworden. Auf beiden Seiten leben die Menschen in einem Zustand der Angst, der Hoffnungslosigkeit und der Apathie. Aber wir haben keinen Grund, die Hoffnung zu verlieren. Wenn wir auf die Jahrzehnte unseres Kampfes blicken, sehen wir eine stete Vorwärtsbewegung in Richtung Frieden.

Es gab Zeiten, in denen fast alle Israelis sogar die Existenz eines palästinensischen Volkes leugneten. »So etwas wie ein palästinensisches Volk gibt es nicht«, sagte Golda Meir. Heute gibt es kaum einen Israeli, der das leugnet.

Vor vielen Jahren, als wir die Idee von den zwei nebeneinander lebenden Staaten hatten, waren wir auf beiden Seiten eine winzige Minorität. Heute wird dieser Gedanke vom größten Teil der Israelis und Palästinenser akzeptiert – und die ganze Welt unterstützt diese Forderung.

Vor 30 Jahren, als wir die ersten Kontakte zur PLO herstellten, wurden wir als Verräter betrachtet. Heute sind solche Kontakte Teil der offiziellen israelischen Politik.

Vor sieben Jahren bei einer gemeinsamen Demonstration vor der Stadtmauer Jerusalems mit Faisal Husseini – würde er noch leben, säße auch er hier unter uns – brachen wir ein israelisches Tabu und erklärten Jerusalem zur Hauptstadt zweier Staaten. Heute wird dieses Konzept allgemein anerkannt, sogar von denen, die es nicht mögen.

Dennoch sind wir immer noch sehr weit vom Sieg entfernt. Viele Mühen und viel Leiden liegen noch vor uns. Aber wenn wir zusammen handeln – mit Nachdruck und Entschlossenheit –, wird unsere Vision sich durchsetzen. Wir müssen der Leuchtturm sein, dessen Licht die klare Richtung und den Weg anzeigt. Was können wir nun praktisch tun? Ich schlage folgende Aktionen vor:

- Die Einsetzung eines gemeinsamen Expertenkomitees, das innerhalb von drei Monaten den vollen Text für ein israelisch-palästinensisches Friedensabkommen vorbereitet, das detaillierte Lösungen für alle Probleme einschließt (Grenzen, Jerusalem, Siedlungen, Flüchtlinge, Sicherheit, Wasser), und diesen Text der Öffentlichkeit präsentiert und zeigt, dass solch ein Abkommen möglich ist. Wenn hierbei einige Meinungsverschiedenheiten bestehen bleiben, dann sollten wir dies aufrichtig zugeben.
- Die Einsetzung eines gemeinsamen Komitees zur Wahrheitsfindung und Versöhnung nach dem südafrikanischen Modell, um die Geschichte der letzten 120 Jahre zu überprüfen und ein wahres Bild dieser Geschichte herzustellen, das für beide Völker annehmbar ist.
- Die sofortige Einsetzung eines gemeinsamen Pressebüros, das sich an Israelis, Palästinenser und die internationalen Medien wendet.
- Die Einsetzung eines gemeinsamen Operationsstabs, der öffentliche Kampagnen und Demonstrationen plant.

Das sind nur ein paar Ideen für die Diskussion heute. Ich bin sicher, dass viele von euch noch mehr Vorschläge haben. Lasst sie uns auf den Tisch legen! Die Hauptsache ist, dass wir dies gemeinsam tun und ausführen, bis der Frieden, nach dem wir uns alle sehnen, über dieses geliebte Land kommt. Vor ein paar Wochen, als wir uns mit Yassir Arafat trafen, fragten ihn Journalisten, wann der Frieden käme. Er sagte: »Wir beide, Uri Avnery und ich, werden ihn noch erleben.« Arafat ist 74 Jahre alt und ich werde in wenigen Wochen 80. Also machen wir uns daran.

Der binationale Staat: »Da wird der Wolf beim Lamm wohnen«

12. Juli 2003

Da wird der Wolf beim Lamm wohnen«, prophezeite Jesaja (11,6). So etwas ist auch in unserer Zeit möglich – vorausgesetzt, man bringt jeden Tag ein neues Lamm. An diesen grausamen Witz erinnere ich mich jedes Mal, wenn von einem binationalen Staat die Rede ist.

In verzweifelten Zeiten blühen auch messianische Fantasien. Sie erlauben, aus der dunklen Gegenwart in eine bessere, heitere Welt zu entfliehen; aus einem Gefühl der Hilflosigkeit in eines der Kreativität.

Kein Wunder, dass in diesen dunklen Zeiten die binationale Idee in manchen linken Kreisen eine Renaissance erfährt. Es ist eine schöne und noble Idee, die vom Glauben an die Menschheit erfüllt ist. Sie ist aber – wie Jesajas Prophezeiung – eine Idee für die messianische Zeit. Wenn sie eine realistische Chance hätte, dann vielleicht in zwei oder drei Generationen. Vorläufig wäre es eine Flucht aus der Wirklichkeit, sogar eine gefährliche, wie wir sehen werden.

Gemäß der binationalen Idee soll das Territorium zwischen Mittelmeer und dem Jordan – Palästina/Israel – wieder *einen* Staat bilden wie zu Zeiten des britischen Mandats vor 1948. Israelis und Palästinenser, Juden und Araber werden als gleichberechtigte Bürger zusammenleben. Die genaue Art des Regimes – binational oder nicht national – ist zweitrangig. Alle Bürger werden dasselbe Parlament und dieselbe Regierung wählen, in derselben Armee und Polizei dienen, dieselben Steuern zahlen, ihre Kinder in dieselben Schulen schicken, dieselben Schulbücher benutzen. Wahrlich, eine verlockende Vorstellung!

Es mag seltsam erscheinen, dass diese idealistische Vision gerade jetzt wieder auftaucht, nachdem ihre Verwirklichung vielerorts auf der Welt fehlgeschlagen ist. Die multinationale Sowjetunion ist verschwunden, und nun ist sogar die multinationale Russische Föderation in Gefahr, auseinander zu brechen (siehe Tschetschenien). Nicht nur Jugoslawien ist auseinander gebrochen, sondern auch seine einzelnen Teile: Bosnien ist zerfallen und wird künstlich zusammengehalten – ausländische Soldaten versuchen, irgendwie den Frieden zu bewahren; Serbien ist gezwungen worden, den Kosovo faktisch aufzugeben, und der Zusammenhalt Mazedoniens ist zweifelhaft. Schon seit langer Zeit ist die Einheit Kanadas durch Bewegungen innerhalb der Französisch sprechenden Bevölkerung bedroht. Das vereinigte Zypern mit seiner modellhaften binationalen Verfassung ist nur noch Erinnerung. Und die Liste ist noch länger: Indonesien, die Philippinen und viele andere Länder, ganz zu schweigen von unserm Nachbarn, dem Libanon.

Aber man muss gar nicht so weit weg gehen – es genügt unsere eigene Realität. Die unmittelbaren Wurzeln des israelisch-palästinensischen Konflikts liegen mehr als hundert Jahre zurück. Eine fünfte Generation ist in ihn hineingeboren worden, und ihre ganze psychische Welt ist von ihm geprägt worden. Im Grunde ist es ein Zusammenprall zwischen der zionistischen Bewegung und der arabisch-palästinensischen Nationalbewegung. Nach hundert Jahren ist die Kraft des Zionismus keineswegs erschöpft; sein Hauptschub – Expansion, Besetzung und Besiedlung – ist in vollem Schwung. Auf palästinensischer Seite vertieft sich der Nationalismus (einschließlich der islamischen Version) und nimmt mit jedem neuen Märtyrer weiter zu. Man muss schon viel Vertrauen haben, um zu glauben, dass diese beiden nationalistischen Völker den Kern ihrer Hoffnungen aufgeben und sich von der totalen Feindseligkeit ab- und dem totalen Frieden zuwenden, ihre nationalen Geschichtsauffassungen aufgeben und bereit sind, als Bürger – jenseits von Nationalität – zusammenzuleben.

Das 20. Jahrhundert hat mehrere Utopien gesehen, die schreckliches Unheil angerichtet haben. Die kommunistische Vision zum Beispiel gründete sich auf der Vorstellung, dass es einen vollkommenen Menschen gebe oder dass Menschen vollkommen werden können. Das widersprach der Realität vom unvollkommenen Menschen. Der deutsche postkommunistische Politiker Gregor Gysi sagte mir einmal: »Wir versuchten, das perfekte System über unvollkommene Menschen zu setzen. Es ging nicht – also versuchten wir es mit Gewalt.« So kam ein Terrorsystem zustande, und Millionen – von der Ukraine bis Kambodscha – wurden ermordet.

Bezüglich eines binationalen Staates in Palästina/Israel muss man drei wichtige Fragen stellen:

1. Werden beide Seiten diese Lösung akzeptieren?
2. Kann ein binationaler Staat funktionieren?
3. Wird er den Konflikt beenden?

Meine Antwort auf alle drei Fragen ist ein uneingeschränktes »Nein«.

Es gibt keine Chance, dass die gegenwärtige oder die folgende israelische Post-Holocaust-Generation diese Lösung akzeptiert, die absolut mit dem Mythos und Ethos Israels kollidiert. Das Ziel der Gründer des Staates Israel war, dass die Juden – oder ein Teil von ihnen – endlich ihr Schicksal in die eigenen Hände nehmen konnten. Ein binationaler Staat bedeutet, dieses Ziel aufzugeben und den Staat Israel praktisch zu demontieren. Die Juden würden zu der traumatischen Erfahrung zurückkehren, ein Volk ohne eigenen Staat zu sein, mit all den Nachteilen, die das mit sich bringt – und das nicht als Ergebnis einer vernichtenden militärischen Niederlage, sondern aus freier Wahl. Das ist nicht sehr wahrscheinlich.

Und wie steht es damit auf palästinensischer Seite? Einige Palästinenser reden tatsächlich sehnsüchtig von einem binationalen Staat. Aber ich glaube, dass das wenigstens für einige von ihnen nur ein Kodewort für die Eliminierung des Staates Israel ist und für einige andere eine Flucht aus der bitteren Wirklichkeit in den Traum der Rückkehr in ihre Häuser und Dörfer der Vergangenheit. Die große Mehrheit der Palästinenser möchte endlich in einem eigenen Nationalstaat leben, einem Staat, der ihre nationale Identität ausdrückt, unter ihrer Flagge und ihrer Regierung – so wie andere Völker. Die Chance, dass die beiden Völker die binationale Idee in absehbarer Zukunft akzeptieren, ist also tatsächlich sehr gering.

Würde solch ein Staat – falls er zustande käme – funktionieren können?

Es gibt kaum einen multinationalen Staat auf der Welt, der wirklich richtig funktioniert. (Habe ich die Schweiz erwähnt?) Um angemessen zu funktionieren, müssen zwei Bedingungen erfüllt werden: Entweder verzichten beide Seiten auf ihre nationale Identität, oder sie müssen gleiche wirtschaftliche und politische Macht haben.

Genau das Gegenteil ist in diesem Land der Fall. Es gibt eine weit auseinander klaffende Ungleichheit zwischen Israelis und Palästinensern – in fast jeder Hinsicht. Die Verschiedenheit ist enorm. In einem gemeinsamen Staat – sollte er errichtet werden – würden die Juden die Wirtschaft und die meisten anderen Bereiche des Staates beherrschen und alles versuchen, diesen Status quo aufrechtzuhalten. Ein binationaler Staat würde ein Besatzungsregime unter anderen Vorzeichen darstellen, das die reale Ausbeutung sowie wirtschaftliche, kulturelle und wahrscheinlich auch politische Unterdrückung nur schwach verbergen könnte. Die Situation der arabischen Bürger in Israel ist nach 55 Jahren keineswegs ermutigend.

Deshalb glaube ich nicht, dass solch eine Lösung, falls sie überhaupt möglich wäre, diesen Konflikt beenden würde. Sie würde ihn nur auf eine andere Ebene verlagern, wo er sich womöglich noch schlimmer und gewalttätiger gestalten würde.

All das ist den Anhängern der binationalen Idee natürlich bekannt. Um dem Widerspruch zwischen ihrer Vision und der Realität zu entfliehen, haben sie folgende Theorie entwickelt: Zu Beginn wird der gemeinsame Staat tatsächlich so etwas wie ein Apartheidstaat sein. Aber die Situation wird sich nach und nach verändern. Mit der Zeit werden die Araber in diesem Staat zur Mehrheit werden. Schon jetzt leben zwischen dem Mittelmeer und dem Jordan 5,4 Millionen Juden und 4,6 Millionen arabische Palästinenser. Die arabische Geburtenrate wird bald das Verhältnis ändern. Die palästinensische Mehrheit wird um Gleichheit kämpfen. Die Welt wird das unterstützen, wie sie den südafrikanischen Kampf gegen die Apartheid unterstützt hat. So werden wir einen realen Staat der Gleichheit erreichen.

Das ist Wunschdenken. Die weißen Rassisten Südafrikas wurden von der ganzen Welt abgelehnt. Anders als die jüdischen Israelis hatten sie keine mächtige Lobby. Die amerikanischen Juden haben eine immense politische, wirtschaftliche und Medienmacht, und sie werden diese noch lange Zeit behalten. Israel wird sich weiter auf die durch den Holocaust hervorgerufenen Schuldgefühle der christlichen Welt verlassen – und wird das noch lange Zeit tun. Gleichzeitig werden die Araber immer mehr zum Schreckgespenst der westlichen Welt. Es wird immer schwieriger, die jüdische Gemeinschaft, die den binationalen Staat dominieren wird, durch internationalen Druck zu beeinflussen. Das wird einige Generationen dauern. Und in der Zwischenzeit geht die Expansion der Siedlungen unbarmherzig weiter. In einem binationalen Staat ist es jedem Juden natürlich erlaubt, überall zu siedeln, wo er oder sie es wünscht. Die Palästinenser werden weiterhin wirtschaftlich erfolglos bleiben. Die Kluft zwischen beiden Völkern wird größer.

Vermutlich wird der Machtkampf in einem binationalen Staat schwere Gewalttätigkeiten verursachen, genau wie in Südafrika. Die Folgerung ist: Für zwei Völker sind zwei Staaten notwendig. Dies wird die nationalen Gefühle der beiden Völker in vernünftige, konstruktive Kanäle lenken, was Koexistenz, Kooperation und schließlich eine wirkliche Versöhnung möglich macht.

Eine staatliche Unabhängigkeit wird Palästina auf internationaler wie nationaler Ebene Schutzmechanismen gegen die Gefahr an die Hand geben, dass sein bei weitem mächtigerer Nachbar seine wirtschaftliche Übermacht dazu einsetzt, das palästinensische Volk auszubeuten oder sogar zu vertreiben. Das palästinensische Volk wird zu guter Letzt das Gefühl haben, über eine solide staatliche Basis zu verfügen, so wie die Juden nach der Errichtung des Staates Israel.

Die jüngste Vergangenheit hat gezeigt, dass selbst das äußerst schwierig zu erreichen ist. Wir müssen auf beiden Seiten noch viel Hass, Angst, Mythen und Vorurteile überwinden, um es zu ermöglichen. Aber diejenigen, die angesichts dieser Hindernisse verzweifeln und deshalb dem binationalen »Evangelium« anhängen, gleichen Sportlern, die keinen Hundert-Meter-Lauf zustande bringen und sich deshalb für einen Marathon anmelden.

Es liegt sogar eine große Gefahr darin, allein die binationale Idee zu propagieren. Ein Sprichwort sagt: »Das Vollkommene ist der Feind des Guten.« Schon die bloße Erwähnung einer binationalen Vision würde die große Mehrheit der Israelis aufschrecken, die sich jetzt langsam mit dem Gedanken anfreunden, eine Zwei-Staaten-Lösung zu akzeptieren; die meist tief sitzenden existenziellen Ängste würden sich Bahn brechen und sie in die Arme der extremen Rechten stoßen. Der Rechten wäre eine mächtige Waffe in die Hand gegeben: »Was haben wir euch gesagt? Das wirkliche Ziel der Anhänger der Zwei-Staaten-Lösung ist, den Staat Israel nach und nach zu demontieren!«

Einige der neuen Befürworter einer binationalen Staatenlösung haben ein seltsames Argument. Sie sagen: »Sharon erklärt, dass er für die Zwei-Staaten-Lösung sei, aber er meint mit dem zweiten Staat ein paar Enklaven, die etwa 50 Prozent der besetzten Gebiete ausmachen. Deshalb dürfen wir die Errichtung eines palästinensischen Staates nicht befürworten«. Die einfache Antwort ist: Sollten wir eine gute und positive Idee deshalb aufgeben, weil die Feinde des Friedens sie verdrehen und sie für ihre Zwecke zu missbrauchen versuchen? Logik würde das Gegenteil diktieren: Sharons Pervertierung der Idee entlarven und für einen palästinensischen Staat in den Grenzen von vor 1967 kämpfen.

Als wir nach dem Krieg 1948 in den frühen fünfziger Jahren die Idee der zwei Staaten wieder favorisierten, dachten wir nicht an »Trennung«. Auch heute verwerfen wir dieses Konzept absolut. Wir sprechen von zwei Staaten mit einer offenen Grenze, mit Bewegungsfreiheit für Menschen wie Waren, natürlich vorbehaltlich gegenseitiger Vereinbarung. Ich bin davon überzeugt, dass im Lichte der geographischen und politischen Fakten ein natürlicher Prozess zu einer organischen Verbindung führen wird, vielleicht zu einer Föderation, und später im gegenseitigen Einvernehmen zu einer regionalen Gemeinschaft wie die Europäische Union.

Am Ende werden wir das Ziel erreichen: in Frieden nebeneinander zusammenzuleben. Vielleicht wird sich eine spätere Generation eines Tages dafür entscheiden, gemeinsam in einem Staat zu leben. Aber heute lenkt die Propaganda für diese Utopie die Aufmerksamkeit vom eigentlichen, unmittelbaren Ziel ab – zu einer Zeit, da die ganze Welt die Idee der »Zwei Staaten für zwei Völker« akzeptiert hat. Diese ferne Utopie blockiert den Weg für eine Lösung, die in naher Zukunft erreichbar und äußerst notwendig ist, weil inzwischen neue »Tatsachen auf dem Boden« geschaffen werden.

Ich bin davon überzeugt, dass das 21. Jahrhundert große Veränderungen im politischen Gefüge der Welt und der Lebensweise der Gesellschaft mit sich bringen wird. Der Nationalstaat verliert nach und nach an Bedeutung. Eine Weltordnung, ein Weltgesetz und weltweite Strukturen werden eine zentrale Rolle spielen. Ich vertraue darauf, dass Israel aufrichtig am Gang der Menschheit teilnehmen wird. Wir sollten nicht zögern. Aber es hat keinen Zweck, von der israelischen Öffentlichkeit zu erwarten, dass sie ihrer Zeit um 50 Jahre voraus ist.

Der Gefangene von Ramallah

2. August 2003

Jeder Fernsehzuschauer kennt die Brücke zwischen den beiden Gebäuden, die innerhalb des Trümmerfelds von Arafats Amtssitz (Mukataa) in Ramallah stehen geblieben sind. Während eines meiner letzten Besuche bei Arafat zeigte ein palästinensischer Offizier auf einen einfachen Tisch und Stuhl neben einem der Fenster in dieser Brücke. Durch dieses Fenster kann man ein Stück palästinensische Landschaft hinter Ramallah sehen. »Hier sitzt Abu Ammar gern zwischen den Sitzungen und schaut hinaus«, erklärte er. Abu Ammar ist der *Nom de Guerre* und so eine Art Kosename von Yassir Arafat.

Als ich ihm 1982 in Beirut zum ersten Mal begegnete, war Arafat der vielleicht reisefreudigste politische Führer der Welt. Einmal erzählte er, dass er in den letzten fünf Tagen sieben Länder besucht und nur im Flugzeug zwischen den Bestimmungsorten geschlafen habe. Zu jener Zeit trug er um den Hals eine Halskrause. Jetzt sitzt er seit mehr als zwei Jahren im Gebäudekomplex gefangen. Zeitweise waren die Lebensbedingungen schlimmer als in einem gewöhnlichen Gefängnis: Er lebte in einem geschlossenen Raum ohne Frischluftzufuhr, fast ohne Wasser und mit verstopfter Abwasserleitung. Er wusste, dass in jedem Augenblick Sharons Soldaten hereinstürmen konnten, um ihn zu töten.

In ein paar Tagen wird Arafat 74 Jahre alt. Er wird seinen Geburtstag in seinem Gefängnis verbringen – eine gute Gelegenheit, sich über diesen Menschen und sein Lebenswerk Gedanken zu machen.

Auf der Weltbühne befindet er sich länger als jeder andere Staatschef – ausgenommen Fidel Castro. Viele der heutigen politischen Führer der Welt, wie Bush oder Blair, waren noch Kinder, als Arafat schon die Verantwortung für das Schicksal des palästinensischen Volkes in seinen Händen hielt. Sein Gesicht ist auf der ganzen Welt bekannt; gleichzeitig gilt Arafat aber als einer der am meisten verleumdeten Staatsmänner der Welt. Er ist die am meisten gehasste Person in Israel. Die vom rechten Flügel wetteifern mit denen vom linken, wie sie diesen Hass am besten ausdrücken können. Es gibt kaum einen Artikel eines israelischen Linken, der nicht ein paar Worte des Abscheus über ihn enthält. Arafat ist aber auch der am meisten bewunderte und geliebte Führer seines eigenen Volkes und anscheinend auch der von den Massen der arabischen und muslimischen Welt am innigsten verehrte politische Führer. Gar nicht übel für einen Menschen, der 74 Jahre alt wird.

Der Titel, der seinem Namen meistens hinzugefügt wird, ist »das Symbol«. Selbst die palästinensischen Oppositionsgruppen nennen ihn »das Symbol des palästinensischen Volkes«. Das stimmt, ist aber auch irreführend. Irreführend deshalb, weil eine »symbolische« Person gewöhnlich jemand ist, für den Denkmäler errichtet werden oder dessen Fotos die Mauern zieren. Der Staatspräsident von Israel ist ein Symbol, wie auch die Präsidenten von Deutschland und Italien, während Arafat ein sehr aktiver Führer ist, der die palästinensische Szene beherrscht.

Trotzdem passt der Titel auch zu ihm. Arafats Lebenslauf vom Anführer einer kleinen Gruppe von Flüchtlingen bis zum gegenwärtigen Stand, in der die ganze Welt die Idee eines palästinensischen Staates unterstützt, symbolisiert den palästinensischen Überlebenskampf. Niemand symbolisiert die Lage des palästinensischen Volkes, sein Leiden, seine Entschlossenheit und seinen Mut besser als der Mann in der belagerten Mukataa, einem Gefängnis in einem Gefängnis (Ramallah) innerhalb eines Gefängnisses (alle palästinensischen Gebiete).

Viel ist schon über sein frühes Leben geschrieben worden, über seinen Vater, einen Kaufmann aus Gaza, der nach Ägypten übergesiedelt war; über seine Mutter, die starb, als er noch ein kleines Kind war; über seine Kindheit in der Familie seiner Mutter in Jerusalem.

In letzter Zeit erzählte Arafat wiederholt seinen Gästen – Palästinensern, Israelis und Ausländern – von jenen glücklichen Jahren, als er mit jüdischen Kindern in der Nähe der Klagemauer spielte. Die Jahre bei der Familie seines Vaters scheinen bei ihm viel weniger Nostalgie zu wecken.

Er erinnert seine Gesprächspartner gern daran, dass er Ingenieurwissenschaften studiert hat. Er führt sein legendäres Gedächtnis – besonders für Zahlen und Fakten – auf seinen Beruf zurück. Mehr als einmal korrigierte er mich, wenn es sich um Zahlen handelte: wie viele ultrareligiöse Mitglieder in der Knesset seien, wie viele Prozent des Westjordanlands Sharon als »schmerzhafte Konzession« den Palästinensern zu geben bereit sei.

Arafats politische Karriere begann in der Palästinensischen Studentenvereinigung in Kairo. Sie gewann dann historische Bedeutung, als er in den späten fünfziger Jahren die Organisation Fatah gründete – die erste palästinensische Befreiungsbewegung seit der Katastrophe von 1948.

Befreiung – von wem? Nun, offensichtlich von Israel. Aber in Wirklichkeit auch von der Vorherrschaft der arabischen Führer. Es ist unmöglich, Arafat zu verstehen, ohne dieses wichtige Kapitel seines Lebens zu kennen. Damals diente die palästinensische Sache als Fußball im innerarabischen Machtspiel. Jeder arabische Herrscher instrumentalisierte sie, um seinem Anspruch auf die Führung der arabischen Welt Gewicht zu verleihen und seine Konkurrenten zu schlagen. Gamal Abdel Nasser in Ägypten, Abd al-Karim Qassem im Irak, der junge König Hussein in Jordanien und ihre Kollegen in Saudi-Arabien, Marokko und den anderen Ländern – jeder behauptete, er sei der Verteidiger des palästinensischen Volkes, während er gnadenlos jedes Anzeichen unabhängiger palästinensischer Aktivitäten im eigenen Land unterdrückte. In den Augen Arafats und seiner Mitstreiter wurde deshalb die Unabhängigkeit der palästinensischen Befreiungsbewegung zu einem der wichtigsten Ziele.

Die Fatah wurde in diese Realität hineingeboren. Arafat und seine Gruppe wollten die palästinensische Sache den Händen der arabischen Herrscher entreißen. Die neue Bewegung hatte jedoch keine Macht, kein Geld, keine Waffen. Sie hatte nirgendwo eine freie Basis. Ihre Aktivisten konnten von den Geheimdiensten jeder arabischen Regierung gefangen genommen werden, wenn sie nicht den Befehlen der lokalen Diktatoren gehorchten. Dies geschah viele Male. Der Höhepunkt wurde erreicht, als der syrische Diktator Salah Jadid die ganze Fatah-Führung, einschließlich Arafat, 1966 ins Gefängnis warf.

Damit die Bewegung überleben konnte, musste Arafat zwischen den verschiedenen Anführern manövrieren, Leuten schmeicheln, die er verachtete, sich politischen Führern anbiedern, die sich nicht im Geringsten für die Sache der Palästinenser interessierten. Wie eine bedeutende palästinensische Persönlichkeit mir erzählte: »Für das Überleben unseres Volkes musste er heucheln, lügen, tricksen, sich zweideutig ausdrücken, Listen anwenden. Damals hat sich die für Arafat typische Redeweise entwickelt.«

Trotz der Sabotage durch die arabischen Regime nahm mit Hilfe dieser Methoden die Macht der Fatah langsam zu. Um sie zu schwächen und die Palästinenser den ägyptischen Interessen zu unterwerfen, initiierte Nasser 1964 die Gründung der Palästinensischen Befreiungsorganisation (PLO) und ernannte den alternden und ineffektiven Demagogen Ahmed Shuqairi zu ihrem Führer. Der Junikrieg 1967 zerstörte jedoch die Achtung gegenüber den Herrschern in Kairo, Amman und Damaskus. Die Schlacht von Karameh 1968, in der die Fatah-Kämpfer – von Arafat persönlich geführt – einen Sieg gegen das israelische Militär errangen, das ihre Organisation zerschlagen wollte, ließ das Prestige der Fatah enorm wachsen. Während drei arabische Armeen schmachvoll von Israel besiegt worden waren, hatten sich die Kämpfer der Fatah heroisch behaupten können. Die Folge davon war: Die Fatah übernahm die PLO, und der 39-jährige Arafat wurde der politische Führer der Palästinenser.

Alle arabischen Herrscher, mit denen sich Arafat damals konfrontiert sah, sind inzwischen gestorben oder wurden ermordet – allein Arafat lebt noch. Vielleicht liegt seine größte Leistung als nationaler Führer in seiner Fähigkeit, die Palästinenser politisch zusammenzuhalten. Die meisten Befreiungsbewegungen haben Bruderkriege gekannt, bittere Abspaltungen und verzweifelte innere Kämpfe. Auch der vorstaatliche jüdische Untergrund war von internen Kämpfen und dem blutigen Altalena-Zwischenfall gezeichnet. Aber die Palästinenser, deren Situation unvergleichlich schwieriger war, wurden vor diesem Los weitestgehend bewahrt.

Fast alle anderen Befreiungsbewegungen wuchsen aus der Bevölkerung, die unter einem fremden Regime in ihrem Land lebte. Das palästinensische Volk jedoch war in ein Dutzend Länder verstreut, alle unter unterdrückerischen Diktaturen. Der Name Palästina war gänzlich von der Landkarte verschwunden; und selbst die Palästinenser, die in ihrer Heimat geblieben waren, lebten unter Gewaltherrschern, zunächst unter den Jordaniern und Ägyptern, dann unter dem israelischen Militärgouverneur.

Als die PLO an Bedeutung gewann, versuchten alle arabischen Regierungen, Einfluss auf sie auszuüben. Damaskus, Bagdad, Riad, Kairo gründeten – zusätzlich zu Moskau – palästinensische Organisationen, um ihre politischen Vorstellungen dem palästinensischen Volk aufzudrängen. Säkulare und religiöse, linke und rechte Organisationen versuchten, ihr Spiel innerhalb der Palästinensischen Nationalbewegung zu spielen. Arafat musste mit allen fertig werden, manövrieren, schmeicheln, drohen, befrieden. So wurde er ein Altmeister dieser Kunst, vielleicht ihr weltweit hervorragendster Praktiker.

Zur selben Zeit musste er den nationalen Kampf führen. Wie fast alle Führer der modernen Befreiungsbewegungen, von Garibaldi bis Nelson Mandela, glaubte er an den »bewaffneten Kampf« (von den gegnerischen Regimen immer »Terrorismus« genannt). Die einzelnen Organisationen der PLO führten in der Tat viele blutige Attacken und Anschläge aus, viele von ihnen brutal, einige absolut monströs, auch wenn die meisten von diesen durch Gruppierungen vorgenommen wurden, die gleichzeitig gegen Arafat kämpften. Alle PLO-Führer glaubten zu der damaligen Zeit, dass der »bewaffnete Kampf« angesichts des großen Missverhältnisses zwischen der Militärmacht Israel und der fast unbedeutenden Macht der Palästinenser notwendig sei.

Arafat selbst ist nach den Aussagen seiner Mitarbeiter weit davon entfernt, grausam oder blutdurstig zu sein. Nur in seltenen Fällen ließ er die Vollstreckung der Todesstrafe zu und nur dann, wenn die Forderung der Öffentlichkeit unnachgiebig war. Die Zahl der in seinem Bereich ausgeführten Hinrichtungen ist unvergleichlich kleiner als die im Texas des früheren Gouverneurs George W. Bush.

Kaum ein Experte auf der Welt leugnet, dass die Palästinenser ohne den bewaffneten Kampf nichts erreicht hätten, ja dass sie längst ihre Heimat verloren hätten. Sie sind der Ansicht, dass die gewalttätigen Angriffe das palästinensische Volk in die Lage brachten, wieder auf der Weltkarte zu erscheinen, und es der PLO erlaubten, ihre historischen Erfolge zu erzielen: ihre Anerkennung als die einzige legitime Vertretung des palästinensischen Volkes, ihre internationale Aufwertung, Arafats Rede vor der UNO 1974, das Oslo-Abkommen, ihre Rückkehr nach Palästina und die Schaffung eines weltweiten Konsenses, der die Idee eines palästinensischen Staates unterstützt.

Aber Arafat betrachtete den bewaffneten Kampf keineswegs als Selbstzweck. Gewalt war für ihn vielmehr ein Mittel unter anderen. Ende 1973 tat er etwas, was unter politischen Führern selten ist. Nachdem er eine revolutionäre Veränderung herbeigeführt hatte (die Gründung der Fatah und den Beginn des bewaffneten Kampfes), initiierte er eine weitere revolutionär zu nennende Veränderung (Jahre später machte Yitzhak Rabin etwas Ähnliches). Der Oktoberkrieg 1973 änderte Arafats strategisches Konzept. Bis dahin glaubte er, dass Israel mit Gewalt besiegt werden könne. Der palästinensische Kampf war zunächst dazu bestimmt, eine allgemeine militärische Konfrontation zwischen Israel und der arabischen Welt herbeizuführen, wie es 1967 geschah. Durch den Oktoberkrieg 1973 wurde Arafat jedoch klar, dass diese Hoffnung in Wirklichkeit jeder Grundlage entbehrte. Die Armeen von Ägypten und Syrien griffen Israel zwar tatsächlich an und erzielten anfangs einige überwältigende Überraschungserfolge. Aber innerhalb von zwei Wochen drehte die israelische Armee den Spieß um und näherte sich Kairo und Damaskus. Arafat – noch immer der rationale Ingenieur – zog den logischen Schluss: Es gibt keine militärische Lösung.

Von da war es nur noch ein Schritt zur zweiten Schlussfolgerung: Der palästinensische Staat kann nur durch Kompromisse gegründet werden – durch ein politisches Abkommen mit Israel. Er begann, daran zu arbeiten. Die dafür notwendige Mühe war immens. Eine ganze Generation von Palästinensern sah in Israel einen monströsen Feind, der die Hälfte des palästinensischen Volkes aus seinen Häusern und von seinem Boden vertrieben hatte und fortfuhr, die andere Hälfte zu unterdrücken und zu enteignen. In dieser Zeit der Verzweiflung klammerten sich die Palästinenser an den Glauben, dass die pure Existenz Israels illegal sei, und dass es zu irgendeinem Zeitpunkt irgendwie vernichtet werden würde. Arafat musste ihnen diesen Glauben nehmen und sein Volk dahin bringen, einen Kompromiss zu akzeptieren, der dem palästinensischen Volk nur 22 Prozent seiner historischen Heimat lassen würde.

Er arbeitete daran, wie er es immer getan hat: mit unendlicher Geduld und Sensibilität gegenüber den Menschen, mit taktischen Manövern, Umwegen und Zweideutigkeiten. Er baute geheime Kontakte mit einer winzigen Gruppe von israelischen Friedensaktivisten auf – von denen ich einer war – und hoffte, dass sie den Weg ins israelische Establishment ebnen würden. Er ermutigte einige seiner Leute – hauptsächlich Said Hamami und Issam Sartawi, die beide deshalb ermordet wurden –, seine Gedanken öffentlich auszusprechen. Er veranlasste den Palästinensischen Nationalrat, das PLO-Parlament im Exil, nach und nach seine Resolutionen zu ändern. Bei diesen Bemühungen, die sich zwischen 1974 und 1988 vollzogen, wurde er hauptsächlich von Mahmoud Abbas (Abu Mazen) unterstützt. Zu jener Zeit war Yitzhak Rabin noch ein extremer Gegner eines Friedensabkommens mit den Palästinensern, und Shimon Peres war der Pate der Siedlungen; beide vertraten damals noch die so genannte Jordanische Option, das heißt, die Lösung der Palästinafrage in Jordanien. Wenn also jemand den Friedensnobelpreis für das Oslo-Abkommen verdient hat, dann Arafat.

Eine der Eigenschaften, derentwegen er von den Palästinensern so verehrt wird, ist sein ungewöhnlicher Mut. Als Ariel Sharon 1982 in den Libanon einfiel, um die Palästinenser zu vertreiben und ihren Führer zu töten, hätte Arafat sich leicht beizeiten aus Beirut absetzen können. Dies wäre von jedem als verständlicher Schritt akzeptiert worden. Aber er blieb mit seinen Kämpfern bis zum letzten Tag in der belagerten Stadt. Nach einem langen Kampf verließen seine Männer Beirut mit erhobenem Kopf und mit ihren Waffen – von Arafat angeführt.

Eine andere, fast vergessene Episode brachte ihm sogar noch mehr Bewunderung ein. Ein Jahr nach dem Auszug aus Beirut griffen die Syrer und ihre Agenten Arafats Anhänger in den nordlibanesischen Flüchtlingslagern bei Tripoli an. Damals war Arafat gerade Gast der UNO in Genf. Er tat etwas fast Unglaubliches: Im Geheimen kehrte er in den Libanon zurück, schlüpfte in das belagerte Flüchtlingslager und verließ dieses schließlich mit seinen Kämpfern, die sich auch diesmal nicht ergaben.

Fast immer schwebte Arafat in Lebensgefahr, denn ein Dutzend Geheimdienste versuchten ihn zu töten. Er überlebte mehrere Mordversuche. Einmal entkam er aus größter Lebensgefahr, als sein Flugzeug unter schwierigen Bedingungen mitten in der Wüste notlanden musste. Seine Leibwächter kamen dabei ums Leben.

Mitten in der Schlacht von Beirut fragte ich ihn, wo er wohl hingehen würde, wenn er lebend herauskäme. Ohne zu zögern, sagte er: »Natürlich nach Hause!« Zwölf Jahre später – an seinem ersten Tag in Gaza – flüsterte er mir zu: »Erinnern Sie sich daran, was ich in Beirut sagte? Nun bin ich hier.«

Als Chef der neuen Palästinensischen Nationalbehörde war er mit einer der schwierigsten Aufgaben seines Lebens konfrontiert. Er sah sich einer Herausforderung gegenüber, die jeder anderen Befreiungsbewegung unbekannt war: Er sollte eine Art Staat aufbauen, während der Befreiungskampf noch in vollem Gange war.

Zusammen mit Arafat kehrten auch seine alten Kampfgefährten zurück, die verständlicherweise glaubten, dass es ihr Recht sei, die neue Regierungsbehörde mit zu kontrollieren. Dasselbe beanspruchte auch die junge Generation von Kämpfern, die während der Intifada herangewachsen war – in Gefängnissen und im Untergrund. Und gefordert wurde es zudem auch von den Tausenden von ausgebildeten Fachkräften, die an den Universitäten überall auf der Welt studiert hatten. Einer von ihnen sagte mir: »Okay, zeichnet all die Kämpfer mit Medaillen aus! Der Staat aber muss von Leuten regiert werden, die dafür ausgebildet sind.« Arafat musste den Kuchen unter ihnen aufteilen sowie auch unter Angehörigen der christlichen Minderheit, unter Frauen und Vertretern der verschiedenen Regionen und – besonders wichtig – unter den Vertretern großer Clans, die die palästinensische Gesellschaft seit Jahrhunderten beherrschen und ohne die man nicht regieren kann. Alles zusammen genommen, eine fast unmögliche Aufgabe.

Man kann nicht sagen, dass die Errichtung der Palästinensischen Nationalbehörde ein ausgesprochener Erfolg war. Aber in Anbetracht des damit verbundenen Drucks hat Arafat keine so schlechte Arbeit geleistet. Einer der Schwachpunkte war, dass die neue Verwaltung zentralisiert wurde. Während des jahrzehntelangen Kampfes war Arafat daran gewöhnt, alleine und schnell zu entscheiden. Seine Mitarbeiter ließen ihn allzu willig die historischen Entscheidungen, die Mut und persönliches Risiko verlangten, selbst übernehmen. Die meisten seiner engsten Kampfgefährten waren in den zurückliegenden Jahren getötet worden, einige von Israel, einige von dem irakischen Agenten Abu Nidal und anderen. Wie alle politischen Führer, die lange Zeit im Zentrum innerer Machtkämpfe und der Verantwortung standen, ist Arafat einsam und misstrauisch geworden.

Einige palästinensische Persönlichkeiten glaubten, dass mit der Einrichtung der Nationalbehörde der Kampf zu einem Ende gekommen sei. Sie begannen damit, ihren eigenen persönlichen Interessen nachzugehen, einige wurden korrupt, indem sie sich den Normen der Nachbarländer (und nicht nur dieser) anglichen. So machte sich in der palästinensischen Öffentlichkeit allmählich Unmut breit. Israelische Linke begannen, die »korrupte

Behörde« zu verurteilen, und die offizielle israelische Propagandamaschine nahm die Geschichte auf und verbreitete sie fröhlich auf der ganzen Welt. Dies schadete der palästinensischen Sache während einer sehr schwierigen Zeit.

Aber nicht der leiseste Verdacht konnte Arafat selbst angehängt werden. Während Ariel Sharon im Begriff ist, in einem Morast von Korruptionsaffären zu versinken, und führende Politiker wie Helmut Kohl in Deutschland und Jacques Chirac in Frankreich in größeren Skandalen eine Rolle spielten, war Arafat über einen solchen Verdacht weitestgehend erhaben. Weder seinen Gegnern zu Hause noch den israelischen Geheimdiensten gelang es, »Schmutzflecken« zu entdecken. Er führt ein sehr einfaches Leben, hat kein eigenes Haus, seine Kleidung besteht aus seiner Khakiuniform.

Im Laufe seines Lebens hat Arafat viele Fehler gemacht. Er mag seine Opposition gegen die Sadat-Initiative 1977 übertrieben haben, indem er dem Druck seiner wütenden Mitarbeiter nachgegeben hat. Seine Unterstützung Saddam Husseins im Golfkrieg 1991 war ein größerer Fehler, der teuer bezahlt werden musste. Mehr als einmal irrte er sich bei der Auswahl seiner Mitarbeiter und Vertrauten.

Aber gegenüber seinem eigenen Volk ist er der einzige Führer geblieben, dem bedingungslos vertraut werden kann. Ausländer können dies nicht verstehen. Sie finden es merkwürdig, dass dieselben Attribute, für die ihn viele Leute im Westen hassen, ihn zu einem Helden seines Volkes werden lassen.

Zum Beispiel: Als Arafat im Sommer 2000 in Camp David ein klares »Nein!« zu den Vorschlägen von Ehud Barak und Bill Clinton sagte, wurde er von den meisten im israelischen Friedenslager verurteilt. Aber mit palästinensischen Augen gesehen war dies der Inbegriff von Mut und nationalem Stolz. Als er bei dem Gipfeltreffen erschien, fürchteten viele Palästinenser, dass es eine Falle sei, und dass er nicht die Kraft haben würde, sich da herauszuwinden. Es war klar, dass die »großzügigen Vorschläge« von Barak nicht dem Minimum entsprachen, das für die Palästinenser annehmbar war. Als er zurückkam, ohne nachgegeben zu haben, wurde er wie ein Held empfangen.

Nun sind die Palästinenser bereit, Mahmoud Abbas, der davon überzeugt ist, Israel und den USA Zugeständnisse abringen zu können, einigen Glauben zu schenken. Er ist ein langjähriger Mitarbeiter von Arafat und wird von der Öffentlichkeit geachtet. Aber kein Palästinenser kann sich vorstellen, ihm das Schicksal der Nation anzuvertrauen. Nur eine Person erfreut sich dieses Vertrauens: der belagerte Mann in der Mukataa. Er bleibt der letzte Schiedsrichter.

Denk ich an Deutschland…

Wiederholung der Geschichte?

Nationalismus, Nazis und Skinheads in Deutschland

30. November 1992

Denk ich an Deutschland in der Nacht, dann bin ich um den Schlaf gebracht; ich kann nicht mehr die Augen schließen, und meine heißen Tränen fließen …« Das hat Heinrich Heine, der deutscheste aller jüdischen Dichter, vor eineinhalb Jahrhunderten geschrieben – lange vor dem Deutschen Kaiserreich von 1871, lange vor dem Dritten Reich. Er dachte dabei nicht nur an seine Mutter. Was war es, das er geahnt hat?

Fremdenhass, Ausländerfeindlichkeit gibt es überall. Auch bei uns in Israel. In vielen Ländern, auch bei uns, gibt es rechtsradikale Elemente, die an die primitivsten Instinkte der Massen appellieren, von Hassgefühlen leben und in Krisen gedeihen. Was ist es, was in Deutschland doch anders ist? Es ist die Gewalttätigkeit, das Morden, die Stille der stillen Mehrheit, die Gleichgültigkeit der Polizei, die seltsame Barmherzigkeit der Gerichte, das Versagen des Verfassungsschutzes, die Kapitulation der Politiker. Irgendwas stimmt da nicht mit der Reaktion des Volkes. Man hat ja gesehen, wie deutsche Behörden reagieren, wenn sie wirklich wollen. Der RAF gegenüber, nur zum Beispiel.

Ist das eine Wiederholung der Weimarer Geschichte? Der Vergleich drängt sich beinahe auf. Horst Wessel. Die Gerichte. Die Polizei. Natürlich stimmt der Vergleich nicht. Solche Vergleiche stimmen nie. Die Geschichte wiederholt sich nicht so genau. Ich war neun Jahre alt, in Hannover, als die Weimarer Republik ihre arme Seele aufgab. Es war eine andere Zeit, ein anderes Deutschland. Was heute passiert, ist nicht Deutschland

1932/33. Aber ist es Deutschland 1922? Die Skinheads sehen den Nazis und anderen »völkischen« Banden ähnlich, die damals in Deutschland herumzogen, »Novemberverbrecher« umbrachten, Juden zusammenschlugen, Mord und Totschlag predigten. Man kann es in *Mein Kampf* nachlesen. Es ist nicht vorausbestimmt, dass es wieder so kommen muss. 1922 führt nicht unbedingt zu 1933. Aber eine Mahnung sollte es sein.

Deutschland hat Probleme. Auf Jiddisch würde man sagen: »Auf mir gesugt!« Viele Völker würden die Deutschen um solche Probleme beneiden. Aber es sind doch schwere Probleme, und wir wollen sie nicht ignorieren: der Anschluss der neuen Bundesländer, die Arbeitslosigkeit, das Asylproblem, die Einwanderung der Ausländer, die das Straßenbild verändern. Aber andere Länder haben auch solche Probleme und vielleicht noch schlimmere. Eine gesunde Gesellschaft setzt sich mit solchen Problemen auseinander, debattiert, diskutiert, streitet sich, demonstriert, fasst gute oder schlechte Beschlüsse. Neue politische Strukturen entstehen, manchmal sehr üble. Das alles ist natürlich. So reagiert ein normaler Organismus.

Die Wirtschaftskrise von 1929 war in vielen Ländern katastrophal. Überall waren Millionen arbeitslos, hungrig, verzweifelt. Aber Nazis gab es nur in Deutschland. Auch jetzt blühen die giftigen Pflanzen der Ausländerfeindlichkeit, des Antisemitismus und Rassismus in so manchen Ländern, die von der Wirtschaftskrise bedroht sind. Aber andauernde, mörderische Pogrome – die gibt es nirgendwo anders in der demokratischen Welt. Denn wenn das in England oder Frankreich oder in den USA passieren würde, dann wären schon längst Minister gefallen, Polizeioffiziere massenhaft entlassen, vielleicht die Regierung zurückgetreten. Vom Harakiri ganz zu schweigen. Deutschland ist eben doch was ganz anderes. Hat das was mit der Nazivergangenheit zu tun? Ja, natürlich.

Viele Deutsche sind über die Reaktion des Auslands besorgt. Mit Recht. Die Bundesrepublik hat viele, viele Jahre gebraucht, um die Welt davon zu überzeugen, dass dieser Staat ein anderes Deutschland ist. Ungeheure diplomatische Anstrengungen, die

Wiedergutmachung und viele andere Gesten und Taten waren nötig, um das zu erreichen. Und es ist wirklich gelungen. Sogar in Israel, wo man im Sommer Zehntausende mit tätowierten Auschwitznummern auf den bloßen Armen auf der Straße sieht, wo Holocausterinnerungen täglich zur Sprache kommen, haben viele angefangen, an das andere Deutschland zu glauben. Das alles ist in Rostock in Flammen aufgegangen. Man glaubt zwar noch an ein anderes Deutschland, aber man ist nicht mehr sicher. Die alten Anti-Nazi-Filme, die man gesehen hat, die alten Assoziationen, die in der Erinnerung vergraben waren – sie tauchen unwillkürlich wieder auf.

Das wird sich in der Welt natürlich auch wirtschaftlich auswirken. Deutsche Produkte werden leiden, ganz einfach, weil bei vielen Menschen, auch ganz unbewusst, die Wörter »made in Germany« sich mit diesen Erinnerungen verbinden. Deutsche Diplomaten, Unternehmer und Touristen werden es zu spüren bekommen. Wenn ich ein Deutscher wäre, würde ich mir ganz andere Sorgen machen. Sorgen, die sehr viel mit der so genannten »jüngsten Vergangenheit« zu tun haben.

Man spricht in Deutschland von einer »unbewältigten Vergangenheit«. Das ist nicht der richtige Ausdruck. Natürlich ist die Vergangenheit nicht bewältigt. Aber man hat sich mit ihr in Wirklichkeit gar nicht befasst. Man hat sich mit ihr nicht wirklich auseinander gesetzt. Was hat die zweite und dritte Generation über die Nazivergangenheit in der Schule gelernt? Von den Eltern gehört? Von den Lehrern erfahren? Was hat man ihr vermittelt außer dem Gefühl, dass hier etwas verheimlicht wird, etwas, was so schrecklich ist, dass man es am besten nicht berührt? An sich ist das verständlich. Die einfache Ungeheuerlichkeit des Holocaust – dieses einmalige, in der Weltgeschichte beispiellose Massenverbrechen, diese moderne, industrialisierte, zentral geplante Völkervernichtung – schreckt von einer ehrlichen Selbstbetrachtung ab. Es war leichter, es zu verdrängen. Leichter und gefährlicher. Verdrängung ist immer gefährlich, beim Einzelnen und – umso mehr – bei einem ganzen Volk. Das Verdrängte schwelt im Unterbewusstsein weiter und vergiftet die Seele. Wenn es sich um so etwas Ungeheuerliches handelt, macht es ein normales Leben nur scheinbar möglich.

Auch andere Völker haben Kapitel in ihrer Vergangenheit, die sie gerne vergessen möchten. Eine selektive, kollektive Amnesie ist nicht ungewöhnlich. Die Amerikaner etwa haben erst vor kurzem angefangen, sich mit dem, was sie den Indianern angetan haben, auseinander zu setzen. Aber nichts ist mit den Verbrechen des Dritten Reiches zu vergleichen. Nicht nur das Ausmaß der Naziverbrechen macht sie beispiellos, sondern auch ihr Wesen, ihre schiere Unmenschlichkeit, von einer unmenschlichen Ideologie getragen, die zur Staatsräson erhoben worden ist. Jede wirkliche deutsche Auseinandersetzung mit der Vergangenheit muss mit dieser Erkenntnis ihrer Einzigartigkeit anfangen. Sonst ist sie wertlos.

Ich glaube, dass auch viele anständige Menschen in Deutschland noch nicht ganz begreifen, warum diese Auseinandersetzung mit der Vergangenheit so unglaublich wichtig ist. Sie glauben, dass das eine moralische Pflicht sei, und natürlich ist sie das. Aber es handelt sich um viel, viel mehr. Nicht nur um die Vergangenheit Deutschlands geht es, sondern um Deutschlands Zukunft.

Wenn junge Deutsche die Nazivergangenheit kennen würden, dann würden sie wissen, dass nicht nur Juden und Roma Opfer der Nazis waren. Auch die Deutschen waren Opfer – Opfer ihrer selbst. Millionen Deutsche sind im Krieg umgekommen, ein Krieg, der vom Führer Deutschlands angezettelt worden ist, von dem Mann, dem Millionen Deutsche – dieselben, die zu Opfern wurden – zugejubelt haben, der die Arbeitslosigkeit abgeschafft und die Autobahnen gebaut hat. Von Hamburg bis Dresden sind in diesem Krieg alle deutschen Städte verwüstet worden. Aber viel mehr ist durch die Nazizeit zerstört worden: die deutsche Kultur, die deutsche Demokratie, die Freiheit der Menschen in Deutschland, der Stolz der Deutschen auf sich selbst. Wenn das allen Deutschen klar wäre, von Kindheit an, dann würden die ersten Anzeichen dieser Gefahr automatisch alle Alarmglocken zum Läuten bringen. Alle würden verstehen, dass ein neuer Nazismus nicht nur eine Gefahr für Ausländer, Juden und Roma ist, also für andere, sondern zuerst eine Gefahr für die Deutschen selbst. Und gerade das begreift man jetzt nicht.

Es ist schon oft gesagt worden: Wer nicht aus den Fehlern seiner Vergangenheit lernt, ist dazu verdammt, sie zu wiederholen. Die Verdrängung der Vergangenheit in Deutschland führt dazu, dass man die neuen Pogrome nicht versteht, dass man sie bagatellisiert und irgendwie abtut, statt sie sofort als das zu erkennen, was sie sind: mögliche erste Symptome eines Rückfalls. Und wie der Krebs ist diese Krankheit gefährlicher, je später sie erkannt wird. Wenn man sie im ersten Stadium diagnostiziert, kann man sie noch heilen. Danach kann es zu spät sein.

Aber die Verdrängung hat noch schlimmere Folgen. Was ich jetzt sagen möchte, wird vielleicht seltsam klingen, besonders, wenn es von einem Israeli kommt. Wir leben in einem Zeitalter des Nationalismus. Weder der Religion noch dem Kommunismus ist es gelungen, gegen den Nationalismus anzukommen. Auch nach 70 Jahren kommunistischer, internationalistischer Indoktrination lebt der Nationalismus in der ehemaligen Sowjetunion wie je zuvor, manchmal mit verheerenden Folgen. Ob wir es wollen oder nicht, Menschen haben in diesem Zeitalter das Bedürfnis, einem Volk anzugehören, sich mit ihm zu identifizieren und darauf stolz zu sein. Man begeistert sich für seine nationale Fußballmannschaft, ist begeistert, wenn jemand aus dem eigenen Volk den Nobelpreis erhält oder wenn eine fremde Kapelle bei einem Staatsbesuch seine Nationalhymne spielt. Dieselben Gefühle können auch zu weit Schlimmerem führen. In Sarajevo, zum Beispiel.

Ein »gesundes« Nationalbewusstsein sollte dazu dienen, sich seiner eigenen Nationalität, Kultur und Sprache bewusst zu sein und daher auch die Würde und die Rechte anderer Nationen zu respektieren. Aber ein krankhafter Nationalismus kann zu Überheblichkeit, Herrenrassenwahn und Unterdrückung entarten, also zu einer Verachtung anderer Nationen, zu Faschismus und – jenseits aller Menschlichkeit – zu Nazismus.

Eine der Folgen des Naziregimes in Deutschland war, dass es einen »normalen« deutschen Nationalismus unmöglich gemacht hat. Nach Hitler konnte kein Deutscher auf sein Volk stolz sein, konnte keine deutsche Geschichte Auschwitz umgehen, konnte keiner die Worte »Deutschland, Deutschland über alles« singen, obwohl der Dichter selbst sie ganz anders gemeint hat, konnte keiner die Fahne verherrlichen, obwohl es eine andere ist. Aber wie kann ein Volk auf Dauer so leben? Wie kann ein Volk, wie können Millionen von Menschen in einer dauernden Ablehnung ihrer nationalen Gefühle existieren?

Eine echte »Bewältigung« der Vergangenheit hätte dazu geführt, dass die Deutschen ihre Vergangenheit, ihre ganze Vergangenheit wahrgenommen, das Gute und das Schöne als Basis für die Zukunft akzeptiert hätten, ohne das Schreckliche und Ungeheuerliche zu verleugnen. Man hätte versuchen können zu verstehen, wie das in Deutschland passiert ist, nicht als Betriebs- und Verkehrsunfall bagatellisiert, sondern als Teil der deutschen Geschichte gesehen. Vielleicht hätte man versuchen können zu verstehen, was in der deutschen Geschichte in den letzten Jahrhunderten zu einem Hitler führen konnte. Das ist natürlich nicht geschehen, weder in der Bundesrepublik noch – und noch weniger – in der DDR, noch in Österreich. Die Verdrängungsmethoden waren verschieden, die Ausreden mannigfach, das Ergebnis jedoch dasselbe. Jetzt sehen wir die Folgen.

Am Tag der Wiedervereinigung stand auch ich vor dem Reichstagsgebäude, vielleicht der einzige Israeli in der Riesenmenge. Die Stimmung gefiel mir, sie war gedämpft und nachdenklich, der neue Nationalismus, der zutage trat, sah »normal« aus. Ich war mir aber in diesen Augenblicken, als die Fahne langsam am Mast hochging, bewusst, dass die wirkliche Prüfung Deutschlands erst jetzt beginnt. Wie wird sich diese neue Macht innerlich ausdrücken? Wird sie wirklich zu einem »Europäischen Deutschland« statt zu einem »Deutschen Europa« führen? Wird in diesem neuen, vereinigten Deutschland nicht wieder ein perverser Nationalismus hochkommen? Wird die Kluft zwischen den alten und den neuen Bundesländern nicht zu einer seelischen Krise führen, der die Strukturen der deutschen Demokratie nicht gewachsen sind?

Ich bin auch heute nicht pessimistisch. Ich glaube nicht, dass Deutschland dazu verdammt ist, seine Fehler zu wiederholen, dass ein Viertes Reich bevorsteht. Aber die Gefahr besteht, und so klein sie auch aussehen mag, sie muss von den Deutschen bekämpft werden. Die Auseinandersetzung mit der Vergangenheit gehört dazu. Hoffentlich ist das, was jetzt geschieht, doch nur eine Übergangserscheinung, hoffentlich sind es nur die Geburtswehen eines anderen Deutschland. Hoffentlich ist die deutsche Demokratie stark genug, entschlossen genug, um die Keime des neuen Nazismus auszurotten. Nur die Deutschen selbst können das schaffen. Wir anderen können nur zusehen und hoffen. Auch für Deutschland und die Deutschen.

Keine »Sonderbehandlung«!

Antisemitismusdebatte und Israelkritik

3. Juni 2002

»Wer Jude ist, bestimme ich!«, sagte der antisemitische Bürgermeister Wiens, Karl Lueger, vor hundert Jahren. Jetzt hat sich der Spieß umgedreht: »Wer Antisemit ist, bestimmen wir.«

Es ist für die Regierung Israels natürlich sehr bequem, jede Kritik an ihrer Politik im Ausland als antisemitisch zu stigmatisieren – auch wenn die Kritiker dasselbe sagen wie viele Israelis. Waren die 100 000 Israelis, die vor ein paar Wochen in Tel Aviv gegen Sharon protestierten und »Raus aus den besetzten Gebieten« forderten, alle Antisemiten?

Natürlich gibt es überall in Europa Antisemiten. Natürlich ist ihr Gedankengut ekelhaft. Natürlich versuchen sie, den jetzigen Sturm der Entrüstung gegen die Politik Sharons auszunutzen. Ist das ein Grund, jegliche Kritik zu tabuisieren?

Ich möchte mich nicht in die Debatte in Deutschland einmischen; ich weiß zu wenig über die Personen, die Hintergründe und die Aussagen. Ich möchte nur etwas Grundsätzliches dazu sagen. Wir Israelis wollen ein Volk wie alle Völker sein, ein Staat wie alle Staaten. Wir haben unsere eignen Probleme, die mit den Problemen der Juden in anderen Ländern wenig zu tun haben. Es gibt viele eingefleischte Antisemiten auf der Welt und besonders in Amerika, die von Sharon begeistert sind. Es gibt viele ausgesprochene Philosemiten, die über seine Politik entsetzt sind. Wir müssen klar zwischen den beiden unterscheiden: Israel und den Juden in der Welt. Israel ist ein Staat mit geopolitischen Interessen, die Juden sind Bürger anderer Staaten und haben Interessen wie jede andere Gemeinde. Israel muss mit denselben moralischen Maßstäben wie jeder andere Staat gemessen werden. Jede »Sonderbehandlung« berührt mich unangenehm, auch wenn sie gut gemeint ist. Sonderbehandlung heißt ja, dass Juden anders behandelt werden müssen als andere Menschen und dass wir Israelis als Juden behandelt werden müssen. Beides stimmt nicht.

Dürfen Deutsche Israel kritisieren? Um Himmels willen, warum denn nicht? Das Schreckliche, was Deutsche den Juden vor 60 Jahren angetan haben, hat mit der heutigen israelischen Politik nichts zu tun. Daraus den Schluss zu ziehen, Deutsche müssten schweigen, wenn sie glauben, dass wir Unrecht begehen, ist unmoralisch. Das Vermächtnis des Holocaust sollte doch sein, dass gerade Deutsche mehr als andere gegen Unrecht auftreten, ganz egal, wo es passiert.

Man tut uns keinen Gefallen, wenn man uns nicht kritisiert. Wer einen Menschen liebt, darf und muss ihm die Wahrheit ins Gesicht sagen. Deutsche, die für die Existenz Israels sind, sollten die Ersten sein, diejenigen Israelis zu unterstützen, die in Israel für Frieden und Gerechtigkeit kämpfen.

Man darf Israel also nicht nur kritisieren, meiner Ansicht nach muss man es sogar tun. Die Frage ist, von welchem Standpunkt aus übt man Kritik. Bejaht man das Existenzrecht Israels, oder zielt die Kritik darauf, dies Israel abzusprechen. Wenn man sein Land liebt, dann muss es auch gestattet sein, die Politik seiner Regierung zu kritisieren.

Natürlich gibt es Antisemitismus, aber ich warne davor, das mit Kritik an Israel gleichzusetzen. Dann wären wir, die politischen Gegner Sharons hier in Israel, übrigens auch alle Antisemiten. Nein, Antisemitismus hat Merkmale, die klar erkennbar sind, Kritik an Israel zu üben, gehört nicht dazu. All jene, die nur allzu leichtfertig überzogene Antisemitismusvorwürfe austeilen, vergessen die Gefahr, dass dann die wahren Antisemiten unerkennbar werden.

Auf keinen Fall darf der Holocaust für politische Zwecke missbraucht werden – weder von Israelis noch von denen, die Israel kritisieren. Dieser industrialisierte Völkermord eines modernen Staates ist einmalig, er ist mit nichts zu vergleichen. Wenn israelische rechtsradikale Demagogen behaupten, Arafat sei ein zweiter Hitler, so ist das genauso zu verdammen wie die Behauptung, Israel wende nazistische Methoden an. Es gibt kein Auschwitz im Nahen Osten, weder ein israelisches noch ein arabisches. Auch kein Dachau.

Jede Funktionalisierung des Holocaust zu politischen Zwekken ist also unbedingt abzulehnen. Man kann Israel vorwerfen, es führe einen Kolonialkrieg im Westjordanland, oder man kann es der Apartheid zeihen, man kann sehr viele schwere Vorwürfe formulieren. Israel aber beispielsweise vorzuwerfen, es wende Nazimethoden an, ist absurd. Der Holocaust war geschichtlich etwas Spezifisches, ihm fielen sechs Millionen Menschen zum Opfer.

Der palästinensische Intellektuelle Edward W. Said hat einmal gesagt, ein Araber könne sich nicht mit Israel auseinander setzen, wenn er den Holocaust nicht versteht. Araber haben allerdings ein verständliches Problem damit, denn der Holocaust wird in der israelischen Propaganda gegen die Palästinenser verwendet. Das führt natürlich leicht zur arabischen Gegenreaktion, den Holocaust zu verharmlosen oder zu leugnen. Mit europäischem Antisemitismus hat das allerdings nichts zu tun.

Ich glaube übrigens, dass Deutschland seine Vergangenheit noch nicht überwunden hat, daher dieser ungesunde Zustand, der jede normale Diskussion über den Palästinakonflikt in Deutschland unmöglich macht. Wenn ich Deutscher wäre, würde ich die Atmosphäre in meinem Land ablehnen, und ich hoffe, ich hätte den Mut, auch dann zu sagen, was ich hier und heute als Israeli vertrete.

Ich werde immer wieder von liberalen jüdischen Kreisen nach Deutschland eingeladen, nie jedoch vom Zentralrat der Juden in Deutschland. Allerdings ist das nicht nur ein deutsches Phänomen, sondern in vielen Ländern so. Stets schweigen die organisierten jüdischen Gemeinden zu der Politik der israelischen Regierung, was de facto einer Zustimmung gleichkommt. Das ist auch nicht verwunderlich, denn die israelischen Botschaften wirken bei den Wahlen stark in die Gemeinden hinein. Wer die israelische Regierungspolitik deutlich kritisiert, der hat später bei den Wahlen in den Gemeinden keine Chance. Der Zentralrat der Juden in Deutschland ist leider eine Filiale der israelischen Botschaft in Berlin. Das war nicht immer so. Zu Zeiten von Ignatz Bubis wurde noch Kritik an der israelischen Politik geübt. Doch der jetzige Zentralrat scheint – wie die israelische Botschaft in Berlin – nur ein Propagandainstrument der Regierung Sharons zu sein. Soweit ich weiß, haben diese Leute keinerlei Beziehung zu liberalen Strömungen in Israel, geschweige denn zur israelischen Friedensbewegung. Früher hatten auch israelische Botschafter manchmal eigene Meinungen, mit denen sie auch nicht hinter dem Berg hielten.

Meine Organisation Gush Shalom, der Friedensblock, führt schon seit Jahren einen Boykott gegen die Erzeugnisse der Siedlungen im Westjordanland und im Gazastreifen durch. So versuchen wir, die Siedlungspolitik zu stoppen. Doch die Erzeugnisse der Siedlungen werden auch nach Europa, auch nach Deutschland, exportiert. Dabei schließt der europäische Handelsvertrag mit Israel diese Produkte aus. Dennoch werden diese Produkte illegal nach Europa eingeschleust. Zwar versuchen die verantwortlichen Stellen seit Jahren, diesen Warenfluss zu verhindern, werden aber daran von den Außenministerien der europäischen Staaten, besonders Deutschlands, gehindert. Das heißt: Europa finanziert die Siedlungspolitik mit etwa 200 Millionen Dollar im Jahr. Deutschland und Europa finanzieren eine Entwicklung, die zum Unglück Israels beiträgt, weil sie den Frieden verhindert.

Ich habe Außenminister Joschka Fischer bereits mehrmals darauf angesprochen, immer ohne Erfolg. Auf einer Veranstaltung in Tel Aviv erwiderte er nur lapidar: »Ich bin der deutsche Außenminister.« Das heißt, er zieht sich darauf zurück, keine persönliche Meinung zu vertreten, sondern nur die Politik Deutschlands.

Eigentlich hätte doch jede deutsche Partei die Möglichkeit, die wirkliche Situation in Israel und Palästina zur Kenntnis zu nehmen. Sie haben jedoch alle Angst davor, als antisemitisch bezeichnet zu werden. Allerdings ist diese Befürchtung auch begründet.

Ich glaube jedoch, dass das Phänomen Antisemitismus im Europa von heute – wohl in der Erinnerung an die Vergangenheit – gelegentlich überschätzt wird. Der Antisemitismus ist heute in Europa nicht mehr so eine große Gefahr wie früher. Hinter jeder Ecke Antisemiten zu sehen, ist weder hilfreich noch gesund.

Kein Mensch auf der Welt braucht zwischen Israel und Palästina zu wählen. Man kann – und soll – für beide sein. Die wahren Interessen Israels und Palästinas stehen nicht im Widerspruch, denn beide Völker brauchen Frieden. Die Eskalation der Gewalt und die gegenseitigen Gräueltaten, die täglich begangen werden, können uns alle ins Unglück stürzen. Um zu einer vernünftigen Lösung zurückzukommen, brauchen wir, Israelis und Palästinenser, die Unterstützung Europas, auch Deutschlands, für eine Politik der Versöhnung und des Ausgleichs. Wer eine der beiden Seiten, Israel oder Palästina, einseitig und bedingungslos unterstützt, hilft keinem.

Wer Israel in diesem Sinne, aus dieser Gesinnung heraus, kritisiert, tut eine gute Tat. Ihn als Antisemiten zu beschimpfen, ist gemein und auch schädlich, denn damit bagatellisiert man den Antisemitismus. Wirkliche Antisemiten sind leicht zu erkennen. Sie haben einen Stil, der unverkennbar ist. Es ist eine Art kollektiver Geisteskrankheit, die mit Logik nichts zu tun hat. Man kann ja Juden hassen, weil sie zu arm oder zu reich sind, weil sie auffallen oder sich verstecken, weil sie angeblich Jesus gekreuzigt haben oder den Ariern die christliche Mitleidsmoral aufgezwungen haben. Was hat das alles aber mit Israel zu tun?

Wenn ein Araber glaubt, die Antisemiten seien seine Freunde, dann irrt er sich gewaltig. Das Wort »Antisemitismus« ist nur wenige Jahre vor dem Wort »Zionismus« geprägt worden. Der Zionismus war eine klare Reaktion auf den modernen europäischen Antisemitismus, und die russischen Pogrome haben die ersten Siedler nach Palästina getrieben. Der Holocaust hat die Errichtung des Staates Israel schließlich beschleunigt und vielleicht erst möglich gemacht. In den letzten Jahren hat auch der russische Antisemitismus eine Million Einwanderer nach Israel gebracht, wo viele von ihnen in den besetzten Gebieten auf enteignetem palästinensischem Boden angesiedelt worden sind. Jetzt wird der erneute Antisemitismus wieder Juden aus Frankreich und vielleicht auch aus Deutschland nach Israel bringen. Der Antisemitismus ist der Feind der Juden. Er ist aber auch ein Feind der Araber.

Shalom, Rudi, mein Freund

Nachruf auf Rudolf Augstein

11. November 2002

Er war mein ältester lebender Freund. Ich habe ihn kennen gelernt, als ich mit neun Jahren in das Kaiserin-Auguste-Victoria-Gymnasium in Hannover kam. Es war eine katholische Schule, ich war der einzige jüdische Schüler in der Sexta und im ganzen Gymnasium. Als der Ordinarius, Herr Hesse, am ersten Tag das Klassenregister vorlas, muss das sehr aufgefallen sein.

Es waren die ersten Monate des Dritten Reiches, aber das hinderte Rudi Augstein nicht, sich mit mir anzufreunden. Ich glaube, wir waren die beiden besten Schüler in der Klasse. Wir begleiteten einander auf dem Heimweg, wir besuchten uns gegenseitig. 50 Jahre später behauptete er, er könne sich an die Kuchen meiner Mutter erinnern.

Dann wanderte ich aus, und in den nächsten 25 Jahren hatte ich keinen Kontakt mit Deutschland. Ich vergaß seinen Namen und habe selbst einen hebräischen Namen angenommen. Nur durch Zufall haben wir uns wieder getroffen, und erst dann kam die gemeinsame Erinnerung an Herrn Hesse und die Sexta von 1933.

Wie meine Mutter zu sagen pflegte: »Das war aber komisch.« Denn in der Zwischenzeit waren wir beide Herausgeber und Chefredakteure von Nachrichtenmagazinen geworden, die beide nach dem Muster der amerikanischen Zeitschrift *Time* gestaltet waren. Wir lagen beide im heftigen Streit mit unseren Regierungschefs, den zwei Gründungsvätern Adenauer und Ben-Gurion. Wir hatten beide Krach mit unseren Verteidigungsministern, Strauß in Deutschland und sein Freund Shimon Peres in Israel. Wir wurden beide verhaftet, bei ihm gab es Durchsuchungen, bei uns Bomben. Und dann, etwas später, wurden wir beide ins Parlament gewählt. Er hielt es nur kurze Zeit im Bundestag aus, ich insgesamt zehn Jahre in der Knesset. Er war für die Ostpolitik, ich war – und bin – für Versöhnung mit den Palästinensern.

Das alles führte dazu, dass wir uns verstanden – und nicht nur aus Nostalgie. In den Tagen der Angst vor dem Junikrieg von 1967 schickte er mir ein privates Telegramm: Droht Israel wirklich eine große Gefahr? Es war ehrliche Besorgnis um uns, und es hat mich gerührt.

Rudolf Augstein war ein großer Journalist, er hat den *Spiegel* zu einer großen Institution gemacht. Es gibt wohl keinen zweiten Augstein.

Reden über den Frieden

Die Zukunft gehört uns

Rede zur Verleihung des Alternativen Nobelpreises

Stockholm, 7. Dezember 2001

Sehr geehrte Rednerin, verehrte Parlamentsmitglieder, verehrter Jakob von Uexkull, verehrter Botschafter von Palästina (ich würde gerne auch meinen eigenen Botschafter begrüßen, aber er hielt es nicht für angebracht, zu erscheinen), sehr geehrte Damen und Herren.

Ich möchte gern mit einer persönlichen Erfahrung beginnen: Genau an diesem Tag, am 7. Dezember, erhielt ich vor 53 Jahren durch eine Maschinengewehrsalve einen Bauchschuss. Nach vielen Monaten erbitterter Kämpfe war mir klar, dass ich kaum Überlebenschancen hatte. Es war helllichter Tag, und ich lag direkt vor den Augen des Feindes und seinen Maschinengewehren. Doch vier meiner Soldaten, neue Immigranten aus Marokko, kamen zu mir gelaufen und brachten mich unter knatternden Gewehrsalven in Sicherheit. Nach einer langen und holprigen Fahrt in einem Jeep – ohne Schmerzmittel – erreichte ich das Armeehospital, gerade noch rechtzeitig, um operiert und gerettet zu werden.

Ich lag dort viele Tage, konnte weder schlafen noch essen, war an Schläuche und Instrumente angeschlossen, von Soldaten in Agonie umgeben, von denen manche starben und einige ihre Gliedmaßen verloren – und ich dachte nach und dachte nach. Ich dachte an meine Kameraden, die ihr Leben verloren hatten oder zu Invaliden geworden waren. Ich dachte an die unsichtbaren, ehemaligen Bewohner der Dörfer, die meine Kompanie erobert hatte. Immerhin hatten wir oft Häuser betreten, in denen noch das Feuer im Herd brannte und das fast unberührte Essen auf dem Tisch stand, das Familien stehen gelassen hatten, um wenige Minuten vor uns zu fliehen und Flüchtlinge zu werden. Ich dachte nach über die Tragödie des Kriegs zwischen den beiden Völkern, über uns, die neuen Israelis, und über sie, die Palästinenser.

Ich war damals 25 Jahre alt und musste entscheiden, was ich mit dem Rest meines Lebens tun sollte, eines Lebens – und das war mir klar –, das mir von jenen vier Soldaten geschenkt worden war, die ihr Leben riskiert hatten, um meines zu retten.

Als ich so – schlaflos und immerzu durstig – im Bett lag, entschied ich mich, dass mein Leben einen Zweck haben müsse und dass es nur einen Zweck gebe, für den es sich zu leben lohnte: Diesem tragischen Krieg ein Ende zu setzen und Frieden zwischen unseren Völkern, den Israelis und den Palästinensern, zu stiften. Mein Ziel war, Frieden zu bringen, Leben zu retten und mich am Streben der Menschheit nach einer zivilisierten Weltordnung ohne Krieg, Hunger und Unterdrückung zu beteiligen.

Seitdem, also seit 53 Jahren, habe ich mich bemüht, dieser Verpflichtung nachzukommen. Zunächst gründete ich eine Zeitschrift und kämpfte als ihr Herausgeber 40 Jahre lang gegen Demagogen, die nationalen und religiösen Hass predigten. Als Mitglied der Knesset setzte ich mich zehn Jahre lang für eine demokratische, liberale, säkulare, multiethnische und zivile Gesellschaft in Israel ein, die auf Gleichheit und soziale Gerechtigkeit gründen und die in enger Partnerschaft mit einem freien und souveränen palästinensischen Staat leben sollte.

Ich war niemals allein in diesem Kampf. Während all dieser Zeit war ich glücklich, in Gesellschaft mutiger Männer und Frauen zu sein, die die Sache des Friedens und der Gerechtigkeit zu der ihren gemacht hatten. Anfangs waren wir wenige, nur eine Handvoll, aber im Laufe des Kampfes wuchs unsere Zahl. Vielen erschien unsere Sache als Sisyphusarbeit. Und tatsächlich gab es auf dem Weg viele Enttäuschungen, und manche waren niederschmetternd. Aber die errungenen Siege waren weit bedeutsamer.

Als wir vor mehr als 50 Jahren anfingen, gab es kaum einen Israeli, der bereit war zuzugeben, dass es überhaupt ein palästinensisches Volk gibt, geschweige denn, dass es irgendwelche Rechte hat. Golda Meir, die damalige Ministerpräsidentin, erklärte noch vor 30 Jahren, dass es »so etwas wie ein palästinensisches Volk« nicht gäbe. Heute gibt es kaum mehr einen Israeli, der die Existenz des palästinensischen Volkes leugnet.

Als wir vor 40 Jahren sagten, dass es neben dem Staat Israel einen Staat Palästina geben sollte, klang das verrückt. Heute glaubt die große Mehrheit der Israelis, dass es ohne diesen keinen Frieden geben kann.

Als wir vor 30 Jahren die Meinung vertraten, dass wir mit der Palästinensischen Befreiungsorganisation (PLO) verhandeln sollten, erschien das wie Verrat. Tatsächlich verlangten etliche israelische Minister, dass ich wegen Hochverrats angeklagt werden sollte, als ich mich während der Schlacht um Beirut das erste Mal mit Yassir Arafat traf. Nach 1993 gaben sich israelische Minister bei Yassir Arafat die Türklinke in die Hand.

Als wir vor sechs Jahren das Schlagwort »Jerusalem – Hauptstadt zweier Staaten« prägten, wurden wir angeklagt, den nationalen Konsens zu brechen. Aber im vergangenen Jahr, als die israelische Delegation in Camp David vorschlug, dem zukünftigen palästinensischen Staat einige arabische Vororte von Ostjerusalem zu überlassen, gab es kaum Proteste in Israel.

Der Weg vor uns ist steinig und gefährlich. Lasst uns nicht die Macht des Hasses, der Angst und der Vorurteile unterschätzen, die im Laufe von 120 Jahren gewachsen sind. Aber wenn wir auf den langen Weg schauen, den wir schon gegangen sind, können wir mit Vertrauen sagen, dass das Ende schon in Sichtweite ist. So dunkel die Nacht auch sein mag, so wissen wir doch, dass mit der Morgenröte ein neuer Tag kommen wird.

Vor neun Jahren nahmen Rachel und ich an einem Protest gegen eine Entscheidung von Rabins Regierung teil. Es ging um die Ausweisung der 415 islamischen Aktivisten aus Israel. Wir, Juden und Araber, stellten in Jerusalem, gegenüber vom Büro des Ministerpräsidenten, ein Zelt auf und lebten dort 45 Tage gemeinsam, Tag und Nacht. Es war ein fast skandinavischer Winter. Jerusalem war mehrere Tage von Schnee bedeckt. Entweder zitterten wir vor Kälte oder erstickten fast am Rauch des offenen Beduinenfeuers. Wir sprachen über das Versagen der alten Friedensbewegung, die nicht bereit war, gegen eine Regierung der Arbeitspartei zu protestieren.

Damals entschieden wir uns, eine neue Friedensbewegung zu gründen: unabhängig, kämpferisch, unbestechlich, nicht nach Popularität schielend und der Wahrheit verpflichtet, auch dann, wenn ihr Hass entgegenschlägt. Auf diese Weise wurde Gush Shalom, der Friedensblock, geboren.

Rachel und ich nehmen diesen Preis vor allem als einen Dank für Hunderte Aktivisten von Gush Shalom entgegen, die Frauen und Männer, alte und junge, die alles geben – Zeit, Kraft, Geld, und was am wichtigsten ist, ihre Überzeugung für die Sache des Friedens und der Gerechtigkeit –, die bei strömendem Regen hinausgehen oder in die brennende Sonne, um gegen Ungerechtigkeit und Unterdrückung zu demonstrieren, sich gegen Hass, Drohungen und Gewalt von selbst ernannten Patrioten stellen. Sie sind ihrer Überzeugung treu geblieben, selbst als Verzweiflung und Resignation die Oberhand zu gewinnen schienen und rundherum andere Friedensgruppen zusammenbrachen und aufgaben.

All jenen und allen anderen Friedensaktivisten in Israel sende ich von hier, aus dieser schönen Stadt, eine Botschaft der Freude und der Hoffnung: Lasst uns unsere Köpfe hochhalten, denn unsere Sache wird sich durchsetzen. Allen Widrigkeiten zum Trotz, auch wenn der Weg noch so schwierig ist, selbst wenn die Mächte des Bösen und der Dummheit zu gewinnen scheinen: Die Zukunft gehört uns, den Kräften des Friedens und der Versöhnung, den wahren Patrioten Israels und Palästinas, beiden Völkern, beiden Staaten – aber mit *einer* gemeinsamen Zukunft.

Dieser Preis ist eine ungeheure Ermutigung für uns alle. Wir nehmen ihn in Dankbarkeit und Demut an. Er erinnert uns daran, dass wir nur ein kleiner Teil des weltweiten Kampfes für Frieden, Gerechtigkeit und Gleichheit zwischen Menschen und Völkern und für die Erhaltung unseres Planeten sind. Jakob von

Uexkull, ein zutiefst bewundernswerter Mann, ist ein Symbol für diesen Kampf. Ich möchte ihm und seinen Mitstreitern aus tiefstem Herzen danken. All unser Streben kann in einem Wort zusammengefasst werden, in einem Wort, das im Hebräischen und im Arabischen nicht nur Frieden, sondern auch Vollkommenheit, Sicherheit und Wohlbefinden bedeutet: Shalom – Salam.

Wir sind keine Träumer

Rede zur Verleihung des Carl-von-Ossietzky-Preises

Oldenburg, 4. Mai 2002

War er ein Verräter? War er ein Patriot? War er ein Träumer? Oder war er doch ein Realist? Im Dritten Reich galt Carl von Ossietzky als Verräter. Die Masse des Volkes lief dem Rattenfänger von Hameln nach. Eine ungeheure Propagandamaschinerie trommelte zum Krieg. Anders Denken war Verrat. Auf Verrat stand Todesstrafe. Er wurde zu Tode gefoltert.

Heute, 64 Jahre später, ehren wir Carl von Ossietzky als den wahren deutschen Patrioten, als einen Propheten der neuen Zeit, als den Realisten, der seiner Zeit weit voraus war, der nicht die Trommel der widerwärtigen Gegenwart, sondern die Musik der Zukunft hörte. Für viele seiner Landsleute, vielleicht für beinahe alle, war er ein Verräter. Aber es gibt Zeiten, in denen ein anständiger Mensch eben ein Verräter sein muss. Zeiten, in denen wahrer Patriotismus und Verrat ein und dasselbe sind, in denen die Ehre eines Volkes von den wenigen Verrätern aufrechterhalten wird, die den unglaublichen moralischen und physischen Mut haben, »Nein« zu sagen, wenn alle um sie herum »Ja« schreien; Zeiten, in denen Menschen für den Frieden eintreten, wenn ein ganzes Volk vom Wahnsinn des Kriegs besessen ist; Menschen, die gegen Rassenwahn und nationalen Sadismus auftreten, wenn die Demagogen des Hasses mit ihren hysterischen Stimmen die Luft verseuchen. Millionen von Menschen in Deutschland, in Europa und auf der ganzen Welt mussten ihr Leben lassen, gefoltert, zerschossen, zerfetzt, verbrannt, vergast werden, bis die Völker Europas sich im Frieden zusammenfanden, wie Carl von Ossietzky es wollte.

Die Bibel erzählt, wie der Prophet Elija König Ahab traf: »Und als Ahab Elija sah, sprach Ahab zu ihm: ›Bist du es, der Verderber Israels?‹ Er aber sprach: ›Nicht ich bin der Verderber Israels, sondern du und deines Vaters Haus, dadurch, dass ihr die Gebote des Herrn missachtet habt und den Götzen nachwandelt!‹«

Das ist für mich Carl von Ossietzky, ein deutscher Prophet, ein Mann, der der Generation meines Vaters angehörte, der im selben Jahr ins Konzentrationslager kam, in dem mein Vater mich, den neunjährigen Jungen, aus Deutschland rettete, um in Palästina ein neues Leben zu beginnen.

Es ist für mich eine große Ehre – so groß, dass ich nicht sicher bin, sie verdient zu haben –, einen Preis verliehen zu bekommen, der den Namen dieses Mannes trägt. Ich betrachte diese Ehrung als eine Verpflichtung, ihrer würdig zu sein.

Ich komme aus einem Land, in dem in den letzten Wochen täglich schreckliche Dinge passiert sind. Die Armee, in der ich selbst vor 53 Jahren als Kommandosoldat gedient habe und schwer verwundet worden bin, hat unser Nachbarvolk angegriffen, Hunderte getötet, Tausende verwundet, überall Verwüstung angerichtet. Kriegsgetöse bringt jede vernünftige Stimme zum Schweigen, Kampfbegeisterung »eint« das Volk, Propaganda füllt unsere Medien, ein Mann der brutalen Gewalt hat das Steuer fest in der Hand.

Es ist nicht leicht für die wenigen – leider noch zu wenigen –, auch in dieser Lage aufrecht zu stehen, zu protestieren, die Stimme der Vernunft und des Friedens zu erheben. Aber es gibt eine wachsende Friedensbewegung in Israel, die das tut.

Wir haben schon in der ersten Stunde dieser zweifelhaften, so genannten »Operation Schutzschild« unseren Protest laut werden lassen. Tausende sind nach Jenin und Ramallah marschiert, um Lebensmittel und Medizin in die belagerten palästinensischen Städte und Flüchtlingslager zu bringen. Man hat uns mit Tränengas und Gummikugeln beschossen. Aber schlimmer als Gas und Kugeln war der Hass, dem wir begegnet sind, das Geschrei unserer hasserfüllten, gehirngewaschenen Mitbürger, die uns als Verräter und Nestbeschmutzer beschimpften und uns Todesdrohungen zusandten.

Wir halten jedoch stand, weil wir sicher sind, dass wir die wahren Patrioten Israels sind, dass wir die Ehre unseres Volkes aufrechterhalten, dass unsere Stimmen am Ende die Trommeln des Hasses und der nationalen Überheblichkeit besiegen werden.

Es ist für viele Menschen, und besonders für Deutsche, schwer, den israelisch-palästinensischen Konflikt zu verstehen. Manche stellen sich ganz auf die Seite Israels, in dem Glauben, dass sie damit für die Sünden der schrecklichen Vergangenheit Sühne leisten. Andere verdammen Israel und stellen sich ganz auf die Seite der Palästinenser. Wir aber sagen: Sie brauchen nicht zwischen den beiden zu wählen, sie können für beide sein, für Israel und für Palästina, für den Frieden zwischen beiden Völkern, für die Versöhnung, für die gemeinsame Zukunft. [...]

Die zionistische Bewegung ist im deutschen Kulturkreis entstanden. Der Gründer des Zionismus, der Schriftsteller und Journalist Theodor Herzl, lebte in Wien – in der Stadt, in der zum ersten Mal in Europa ein eingefleischter Antisemit zum Bürgermeister gewählt wurde. Herzl sah, wie am Ende des 19. Jahrhunderts in ganz Europa nationale Bewegungen die Oberhand gewannen, in denen für Juden kein Platz mehr war. Von den Pogromen im zaristischen Russland bis zu den Ausschreitungen der Dreyfus-Affäre in Frankreich – überall waren die Juden durch diesen modernen Antisemitismus gefährdet.

Die zionistische Antwort lautete: Wenn für uns unter den Nationen Europas kein Platz ist, dann konstituieren wir Juden uns als eine separate Nation und gründen einen eigenen Staat, in dem wir unser Schicksal selbst in die Hände nehmen können. Es war eine richtige Antwort, und sie hat vielen von uns – auch mir – das Leben gerettet.

Die Schattenseite war, dass der Zionismus, der sich in Palästina etablierte, die Tatsache ignorierte, dass in diesem Land seit vielen Jahrhunderten ein anderes Volk lebte. Das einheimische, arabisch-palästinensische Volk wehrte sich natürlich gegen die fremden Eindringlinge, wie es jedes andere Volk getan hätte. So entstand der Konflikt, der uneingeschränkt bis heute – und besonders heute – andauert; ein Konflikt, der schon in die fünfte Generation geht und der unser ganzes Leben bestimmt.

Er begann mit Stöcken und Steinen. Als ich mit 15 Jahren einer terroristischen Untergrundorganisation beitrat, um gegen die britische Kolonialregierung zu kämpfen, hatten wir schon Pistolen. Heutzutage setzt unsere Armee Panzer, Kanonen, Kampfflugzeuge und Hubschrauber ein und die Palästinenser Selbstmordattentäter. Und überall im Nahen Osten gibt es Massenvernichtungswaffen, biologische, chemische und atomare.

So ein Konflikt erzeugt Hass, Vorurteile und Angst, hauptsächlich Angst. Jede Seite verteufelt die andere, Propaganda ersetzt die Vernunft, Mythen entstellen die Wahrheit. Jede Seite sieht nur die Gräueltaten der anderen und ignoriert die eigenen, jede glaubt an ihr absolutes Recht und an das absolute Unrecht der anderen.

Der erste Schritt zum Frieden ist es daher, die Traumata, die Ängste, die Hoffnungen der anderen Seite zu verstehen. Für die Palästinenser bedeutet das, die Nachwirkungen des Holocaust auf die Seele der Israelis zu begreifen. Für die Israelis bedeutet das, sich die Nachwirkungen der Nakba, also der Katastrophe der Massenvertreibung von 1948, auf die Seele der Palästinenser bewusst zu machen.

Der zweite Schritt muss sein, eine Vision des Friedens zu zeichnen, die die gerechten Ansprüche und Hoffnungen beider Seiten berücksichtigt. Und der dritte Schritt ist es, die moralischen und politischen Kräfte zu entwickeln, um diesen Frieden zu verwirklichen, nicht nur in Israel und Palästina, sondern auf der ganzen Welt: in Amerika, in Europa, auch in Deutschland, vielleicht besonders in Deutschland.

Niemand kann und darf vergessen, was vor 60 Jahren in Deutschland geschah. Was dort passiert ist, hat einen großen Einfluss auf das, was heute in unserem Land vor sich geht. Das darf jedoch nicht dazu führen, dass Deutsche sich jeder moralischen Kritik gegenüber Israel enthalten. Ganz im Gegenteil: das wäre genauso unmoralisch wie antisemitische Hetze.

Das Gedächtnis des Holocaust darf nicht manipuliert werden, um Unrecht zu rechtfertigen. Der Holocaust ist einmalig, er darf nicht für die aktuelle Politik benutzt werden. Weder die Israelis noch die Palästinenser sind Nazis. Jeder Antisemitismus ist abscheulich, ganz egal, gegen welches semitische Volk er gerichtet ist – der alte antijüdische Antisemitismus genauso wie der neue antiarabische, antiislamische Antisemitismus.

Seit mehr als 50 Jahren setze ich mich für eine Friedenslösung ein, die das Recht beider Seiten auf Freiheit, Selbständigkeit und Gerechtigkeit berücksichtigt. Natürlich besteht keine Symmetrie zwischen den beiden Seiten – wir sind die Besatzer, sie sind die Besetzten; wir haben eine gewaltige Übermacht, sie haben die Hartnäckigkeit eines bedrohten Volkes. Aber so viel Blut auch fließt, so viele abscheuliche Dinge auch passieren – wie gerade jetzt in Jenin –, am Ende werden unsere beiden Völker in diesem kleinen Land nebeneinander und zusammen leben müssen, weil jede andere Lösung zu schrecklich ist, um auch nur an sie zu denken.

So dunkel auch die Gegenwart aussieht, ich glaube, dass wir heute dem Frieden näher sind denn je. Auf beiden Seiten besteht eine große Mehrheit, die den Frieden will; sie glaubt aber nicht, dass der Frieden möglich ist. Die Verteufelung des Feindes, die Angst vor dem Fremden, das Unverständnis für das Recht des anderen – sie führen dazu, dass dieser Friedenswille nicht zum Ausdruck kommt.

Wir in der israelischen Friedensbewegung, und besonders in Gush Shalom, dem Friedensblock, in dem ich wirke, betrachten es als unsere Aufgabe, auch in den schwersten Zeiten und unter den schwersten Bedingungen dieses Ziel klar im Auge zu behalten. Wir sind engagiert, um unser Volk, das Volk Israels, zu überzeugen, dass der Frieden möglich ist, dass der Preis des Friedens viel, viel geringer ist als der Preis des Kriegs, nämlich: ein freier Staat Palästina in allen besetzten Gebieten des Westjordanlands und des Gazastreifens mit Jerusalem als gemeinsamer Hauptstadt Israels und Palästinas, die Auflösung aller israelischen Siedlungen in den palästinensischen Gebieten und eine gerechte, praktische und vereinbare Lösung für die Tragödie der palästinensischen Flüchtlinge.

Wenn das Verrat ist, dann sind wir Verräter. Wenn es Patriotismus ist, sind wir Patrioten. Jedenfalls sind wir keine Träumer. Wir sagen unserem Volk, was der Gründer des Zionismus vor hundert Jahren gesagt hat: Wenn ihr wollt, ist es kein Märchen.

Ich nehme in tiefster Dankbarkeit diesen Preis an, den ich als Ehrung aller Friedensaktivisten und -aktivistinnen in Israel und Palästina betrachte, im Gedenken an Carl von Ossietzky, den Verräter, den wahren Patrioten.

Shalom – Salam

Laudatio zur Verleihung der Hermann-Kesten-Medaille des P.E.N.-Zentrums Deutschland und des Hessischen Ministeriums für Wissenschaft und Kunst an Sumaya Farhat-Naser und Gila Svirsky

Darmstadt, 17. November 2002

Sumaya Farhat-Naser wurde als Tochter sehr armer Bauern in Bir Zeit geboren, damals ein kleines Dorf, das von seinen Oliven lebte (daher der Name: Ölbrunnen). Gila Svirsky, Tochter einer intellektuellen jüdischen Familie aus Litauen, ist in New Jersey zur Welt gekommen. Zwei Kontinente, zwei Welten, beinahe hätte ich gesagt – zwei Planeten. Das Schicksal und die Geschichte unseres Landes haben sie zunächst in Jerusalem und nun hier, in diesem festlichen Saal, zusammengebracht.

In drei verschiedenen, doch miteinander verknüpften Auseinandersetzungen sind sie engagiert: Im Kampf um das Land, im Kampf um den Frieden und im Kampf um die Rechte der Frauen. Sumaya ist Palästinenserin, Gila ist Israelin. Sie gehören zwei Völkern an, die seit 120 Jahren Krieg gegeneinander führen. Es ist ein einzigartiger Krieg. Es geht nicht um ein Stück Land zwischen zwei Staaten, wie beim hundertjährigen Streit zwischen Deutschland und Frankreich um Elsass-Lothringen. Es ist ein Kampf zwischen zwei Völkern um ein Land, das beide als ihr Heimatland beanspruchen.

Sumayas Familie lebt seit vielen Generationen in Bir Zeit. Vielleicht sind ihre Vorfahren vor 1300 Jahren mit den Arabern ins Land gekommen. Wahrscheinlicher ist, dass die Familie seit Jahrtausenden im Land verwurzelt ist und sich im Laufe der Geschichte den verschiedenen Kulturen angepasst hat, die in Palästina nacheinander herrschten – die kanaanitische, dann die israelitische, die christlich-byzantinische, danach die der Kreuzritter, vorher und später die arabische. Ihre Religion blieb die christliche, und langsam übernahm sie mit der Gemeinde der griechisch-orthodoxen Kirche das Arabische, das zur Kultur des Landes Palästina wurde. Sumayas Familie ist zur lutherischen Kirche übergetreten, aber sie gehört zur palästinensischen Nation, deren Kultur vorwiegend von der muslimischen Mehrheit beeinflusst ist.

Gilas Vorfahren haben seit Jahrhunderten mit dem Gesicht nach Jerusalem gebetet. Für sie war das Land Israels, Palästina, das Heimatland ihres Volkes, aus dem sie durch Gottes Willen verbannt worden waren; eine Strafe, von der sie erst erlöst werden sollten, wenn Gott den Messias schickt. Erst als in Europa Ende des 19. Jahrhunderts der rabiate Antisemitismus aufkam, beschloss ein Teil der Juden, nicht mehr auf den Messias zu warten, sondern sich selbst zu erlösen und in Palästina wieder eine nationale Heimstätte zu errichten. Für streng religiöse Juden war das jedoch eine Todsünde.

Sumayas Urgroßvater im damaligen Palästina – einer entlegenen Provinz des türkischen Reiches – konnte nicht ahnen, dass im fernen Europa eine Bewegung entstand, die ihm sein Land wegnehmen wollte. Da er nicht lesen und schreiben konnte und sein Horizont nicht über die Grenzen seines Dorfes hinausging, konnte er es auch gar nicht erfahren. Und für die Juden, die in Basel 1897 den ersten Zionistischen Kongress abhielten, existierte weder Bir Zeit noch irgendein anderes Dorf in Palästina. Für sie war das Land einfach leer – »ein Land ohne Volk für ein Volk ohne Land«, wie die damalige eingängige, aber falsche Parole lautete.

Isaac Deutscher, ein berühmter jüdischer Historiker, hat den Konflikt einmal folgendermaßen beschrieben: Ein Mensch wohnt im oberen Stockwerk eines Hauses, in dem ein Brand entsteht. Um sich zu retten, springt er aus dem Fenster und landet auf dem Kopf eines Passanten, der dadurch schwer verwundet wird. Zwischen den beiden entsteht eine lebenslange, tödliche Feindschaft. Wer von ihnen hat Recht?

Natürlich hinkt dieser Vergleich, wie jeder andere. Er vermittelt aber ein verständliches Bild von dem, was sich zugetragen hat – jedenfalls nach aufgeklärter jüdischer Sicht. Zionisten sehen das jedoch ganz anders – und Araber auch.

Der Konflikt beherrscht unser Leben. Sumaya ist im Juni 1948 geboren, einen Monat nach Gründung des Staates Israel, mitten in jenem Krieg, in dem ich als Soldat gedient habe. Israelis nennen ihn den Unabhängigkeitskrieg, Palästinenser nennen ihn die Nakba, die Katastrophe, weil die Hälfte ihres Volkes in diesem Krieg vertrieben wurde. Sumayas Bir Zeit war weit von den Fronten entfernt – sonst wäre sie wohl in einem Flüchtlingslager geboren worden. Gila kam zwei Jahre vorher zur Welt.

Keiner von uns, die wir in dem Land leben, kann sich diesem Konflikt entziehen. Ob sie will oder nicht – und sie will nicht! –, Gila gehört zu dem Volk, das heute die Palästinenser unterdrückt, und Sumaya gehört zum Volk der Unterdrückten. Zwischen den beiden Völkern besteht keine Symmetrie, und es kann auch keine bestehen.

Wir Israelis können uns der Verantwortung für das, was unser Staat tut, nicht entziehen. Wir können nur versuchen, dies zu ändern. Das haben wir seinerzeit von den Deutschen gefordert, und das müssen wir jetzt von uns selbst fordern. Wir müssen versuchen, dem Krieg zwischen Israel und Palästina ein Ende zu setzen. Sumaya und Gila haben sich dieser Pflicht nicht entzogen. Darum sind sie hier.

Der Krieg zwischen Israelis und Palästinensern tobt schon seit 120 Jahren. Zu dieser Stunde ist er schlimmer denn je, und er kann noch viel, viel schlimmer werden. Vor einigen Jahren jedoch hat ein anderer Kampf begonnen, mit ganz verschiedenen Fronten. Nicht zwischen Israelis und Palästinensern, sondern zwischen denen, die Frieden wollen, Israelis und Palästinenser, und denen, die ihn ablehnen, Israelis und Palästinenser. In diesem Kampf stehen Gila und Sumaya seit Jahren auf derselben Seite, Schulter an Schulter. Das ist nicht leicht. Man braucht viel Mut, um sich – wie Sumaya – im palästinensischen Volk für den Frieden mit Israel einzusetzen, während israelische Soldaten sich in allen palästinensischen Städten und Dörfern herumtreiben, Menschen erschießen, Häuser zerstören, Bäume ausreißen, eine ganze Bevölkerung einsperren und deren Leben zur Hölle machen. Auch Bir Zeit ist belagert und isoliert.

Man braucht viel Mut, um sich – wie Gila – in Israel für den Frieden mit den Palästinensern einzusetzen, während Palästinenser in israelischen Bussen und auf israelischen Märkten Selbstmordanschläge verüben und viele Israelis davon überzeugt sind, dass die Palästinenser uns ins Meer werfen wollen.

Sumayas Weg zur Friedensaktivistin war nicht leicht. Schon als Kind hatte sie den Mut, den Sitten und Gebräuchen ihrer konservativen Dorfgemeinschaft zu trotzen. Sie hatte das für ein Mädchen ungewöhnliche Glück, die Schule besuchen zu dürfen, und zwar die deutsche lutherische Schule Talitha Kumi in Beit Jala bei Bethlehem. Nach dem Abitur hatte sie die Möglichkeit, nach Deutschland zu kommen, um hier zu studieren und ihren Lebensweg selbst zu gestalten. In ihre Heimat zurückgekehrt, hat sie konsequent die Friedenspolitik unterstützt und selbst viel dazu beigetragen, die Zusammenarbeit mit israelischen Friedensgruppen zu fördern. Dabei begegnete sie in Jerusalem Gila Svirsky.

Gilas Weg zum Frieden war auf andere Weise kompliziert. Fast alle ihre Verwandten sind im Holocaust umgekommen. Ihr Vater und ihre Mutter sind zum Glück zuvor ausgewandert – der Vater in die Vereinigten Staaten, die Mutter in das damalige Palästina. Sir trafen sich zufällig in Jerusalem, heirateten und ließen sich in New Jersey nieder. Gilas Vater, ein liberaler Intellektueller, war in Litauen Journalist gewesen. In Amerika wurde er Hühnerzüchter und Möbelhändler. Die Mutter war eine extrem rechte Zionistin. Beide waren streng orthodox, und auch Gila ist als orthodoxe Jüdin erzogen worden. Als sie mit 19 Jahren nach Israel kam, war sie orthodox-religiös und zionistisch. Sie gehörte also zu den Kreisen, die nach 1967 mit der Besiedlung der eroberten Gebiete begannen. Ihre Freunde errichteten die ersten Siedlungen im Etzion-Block, nur ein paar Kilometer von der Schule entfernt, in der Sumaya zwei Jahre vorher noch Schülerin war.

Gila hatte keine Erleuchtung, wie der Rabbiner Saulus, der nach seinem Damaskuserlebnis zum Paulus wurde. Sie begann aber, ihre Ansichten von Grund auf zu verändern, als die israelische Armee 1982 auf dem Weg nach Beirut im Libanon schlimme Verwüstungen anrichtete. Sie ist heute eine der radikalsten Aktivistinnen für Frieden und Menschenrechte.

Ich selbst habe einige Male erlebt, wie Gila Svirsky bei stürmischen Demonstrationen Soldatenketten durchbrach. Einmal, im glühenden Hochsommer, nicht weit von Sumayas Schule, als Soldaten uns den Weg in ein belagertes palästinensisches Dorf verweigerten, setzten wir uns auf den heißen Straßenasphalt – wie auf einen brennenden Ofen – und versperrten so den Siedlern, Gilas ehemaligen Kameraden, die Landstraße. Ich war auch dabei, als Gila und Sumaya gemeinsam einen Friedensmarsch durch das arabische und das israelische Jerusalem anführten, entlang der herrlichen 500 Jahre alten Stadtmauer.

Die tägliche Zusammenarbeit israelischer und palästinensischer Friedensaktivisten ist ein Licht, das auch in der heutigen Dunkelheit leuchtet. Es ist ein gemeinsamer Marsch in eine gemeinsame Zukunft – eine Zukunft, in der die Staaten Israel und Palästina nebeneinander und zusammen leben werden, mit Jerusalem als gemeinsamer Hauptstadt, mit der Grenze von 1967, der so genannten Grünen Linie, als offener Grenze, ohne Siedlungen und mit einer gerechten Lösung des Flüchtlingsproblems. In dieser Zukunft werden Gila und Sumaya keine Ausnahmen mehr sein, wie sie es heute noch sind.

Es ist allerdings eine kaum zu erklärende Tragödie, dass eine wirkliche, konsequente und systematische Zusammenarbeit israelischer und palästinensischer Friedenskräfte bis heute nur punktuell zustande gekommen ist. Umso mehr gebührt Gila und Sumaya für ihre geduldigen Bemühungen unsere besondere Anerkennung. Die Zusammenarbeit dieser beiden Frauen war keineswegs einfach. Der Dialog zwischen ihnen – wie ihn Sumaya in ihrem zweiten Buch *Verwurzelt im Land der Olivenbäume* beschreibt – war hart, oft sogar schmerzlich, aber grundehrlich. Diese Ehrlichkeit ist eine Vorbedingung für wirkliche Versöhnung zwischen den beiden Völkern, deren nationale Sicht der Geschichte vollkommen verschieden, ja gegensätzlich ist.

Aber auch dann, wenn schließlich ein Frieden zustande kommen wird, für uns ein unbedingtes Muss, wird der gemeinsame Kampf Sumayas und Gilas noch nicht zu Ende sein. Denn sie, ja wir alle, kämpfen zudem noch an einer dritten Front: Wir kämpfen den Kampf um die Stellung der Frau in einer modernen Gesellschaft. Für Sumaya wird dieser Kampf viel schwerer sein als für Gila. Der Staat Palästina, der nach so viel Blutvergießen entstehen wird, wird sich am Anfang auf die bestehenden patriarchalischen Lebensformen der palästinensischen Gesellschaft gründen.

In ihrem ersten Buch *Thymian und Steine* erzählt Sumaya, wie sich ihre Vorfahren in Bir Zeit niedergelassen haben: Als im Hause ihres Urahns Farach ein Mädchen geboren wurde, kamen die Nachbarn, um ihm Trost zu spenden, weil es kein Sohn war. Ein fremder Gast, ein Muslim, sprach ebenfalls seinen Trost aus, und Farach erwiderte nach arabischer Art: »Das Kind sei dir geschenkt.« Das waren leere Worte der Gastfreundschaft, aber nach 16 Jahren kam der Gast wieder und forderte das Mädchen. Der Vater bereute den Ausspruch, nicht weil das Mädchen einen eigenen Willen hatte – das war ja undenkbar –, sondern weil der Mann ein Muslim war, und Farach ein Christ. So floh er mit der ganzen Familie in die Berge, und die Familie kam nach Bir Zeit.

Das war vor vielen Jahren, aber auch Sumaya selbst musste für den von ihr gewählten Lebensweg kämpfen. Als junges Mädchen wurde sie von ihrem älteren Bruder tyrannisiert, denn in einem arabischen Haushalt, auch in einem christlichen, zählten Mädchen nicht. Mit 14 Jahren wollte ihr Großvater sie, wie üblich, mit einem Verwandten verheiraten. Gegen jede Sitte weigerte sich Sumaya. Sie schreibt in ihrem Buch: »Großvaters Schock war so groß, dass er kein Wort hervorbrachte und das Haus verließ.«

Heute spielt Sumaya in palästinensischen Frauenorganisationen eine führende Rolle. Im Befreiungskampf der Palästinenser spielen Frauen eine wichtige Rolle, aber in der Gesellschaft sind sie weit davon entfernt, gleichberechtigt zu sein. Frauen wie Sumaya werden noch lange zu kämpfen haben, um innerhalb ihrer Gesellschaft, langsam und stufenweise, dieses Ziel zu erreichen.

Auch Gila ist eine entschiedene Feministin. Die Situation der Frauen in der israelischen Gesellschaft ist zwar unvergleichlich besser als die ihrer arabischen Mitstreiterinnen, aber auch sie ist noch weit von einer wirklichen Gleichberechtigung entfernt.

Sumaya und Gila können sich gegenseitig helfen. Keine Gesellschaft kann gedeihen, wenn sie auf die volle Beteiligung einer ganzen Hälfte der Bevölkerung verzichtet. Darum ist es nicht nur Sache der Frauen, es ist auch Sache der Männer, sich für Gleichberechtigung einzusetzen.

Im Kampf um Frieden, Gerechtigkeit und Menschenrechte stehen die Frauen in vorderster Linie. Dadurch fördern sie auch ihr Recht auf Gleichberechtigung. Sumaya Farhat-Naser und Gila Svirsky können dabei als gute und lebendige Vorbilder dienen.

Liebe Sumaya, liebe Gila, es ist mir eine Ehre, euch beide zu würdigen. In dieser schönen alten Stadt, weit entfernt von unserem gemeinsamen Schlachtfeld sehen wir, wie ein normales, friedliches Leben aussehen kann. Keiner von uns hat je einen so friedlichen Tag in unserem Land erlebt. Aber morgen geht es wieder zurück in den Kampf, in den Kampf um Gerechtigkeit und Frieden. Shalom – Salam.

Uri Avnery: Ein Porträt

Roland Kaufhold

Kindheit in Hannover

Uri Avnery wurde am 13. September 1923 unter dem Namen Helmut Ostermann in Beckum/Westfalen geboren. Er war eines von vier Kindern eines jüdischen, vom deutsch-humanistischen Geist geprägten Elternhauses. 1913 hatten seine Eltern geheiratet, und ein Freund hatte ihnen aus diesem Anlass gemäß alter zionistischer Tradition eine Urkunde für die Anpflanzung eines Baumes in Palästina geschenkt. Seine Großeltern stammten ebenfalls aus Westfalen, und der Großvater war als Lehrer der jüdischen Gemeinde in Beckum tätig. Nach einem Jahr siedelten die Ostermanns nach Hannover über, wo Helmut die Grundschule sowie die 5. Klasse des katholischen, humanistischen Kaiserin-Auguste-Victoria-Gymnasiums besuchte. Sein Vater war im Finanzwesen, an der Börse, tätig und verfügte über einen gewissen Wohlstand. Helmut wuchs in einem assimilierten deutsch-jüdischen Milieu auf; die Nachbarschaft seiner Familie in Hannover war nicht jüdisch. Sie gingen nur an zwei Feiertagen in die Synagoge, dennoch bestand der größte Teil ihrer Freunde aus Juden.

Mit neun Jahren trat Helmut der zionistischen Jugendbewegung »Die Werkleute« bei. Gemeinsam machten sie Ausflüge, sangen hebräische Lieder, obwohl sie kein Wort vom Text verstanden, und Helmut las alles, was es seinerzeit über Palästina gab. Diese frühen Interessen und Identifikationen sollten sich als bedeutsam für seinen weiteren Lebensweg erweisen und erleichterten ihm den Weg nach Palästina: »Also, seelisch waren wir total auf Palästina vorbereitet. Aber, was heute ja keiner mehr wahrhaben will, als Zionisten stellten wir eine winzige Minderheit dar! Damals in Deutschland Zionist zu sein, das war – wie soll ich sagen – so, als wäre man in Israel Maoist« (in: Koppel 2000, S. 134), erinnerte sich Avnery an seine Jugend.

Ein seelischer Zufluchtsort war für ihn der Wald; Waldhausen hieß der Stadtteil Hannovers, wo er aufwuchs. Er unternahm stundenlange Fahrradtouren und Spaziergänge. Diese frühen, verdrängten Kindheitserinnerungen wurden ihm Jahrzehnte später bei seinen Besuchen in Deutschland wieder bewusst, brachten ihm wieder »eine vergessene oder unbewusste Heimat« (Avnery 1998, S. 24) zurück; so zum Beispiel die grüne Farbe des Waldes, dessen Geruch es in Israel nicht gibt.

Als Helmut Ostermann – der sich mit Erreichen seines 18. Lebensjahres in Israel in Uri Avnery umbenannte – in das zum ganz überwiegenden Teil katholische Kaiserin-Auguste-Victoria-Gymnasium in Hannover wechselte, machte er eine Bekanntschaft, die sich Jahrzehnte später als bedeutsam erweisen sollte: Ein gewisser Rudolf Augstein war sein Banknachbar. 35 Jahre später sollte dieser ihm anbieten, gelegentlich im *Spiegel* über Israel zu schreiben; gut 60 Jahre später verfasste Augstein ein Vorwort zu einem Interviewband mit Avnery, in dem er die Gemeinsamkeiten in ihrem publizistischen Wirken sowie in ihrer Biografie hervorhob (Augstein 1995). Nach Augsteins Tod im Dezember 2002 verfasste Avnery für den *Spiegel* den in diesem Buch abgedruckten Nachruf.

Der Alltag des Jungen wurde zunehmend durch den erstarkenden Nationalsozialismus geprägt. Die Aufmärsche der Nazis sowie der Kommunisten prägten seine kindliche Weltwahrnehmung, bildeten, neben der Musik Bachs, zunehmend das Hauptthema beim Mittagstisch. Das Politische war ein selbstverständlicher, existenziell bedeutsamer Bestandteil des Lebens.

1933, Helmut war gerade ins Gymnasium gewechselt, wurden dort regelmäßig alle Schüler in der Aula versammelt, um alte deutsche Waffensiege zu feiern. Helmut war der einzige jüdische Schüler. Ein Ereignis prägte sich ihm tief ein. 35 Jahre später erinnert er sich der Szene:

»Einmal [...] stand ich allein inmitten von tausend deutschen Jungen, die das Horst-Wessel-Lied, die blutrünstige Nazihymne, sangen. Ich sang nicht mit und hob auch nicht die Hand zum Nazigruß wie die anderen. Hinterher trat eine Gruppe meiner Klassenkameraden zu mir und sagte, wenn ich noch einmal beim Absingen der Hymne des neuen Deutschland den Arm nicht höbe, ›würden sie es mir zeigen‹.« (Avnery 1969, S. 9)

Dennoch erinnert sich Avnery mit Wohlwollen eines katholischen Pfarrers, welcher ihm auch nach der »Machtergreifung« seine Unterstützung versicherte.

Zu den angedrohten Prügeln durch seine rassistisch aufgehetzten Mitschüler kam es nicht. Die zionistischen Überzeugungen seines Vaters schärften dessen Wahrnehmung der existenziellen, scheinbar noch unwirklichen Gefahr. Nach einer antisemitischen Drohung, die ihm im Frühjahr 1933 vor Gericht zugetragen wurde, beantragte er bei der Polizeibehörde von Hannover seine Auswanderung und verkaufte seinen Besitz. Eine Woche nach dem Zwischenfall in der Schule emigrierte die Familie auf Schleichwegen über Frankreich nach Palästina. Ihre Verwandten versuchten sie noch davon abzuhalten: »Du bist völlig verrückt; euch droht keine Gefahr«, wollten sie den Vater überzeugen. Sie selbst blieben – und wurden alle von den Nazis ermordet. Auf einem Gedenkstein in Hannover sind ihre Namen verzeichnet.

Ankunft in Palästina

Im November 1933 fuhren die Ostermanns mit der »Sphynx« von Marseille nach Palästina und landeten im Hafen von Jaffa. Der zehnjährige Helmut war sehr begeistert, Deutschland verlassen und in sein geliebt-fantasiertes Palästina reisen zu können. Die Szene, in der sie in den Hafen Jaffas einliefen, war von einer eindrucksvollen Symbolik, deren sich viele Flüchtlinge der damaligen Zeit erinnern – so auch Avnery:

»Eines Morgens, kurz nach Sonnenaufgang, standen wir alle an Deck und sahen am Horizont einen braunen Streifen, der langsam näher kam. Es war die Küste von Palästina, und ich muss Ihnen sagen, es ist noch heute, Jahrzehnte später, ein erregender Moment für mich, wenn ich vom Flugzeug aus die Wüste sehe.« (In: Koppel 2000, S. 130)

Da die Dampfer seinerzeit noch nicht direkt am Hafen anzulegen vermochten, wurden die Flüchtlinge von stämmigen Arabern mit kleinen Booten abgeholt und ans sichere, rettende Ufer gebracht.

Für seinen Vater war die Emigration nach Palästina mit einem radikalen Bruch mit seiner Vergangenheit verknüpft. Er beschloss, nicht mehr im Finanzwesen, sondern im Sinne eines Idealisten in der Landwirtschaft zu arbeiten. Bei Avnery schwingt, trotz seiner eigenen Abneigung gegenüber einer landwirtschaftlichen Tätigkeit, eine tiefe Bewunderung für seinen Vater mit, wenn er ausführt:

»... Aber mein Vater war glücklich hier im Lande und bis zum letzten Augenblick idealistisch. Er, der nie in seinem Leben körperlich gearbeitet hatte, begann hier nicht nur zu arbeiten, sondern zu schuften, zwölf, vierzehn Stunden am Tag. Wir hatten am Ende eine Wäscherei, und er trug die Wäsche mit dem Fahrrad aus, bei Hitze und Regen. Meine Mutter arbeitete genauso. Er war glücklich, und sie war zumindest zufrieden. Das hing auch damit zusammen, dass sie wussten, was sie hinter sich gelassen hatten. Je mehr man von dem hörte, was in Deutschland passierte, umso glücklicher war man, dass man rechtzeitig herausgekommen war. Und dass man vier Kinder gerettet hat. Mein Vater war ein Mensch, den alle Leute furchtbar gern hatten. Ich glaube, sie haben uns die Wäsche hauptsächlich gebracht, damit er zu ihnen nach Hause kommt und sich mit ihnen unterhält. Auf Deutsch natürlich, denn unsere Kundschaft war zum großen Teil deutschsprachig. [...] Ja, er war glücklich, obwohl er nie ein Wort Hebräisch gelernt hat.« (In: Koppel 2000, S. 137f.)

In dem Buch *Die Jeckes* von Greif, McPherson und Weinbaum (2000; siehe auch Greif 2003) ist die außerordentliche Integrationsfähigkeit veranschaulicht worden, die den aus Deutschland nach Israel geflohenen Juden – die in Israel etwas spöttisch als *Jeckes* bezeichnet werden – abverlangt wurde. Vielen gelang es nicht mehr, Hebräisch zu lernen; sie fanden in Tel Aviv oder Haifa eine neue Heimat in dem letztlich kleinen, heute langsam aussterbenden Kreis der deutschstämmigen Juden.

Eine solche nur partielle Integration in die Gesellschaft und Kultur Israels gehört auch zu Avnerys familiärem Erfahrungshorizont. Sowohl seine Eltern als auch seine aus Berlin stammenden Schwiegereltern vermochten nicht mehr, Hebräisch zu lernen – und es scheint ihnen gelungen zu sein, dies nicht als Kränkung zu erleben. Avnery gibt hierfür eine schöne Erinnerung an seine Schwiegermutter wieder, die immerhin 95 Jahre alt wurde: »Einmal sagte eine Bekannte zu meiner Schwiegermutter: ›Sie sind jetzt 50 Jahre im Lande und sprechen immer noch kein Hebräisch; schämen Sie sich nicht?‹ Sie sagte: ›Natürlich schäme ich mich. Aber es ist viel leichter, sich zu schämen als Hebräisch zu lernen.‹« (In: Koppel 2000, S. 138)

1969 erinnert sich Avnery an das neue Leben seiner Eltern in Palästina beziehungsweise Israel:

»Aber was mögen unsere Eltern in jenem Augenblick empfunden haben? Diese Frage habe ich mir oft gestellt. Welch einen ungeheuren Mut müssen sie gehabt haben. [...] Als ich später als Journalist über den Eichmannprozess zu berichten hatte,[1] dachte ich zurück an meinen Vater, dessen Intuition uns das Leben gerettet hatte. Ich bin ihm zutiefst dankbar. Ich sehe ihn noch, wie er die Wäsche auf seinem Fahrrad transportierte, todmüde, doch von unzerstörbarer Fröhlichkeit, glücklich, wie er es niemals hinter seinem Direktionstisch in Hannover gewesen war. Er war wirklich ein Mensch.« (Avnery 1969, S. 11)

Avnerys Vater blieb ein unverbesserlicher Optimist; und dieser Optimismus übertrug sich auf seine neuen – zum größten Teil deutschstämmigen – Kunden sowie erkennbar auch auf seinen lernbegierigen Sohn Uri. Dieser Optimismus wurde offenkundig zu Uri Avnerys unzerstörbarem inneren Erfahrungskern.

Wenn sich Uri einerseits auch vollständig von seiner Vergangenheit in Deutschland lossagte, nur noch mit seinen Eltern Deutsch sprach, so hielt die große deutschsprachige Bibliothek mit den Klassikern, die seine Eltern nach Israel gerettet hatten, dennoch eine lose Verbindung zur deutschen Sprache aufrecht. Zwischen seinem zehnten und seinem fünfzehnten Lebensjahr las er nahezu alle ihre deutschsprachigen Bücher; auch heute noch bewahrt er sie in seiner Wohnung auf.

Uri besuchte gemeinsam mit seinem Bruder für einige Monate die kooperative Siedlung Nahalal, um Hebräisch zu lernen; nachmittags arbeiteten sie in der Landwirtschaft. Diese Siedlung ist in Israel sehr bekannt, weil dort auch der acht Jahre ältere Moshe Dayan aufgewachsen ist. Danach kehrte Uri zu seinen Eltern nach Tel Aviv zurück und besuchte bis zum Alter von 14 Jahren die dortige Grundschule. Nun erschien ihm die Schule angesichts ihrer schwierigen ökonomischen Lebenssituation als ein »verschwenderisch langsamer Weg zum Wissenserwerb« (Avnery 1969, S. 12). Daher begann er für fünf oder sechs Jahre eine Tätigkeit als Sekretär bei einem Rechtsanwalt, lernte so die Gerichtshöfe kennen und wohnte stundenlang Gerichtsverhandlungen bei. Auch erlernte er bei seinen Kontakten mit der englischen Mandatsverwaltung Englisch – es wurde sozusagen seine dritte Muttersprache. Diese Tätigkeit brachte es mit sich, dass er regelmäßig ein- oder zweimal pro Woche für seinen Anwalt im arabischen Jaffa arbeitete. Jaffa liegt zwar unmittelbar bei Tel Aviv, dennoch gab es nahezu keinerlei Kontakte zwischen den beiden Bevölkerungsgruppen; Avnerys Tätigkeit als »Grenzgänger« war eine ganz große Ausnahme. Dort lernte er die Armut, aber auch die Kultur, die Sprache, die Musik und die Speisen der Araber kennen. Es entwickelten sich über diese kontinuierlichen Begegnungen mit der arabischen Bevölkerung zwar keine direkten Freundschaften, dennoch erwuchs hieraus ein Gefühl des Vertrautseins. Der Mangel solcher Begegnungen zwischen Israelis und der arabischen Minderheit in Israel, der heute, nach der kurzen euphorischen Hoffnungsphase Mitte der neunziger Jahre, die Beziehungen – oder vielmehr Nicht-Beziehungen –

prägt, ist einer der Gründe für das Scheitern eines auch nur partiellen Verständigungsprozesses zwischen diesen beiden tragisch-existenziell miteinander verknüpften Völkern.

Auch hatte Uri als Kind mit großer Begeisterung die Romane von Karl May und Walter Scott gelesen – in denen sich abenteuerliche Schilderungen des Lebens in Arabien finden – und sich mit deren Helden identifiziert. Avnery erinnert sich:

»Jaffa war eine ganz typisch orientalische Stadt mit völlig anderen Gerüchen und Geräuschen und einem ganz anderen Anblick. Was mir auffiel, war, dass die Läden keine Fensterläden hatten, keine Vitrinen, und alles war voller Kutschen und Pferde. Die Menschen gestikulierten auf eine Art, die wir nicht kannten. Es war alles furchtbar interessant, und ich habe mich so glücklich dabei gefühlt. Ich erwähne das immer gerne, weil es eine Beschreibung von Ben-Gurion gibt, der 17 oder 18 Jahre vorher an derselben Stelle ins Land gekommen war und alles ganz schrecklich fand. ›Was für Geräusche, was für Gerüche, was für Stimmen; ist das das Land unserer Väter?‹, soll er gesagt haben. Diese beiden ersten Eindrücke erklären viel von dem, was später mit ihm und mir passiert ist.« (Avnery 1995, S. 105)[2]

In diesen ersten Monaten seiner Tätigkeit beim Rechtsanwalt wurde Uri im Gerichtsgebäude der britischen Mandatsregierung für die Irgun angeworben.

Untergrundkampf bei der Irgun und bei »Simsons Füchsen«

Mit knapp 15 Jahren trat Avnery 1938 in die von den Engländern als illegal betrachtete Widerstandsbewegung Irgun ein. Diese war 1936 als eine nationalistische Abspaltung von der Haganah entstanden. Sie kämpfte mit militärischen Mitteln für die Gründung eines Staates Israel, sowohl gegen die britische Militärverwaltung als auch gegen die Araber. Avnery blieb neben seiner Tätigkeit beim Rechtsanwalt drei oder vier Jahre bei der Irgun (bis 1941 oder 1942), verteilte Flugblätter und ließ sich im Umgang mit der Waffe ausbilden. Das Waffenlager seiner Kompanie war in seiner Wohnung untergebracht, worauf die Todesstrafe stand. Für das Bombenlegen war er jedoch noch zu jung; dies machten ältere Kameraden.

Auch heute noch vermag Avnery die außergewöhnliche Faszination zu vermitteln, welche diese Tätigkeit im Untergrund bei einem Jugendlichen in seiner spezifischen historisch-politischen Situation auslöste. Sie erinnert mich sehr an Paul Parins Buch,[3] in dem er seinen antifaschistischen Kampf in der Armee Titos in den Jahren 1944/45 beschreibt.

Avnery schreibt über den prickelnd-konstruktiven Bruch, den sein Eintritt in die Irgun darstellte:

»Von dem Augenblick an war alles ganz, ganz anders. Das Leben bekam einen völlig neuen Mittelpunkt. Tagsüber arbeitete ich beim Rechtsanwalt, und abends war ich im Untergrund. Mein Chef war Jude, aber alle seine Freunde, die auch viel in unserem Büro verkehrten, waren englische Kolonialbeamte. Bei einer Aktion, 1939, gegen das englische Weißbuch, zündeten wir deren Büros an: die Büros, in denen ich sonst für den Rechtsanwalt zu tun hatte. Ja, ja, das waren gewisse Paradoxe!« (In: Koppel 2000, S. 141)

Und Avnery verdeutlicht das ihn und seine etwa 120, großteils jugendlichen Mitstreiter stimulierende Gefühl des Abenteuertums, der existenziellen Gewissheit, das Rechte zu tun, das sich tief in ihm eingrub, ihm an Tollkühnheit grenzenden Mut verlieh:

»Eine meiner Aufgaben war, diese Waffen herumzutragen. Es ist ein wunderbares Gefühl, mit einer Pistole unter dem Arm auf der Straße herumzuspazieren in dem Bewusstsein: Das ist bei Todesstrafe verboten! Du gehst an englischen Polizisten vorbei, und keiner außer dir weiß, dass du eine Pistole hast – das ist ein herrliches Gefühl für einen Jungen!« (In: Koppel 2000, S. 142)

Schuldgefühle hat er hierüber nicht entwickelt; auch später stellten sich keine ein. Die historische Situation ließ diesen Kampf als gerechten Kampf erscheinen, als die einzig angemessene Möglichkeit, sich in der Befreiungsbewegung zu engagieren: »Für einen Jungen von 16, 17 Jahren war es damals richtig! Wir lebten im Krieg, im Guerillakrieg. Auf beiden Seiten hat man mit mehr oder weniger denselben Methoden gekämpft.« (In: Koppel 2000, S. 142) Als Vergeltungsaktion für arabische Angriffe wurden Bomben in den arabischen Märkten von Jaffa, Jerusalem und Haifa gelegt, bei denen es zu Dutzenden von Toten kam.

Doch bald keimten in Avnery Zweifel auf. Er vermochte sich nicht mehr vorbehaltlos mit den Vorgaben und Mitteln seiner »Führer« zu identifizieren; die Araberfeindlichkeit, die Ablehnung der Kibbuz- und Gewerkschaftsbewegung sowie die nationalistischen Losungen der Irgun behagten ihm nicht mehr. Und doch lautete ihre Hymne: »Aus unseren Reihen befreit nur der Tod.« Ein Austritt aus der Untergrundbewegung »war psychologisch so gut wie unmöglich« (in: Koppel 2000, S. 142). Ein Riss trat in der Gruppe der Untergrundkämpfer auf. Nach einer schicksalhaften Nacht traf der 17- oder 18-jährige Uri eine ganz und gar außergewöhnliche Entscheidung, die er in Israel mit nahezu niemandem teilt: »Ich habe die Irgun verlassen; so etwas war beinahe unerhört. Man verließ eine Untergrundbewegung nicht.« (Avnery 1995, S. 108) Avnery erinnert sich in folgender Weise seiner spontanen Reaktion auf die Auseinandersetzungen in der Irgun:

»Ich stand auf und ging. Stundenlang lief ich durch die Straßen. Ich fühlte mich allein und verlassen, alle Sicherheit war dahin. Doch langsam lichtete sich die Verzweiflung, neue Ideen – halb gefühlt bereits, doch bis dahin unterdrückt – gewannen Gestalt. Ich war erst fünfzehn Jahre alt[4], aber ich glaube, es war in dieser Nacht, dass ich erwachsen wurde.« (Avnery 1969, S. 15)

Wie bereits erwähnt gab sich Helmut Ostermann, wie viele nach Israel eingewanderte Juden, mit Erreichen seines 18. Lebensjahres einen neuen Namen: Uri Avnery. »Uri« bedeutet »Flamme« und »Avner« war der Feldherr König Davids, also ein biblischer Name. Diese Namensgebung als symbolischer, eigenverantwortlicher Akt stellte einen endgültigen, symbolischen Bruch mit seiner Herkunft, mit Deutschland, dar. Individuelle Biografie und gesellschaftliche Entwicklung waren erneut eng miteinander verknüpft. Avnery bemerkt dazu:

»Durch diesen Akt erklärten wir uns von unserer Vergangenheit unabhängig. Wir brachen mit ihr unwiderruflich. Die jüdische Diaspora, die Welt unserer Eltern, ihr kultureller und gesellschaftlicher Hintergrund – wir wollten nichts mehr damit zu tun haben. Wir waren eine neue Rasse, eine neues Volk, geboren an dem Tage, an dem wir den Fuß auf den Boden Palästinas gesetzt hatten. Wir waren eher Hebräer als Juden. Unsere neuen hebräischen Namen verkündeten das.« (Avnery 1969, S. 8)

Nach seiner Trennung von der Irgun setzte Avnery sein politisches Engagement unter modifizierten Rahmenbedingungen und Prämissen fort. 1946 war er an der Gründung einer kleinen politischen Gruppe beteiligt, die sich Junges Palästina beziehungsweise Junges Erez Israel nannte und nun auch politisch postulierte, man sei ein neues Volk, »eine separate neue Nation innerhalb des jüdischen Volkes« (Avnery 1995, S. 108). Immer mal wieder, wenn man etwas Geld zusammenhatte, gab man eine Zeitschrift heraus: *Bamaawak* (Im Kampf). Ein Jahr später, im Herbst 1947, unmittelbar vor der Staatsgründung, publizierte Avnery seine erste eigene Broschüre unter dem Titel *Krieg oder Frieden in der semitischen Region*; diese wurde auch in einer Zusammenfassung ins Arabische übersetzt und an verschiedene Zeitungen und Gruppierungen im nahöstlichen Raum verschickt.

Die Staatsgründung Israels sowie der Krieg 1948 veränderten jedoch die gesamte Situation und ließen Avnerys erste Veröffentlichung als überholt erscheinen. Er schloss sich der Haganah an, kämpfte in der Kommandoeinheit »Simsons Füchse« an der Südfront in der Nähe von Jerusalem, dann gegen die ägyptische Armee. Gegen Kriegsende wurde Avnery bei einem Gefecht in der Nähe des Kibbuz Negba durch Bauchschüsse sehr schwer verletzt. Vier aus Marokko eingewanderte Soldaten retteten in einem tollkühnen Einsatz sein Leben – eine Erfahrung, die seinen Respekt für die arabischen Bürger Israels entscheidend prägte:

»Meine Leute waren eine eigenartige Mischung aus marokkanischen, tripolitanischen und türkischen Juden, die als Freiwillige direkt von den Schiffen zu uns gekommen waren. Ich hatte sie selber ausgebildet mit Hilfe von Gesten und einfachen Worten; wir konnten uns kaum miteinander unterhalten.« (Avnery 1969, S. 19)

Beeinflusst durch die Schriften von Erich Maria Remarque, insbesondere von *Im Westen nichts Neues*,[5] publizierte der 25-jährige 1949, unmittelbar nach dem erfolgreich bestandenen Krieg, ein Buch unter dem Titel *In den Feldern der Philister*, welches ein Bestseller wurde, mit 20 Auflagen allein im ersten Jahr. Dieses Werk bildete eine Grundlage für sein zukünftiges politisches und publizistisches Engagement, aber auch für die zutiefst ambivalente Rezeption und Wertschätzung seines Wirkens in der israelischen Bevölkerung:

»Plötzlich war ich der Liebling der Gesellschaft und auch der Regierung. Das dauerte genau ein Jahr. Das hat mir sehr geholfen, denn vorher war ich schrecklich unpopulär. [...] Mit diesem Kriegsbuch, das ich einst als pazifistisches Kriegsbuch auffasste, ist dasselbe passiert wie mit den Büchern Erich Maria Remarques. Nämlich, dass Jugendliche es gelesen und sich dadurch für den Krieg begeistert haben – Kameradschaft, Abenteuer und so weiter. Daher schrieb ich noch ein zweites Buch, *Die andere Seite der Münze*, worin ich schilderte, was sonst noch im Krieg passiert war. Dieses Buch war ein nationaler Skandal ohnegleichen. Ich schrieb darin über Kriegsverbrechen, wie zum Beispiel die Tötung arabischer Flüchtlinge. Das Buch wurde dann boykottiert, und es erschien nur eine Auflage...« (Avnery 1995, S. 100)

Die Staatsgründung im Jahre 1948, von der er bei einem Kibbuzaufenthalt eher zufällig im Radio hörte, war für ihn sowie seine politische Gruppe eher unbedeutend: »Als Frontsoldaten hatten wir eine gewisse Verachtung für Leute, die in Tel Aviv oder in Jerusalem Reden hielten, und darum war die Staatsgründung für uns eine Sache, die wir mit einem Achselzucken abtaten. Aber für andere mag sie die Einlösung von Herzls Worten gewesen sein, die er nach dem ersten Zionistischen Kongress in Basel geschrieben hat«, betont Avnery (in: Koppel 2000, S. 146). Diese gegensätzlichen Erfahrungen und politischen Zugänge bildeten den Ausgangspunkt für bis heute anhaltende Differenzen zwischen Avnery und großen Teilen der israelischen Öffentlichkeit.

Zur gleichen Zeit, nach dem Krieg 1948, arbeitete er kurzzeitig mit Martin Buber zusammen. Buber hatte sich seinerzeit bekanntlich ebenfalls für eine Verständigung mit den Arabern eingesetzt. Bubers Persönlichkeit beeindruckte ihn:

»Ich kannte ihn sehr gut, Buber. Er hatte eine ungeheure Ausstrahlung. Mein erster Eindruck von Buber war: Hier ist ein großer Mann. Von Gestalt war er ziemlich klein, und er hatte ein Prophetengesicht und auch eine impressive Art, sich auszudrücken. Manchmal hatte man das Gefühl, dass seine Art zu formulieren genauso wichtig war wie der Inhalt seiner Worte. Er konnte aber in Israel nie Fuß fassen.« (Avnery 1998, S. 29)

Noch vor Kriegsende sowie während seiner Genesungszeit im Krankenhaus verfasste Avnery weitere Artikel, die in einer Schrift unter dem Titel *Pax semitica* veröffentlicht wurden. Darin plädierte er für eine Beendigung des Kriegs und für eine wirkliche Verständigung mit den Arabern. Gustav Schocken, aus Chemnitz nach Israel emigrierter legendärer Verleger und Chefredakteur der auflagenstarken Tageszeitung *Haaretz*, interessierte sich für den Autor und bot ihm an, regelmäßig Leitartikel für *Haaretz* zu schreiben – eine hohe Auszeichnung für einen 25-jährigen, der keine professionelle journalistische Ausbildung durchlaufen hatte. Dennoch gab Avnery diese verlockende Tätigkeit bereits nach einem Jahr freiwillig auf, da er nicht zu den von ihm erwarteten inhaltlichen Konzessionen beim Schreiben bereit war.

Publizistische Tätigkeit bei *Haolam Hazeh*

Zeitgleich mit dem Erscheinen des Buches *Die andere Seite der Münze* kaufte Avnery im April 1950 mit dem Geld, das er von der Armee für seine Kriegsverletzung erhalten hatte, die farblose Wochenzeitschrift *Haolam Hazeh* (Diese Welt) – ein Umstand, der in Israel später häufig Anlass für Witze bildete. Binnen kurzer Zeit gestaltete er diese Zeitschrift zu einem in Israel gefürchteten Blatt um, welches gleichermaßen geschätzt, beargwöhnt und verhasst war. Gleich mit der ersten Ausgabe sorgte er für einen Boykott seiner Zeitschrift durch die israelische Armee, da er in einem Beitrag die heute knapp zweijährige Einberufung von Frauen zur Armee als unzeitgemäß bezeichnete – in Israel bis heute eine inakzeptable Haltung.

Haolam Hazeh wurde »innerhalb kürzester Zeit zum Unpopulärsten gemacht, was es überhaupt je in Israel gegeben hat« (Avnery 1995, S. 112). »Wir stritten uns mit allen Teilen des Establishments. Das führte dazu, dass wir etwa 20 Jahre lang nicht einen Millimeter an Anzeigen verkauften«, erinnert sich Avnery (1995, S. 131). Dies brachte enorme ökonomische Probleme für das Blatt mit sich, da es sich ausschließlich durch den Kioskverkauf finanzieren musste. 41 Jahre später, 1990, musste Avnery seine Zeitung aufgrund unüberwindbarer finanzieller Schwierigkeiten verkaufen. Avnery hat häufig versucht, die Besonderheit seines Blattes ausländischen Journalisten zu verdeutlichen, was ihm nur schwer gelang. Inhaltlich angelehnt an den *Spiegel* und *Time* stellte es eine Mischung zwischen unpolitischen Nachrichten, gesellschaftlichem Klatsch und Enthüllungsjournalismus dar: »Es ist, als wenn die *Bild*-Zeitung und die *Zeit* eine gemeinsame Zeitung wären, und noch extremer.« (Avnery 1995, S. 133) Avnery bezeichnet seine Wochenzeitschrift ironisierend als »eine Art Untergrundzeitung«:

»Es gab jedoch sehr viele Witze darüber, dass viele Käufer – auch Regierungsbeamte – sie quasi in anderen Zeitungen versteckten. Sie war die Zeitung der *Sabras*, der neuen Generation, die in Israel aufgewachsen ist. Offiziere und Beamte lasen sie mit großer Begeisterung, offiziell aber war sie absolut verpönt. Ben-Gurion sprach nie ihren Namen aus, er hat vielmehr einen anderen Namen erfunden, den wir dann auch mit Stolz getragen haben: ›ein gewisses Wochenblatt‹; diese Bezeichnung benutzten wir als eine Art Untertitel.« (Avnery 1995, S. 132)

Hauptgegner in den ersten Jahren von *Haolam Hazeh* war eben Ben-Gurion, Israels langjähriger Ministerpräsident. Nach Avnerys Verständnis verhinderte Ben-Gurion grundsätzlich jegliche Möglichkeit für eine Verständigung mit den Arabern. Diese inhaltliche Kontroverse in einem von Avnery als entscheidend eingeschätztem Punkt führte dazu, dass *Haolam Hazeh* bald als *die* einzige Oppositionszeitschrift galt. »Wir wollten den Staat selbst gestalten. Das war der große Vorteil meiner Generation gegenüber allen späteren Generationen, die bereits einen vorgefunden haben«, fasst Avnery ihre gemeinsame spezifische Grundposition zusammen. (1995, S. 112) Die Zeitschrift setzte sich für einen liberalen, modernen Staat ein, plädierte für eine strikte Trennung zwischen Religion und Staat – in Israel bis heute ein ungelöstes Dilemma. Das Erstarken der von dem populistisch-demagogischen Politiker Tommy Lapid geführten antireligiösen Shinui-Partei bei den Parlamentswahlen im Januar 2003 ist ein Indiz für die Heftigkeit dieses Konflikts, der zunehmend den Charakter eines Kulturkampfes annimmt (siehe Bernstein 2000). Im Unterschied etwa zur linksliberalen, antireligiösen Meretz-Partei – die bei den Wahlen im Januar 2003 schmerzliche Verluste erlitt und die diese Kontroverse aus aufklärerischer Perspektive thematisierte – fokussierte Lapid diese antireligiöse Bewegung in einem fast schon hasserfüllten Grundtenor.

Auch wurden in *Haolam Hazeh* zahlreiche Skandale aufgedeckt, so 1954 die legendäre Lavon-Affäre über einen israelischen Spionage- und Sabotagering in Ägypten (siehe Avnery 1969, S. 105-126). Avnery schreibt dazu:

»Die ganze Geschichte von *Haolam Hazeh* ist eine Kette von Skandalen und Korruptionsaffären, die wir aufgedeckt haben.

Wir umgingen dabei immer die Zensur. Wir haben alles aufgedeckt, was wir enthüllen wollten, durch alle möglichen Methoden. Wir erfanden damals Methoden, die heute schon beinahe legendär sind.« (Avnery 1995, S. 136)

Es kam zu heftigen Auseinandersetzungen um Avnerys Blatt, welche zum Teil militant ausgetragen wurden: Es überlebte drei Bombenanschläge auf die Redaktion und die Druckerei, zahlreiche erfolgreich niedergeschlagene Verfahren auf Strafverfolgung, zwei Mordanschläge. 1953 überfiel ein Unbekannter Avnery und brach ihm beide Hände und alle Finger. Doch selbst dieser traumatische Schicksalsschlag fand für Avnery eine positive Wendung: Rachel, die mit ihren Eltern im Alter von einem Jahr aus Deutschland nach Palästina geflohen war und immer noch Deutsch spricht,[6] pflegte ihn – und wurde seine Ehefrau: »Wir haben fünf Jahre in Sünde gelebt und dann geheiratet. Ich glaube, wir sind so ziemlich das einzige mir bekannte israelische Ehepaar, das nicht geschieden ist.« (Avnery 1995, S. 132)

Der Geheimdienstchef Ben-Gurions schrieb später einmal in einem Buch, dass Avnery seinerzeit für den Geheimdienst als Staatsfeind Nummer eins galt.

Mitglied der Knesset (1965-1981)

1965 versuchte der damalige Ministerpräsident Levi Eshkol, *Haolam Hazeh* in recht offenkundiger Weise mittels eines gegen dieses Magazin gerichteten Pressegesetzes zu ruinieren. Als Reaktion hierauf unternahm der seinerzeit 42-jährige Avnery zusammen mit einigen Kollegen einen außergewöhnlichen Versuch: Er gründete eine Partei, die den Namen dieser Zeitschrift trug und deren Parole lautete: »Freiheit für *Haolam Hazeh*«. Dies war für Israel, wo es keine Fünf-Prozent-Hürde im Parlament gibt, ein höchst ungewöhnliches Ereignis, war es doch – wenn man von vereinzelten Parteiabspaltungen und Namensumbenennungen absieht – die erste Neugründung einer politischen Partei in Israel seit der Staatsgründung im Jahre 1948. Zur allgemeinen Überraschung erhielt die Partei knapp anderthalb Prozent, und Avnery zog als Parlamentarier in die Knesset ein. Von 1965 bis 1973 sowie von 1979 bis 1981 gehörte er dieser an und entwickelte im Parlament rasch einen völlig neuen, streitbaren Diskussionsstil. Die Auswirkungen seines singulären Engagements – verknüpft mit seiner Zeitschrift – auf die heutige politische Kultur in Israel, insbesondere auf die intellektuelle Oberschicht, kann nicht hoch genug eingeschätzt werden.

Avnery hielt in seinen zehn Knessetjahren über 1000 Reden, von denen allein hundert das Thema der Anerkennung eines palästinensischen Staates behandelten. So forderte er gleich in seiner ersten Rede vor der Knesset, dass einer der stellvertretenden Parlamentspräsidenten aus der kleinen Gruppe der arabischen Parlamentarier kommen solle. Am Ende seiner ersten Parlamentsperiode, 1969, publizierte sein langjähriger Assistent, der Rechtsanwalt Amnon Zichroni, eine Auswahl seiner parlamentarischen Reden unter dem bezeichnenden Titel *1 gegen 119.*

Avnerys Ein-Mann-Fraktion brachte mehr Gesetzesinitiativen und parlamentarische Anfragen ein als die meisten anderen, sehr viel größeren Fraktionen. Im Grunde genommen musste sich Avnery jedoch kaum umstellen: Statt seine politischen Analysen und Streitschriften in seiner Zeitschrift zu publizieren, trug er sie nun in der Knesset vor. Seine juristischen Kenntnisse, die er sich als Jugendlicher Ende der dreißiger Jahre angeeignet hatte, waren ihm hierbei eine außerordentliche Hilfe. Avnery wurde bald zu einem *Enfant terrible* der israelischen Politik: »Die Partei war ein schreckliches Ärgernis«, bemerkt er (1995, S. 138).

Seine frühere Tätigkeit bei der Irgun bewahrte ihn wohl vor einer gesellschaftlichen Marginalisierung; die durch ihn entfachten kontroversen Diskussionen wurden in der Knesset vorwiegend im Grundtenor eines wechselseitigen Respekts ausgetragen. Eine häufige parlamentarische Gegenspielerin war für ihn die frühere Ministerpräsidentin Golda Meir, mit der ihn eine abgrundtiefe wechselseitige Abneigung verband. Er schildert hierfür ein Beispiel:

»Nach ein paar Jahren erklärte Golda Meir als Ministerpräsidentin, sie sei bereit, auf die Barrikaden zu steigen, um Uri Avnery aus dem Parlament herauszubekommen. Gerade mit Golda hatte ich viele interessante Zwischenfälle gehabt. Wir konnten uns nicht ausstehen. Ich hielt in den sechziger Jahren einmal eine Rede über Haschisch und sagte, es sei Unsinn, Haschisch zu verbieten. Und mitten in meiner Rede habe ich mich selbst unterbrochen: ›Ich möchte der Abgeordneten Frau Meir antworten.‹ Der Vorsitzende: ›Aber Frau Meir hat überhaupt nichts gesagt.‹ Darauf ich: ›Ich antworte nicht auf ihre Zwischenrufe, sondern auf ihre Zwischengrimassen.‹ Solche Dinge gab es immerzu. Ich muss sagen, ich habe mich in den ersten Jahren im Parlament sehr amüsiert, als alles noch interessant war.« (Avnery 1995, S. 138)

Innerhalb sowie außerhalb des Parlaments versuchte Avnery häufig, auf seine eigenen Erfahrungen in der Irgun Bezug nehmend, seinen Parlamentskollegen und der israelischen Öffentlichkeit die moralische und historisch-politische Vergleichbarkeit zwischen ihrer eigenen Befreiungsbewegung – oder wir mögen auch sagen: den Terrorakten der Irgun in den dreißiger und vierziger Jahren gegen Engländer sowie Araber – und der heutigen Aufstandsbewegung der Palästinenser gegen Israel zu verdeutlichen. Diese Bemühungen blieben jedoch weitestgehend erfolglos. Hauptgrund hierfür sei die kollektive Verdrängung der fürchterlichen wechselseitigen Gewalttaten, die sich Israelis und Araber in einer Eskalationsstufe wechselseitiger Vergeltungen ab den zwanziger Jahren zugefügt haben, vermutet Avnery. Er führt beispielhaft hierfür eine parlamentarische Kontroverse mit Menachem Begin an. Wenn sie beide auch nicht zeitgleich in der Irgun waren (Begin stieß erst zur Irgun, als Avnery bereits ausgetreten war, und wurde dann ihr Führer), so wusste Begin doch von Avnerys seinerzeitiger Untergrundarbeit. In *Israel ohne Zionisten* schreibt Avnery:

»Israelis meiner Generation, die im Untergrund waren, sind meistens außerstande zu verstehen, was heute Araber in den Untergrund treibt und wie sie dort reagieren. Ich habe das später sehr oft mit Menachem Begin und Yitzhak Shamir, zwei Exterroristen, erlebt. Ja, natürlich waren wir Terroristen! Aber das können sie bis heute nicht akzeptieren. *Wir* waren Freiheitskämpfer, sagen sie. Terroristen sind *die anderen.* [...] Einmal hielt er (Begin) in der Knesset eine Rede für die Todesstrafe. Ich antwortete: ›Abgeordneter Begin, Sie wissen doch besser als irgendjemand in diesem Haus, dass Todesstrafe das Allerbeste ist, was einer Untergrundbewegung passieren kann.‹ Da sah er mich doch tatsächlich mit großen, traurigen Augen an und sagte: ›Abgeordneter Avnery, wollen Sie unsere Freiheitskämpfer etwa mit diesen abscheulichen arabischen Terroristen vergleichen?‹ Das ist eine Sache, die mich immer etwas amüsiert. Aber, wie gesagt, der Untergrund war ein sehr, sehr heftiges Erlebnis.« (Avnery 1969, S. 141f.)

1973, unmittelbar nach dem traumatischen Yom-Kippur-Krieg, schied Avnerys Partei aus dem Parlament aus. Für fünf Jahre gehörte er anschließend dem Leitungsgremium der damals starken israelischen Gewerkschaft Histadrut an, eine Tätigkeit, die jedoch nicht seinem Naturell entsprach: »Es war unglaublich langweilig, ich denke daran nur mit sehr großem Unbehagen zurück.« (Avnery 1995, S. 141) 1979 gelang ihm mit der neugegründeten Partei Sheli (Akronym für »Frieden in Israel«), einem Zusammenschluss mehrerer kleiner linker politischer Gruppierungen, noch einmal der Einzug in die Knesset. Als er 1981 das Parlament verließ – er rotierte für einen arabischen Abgeordneten seiner Partei – empfand er dies anscheinend nicht als sonderlichen Verlust: »Ich hatte aber keine richtige Lust mehr, denn das Parlament hatte sich sehr verändert. Das Niveau sank von Wahl zu Wahl.« (Avnery 1995, S. 141)

»Israel ohne Zionisten«

1968, unmittelbar nach dem von Israel gewonnenen Junikrieg, welcher weitreichende geopolitische Veränderungen im Nahen

Osten zur Folge hatte, fasste Avnery seine Analysen und Reflexionen in dem Buch *Israel without Zionists* zusammen, das ein Jahr später auf Deutsch unter dem Titel *Israel ohne Zionisten* erschien. Es besteht aus 14 essayhaft gestalteten Kapiteln, die auch heute noch sehr lesenswert sind. Der autodidaktisch geschulte Journalist Avnery hielt sich damals zu einem dreiwöchigen Besuch in den Vereinigten Staaten auf und plante für jeden Tag die Fertigstellung eines Kapitels. Da er an einem Tag an einer Massendemonstration gegen den Vietnamkrieg teilnahm und keine Zeit zum Schreiben fand, musste ein Kapitel ungeschrieben bleiben. In seiner Einleitung, mit »Ein Israeli« betitelt, entfaltet Avnery seine hohe literarisch-essayistische Kompetenz. Er hat zu einem reifen Stil gefunden:

»Ich gebe nicht vor, objektiv zu sein, was Israel angeht. Ich glaube, niemand ist es oder könnte es sein. Es liegt etwas in der Luft unseres Landes, das extreme Haltungen und Erscheinungen hervorruft. Extrem ist das Licht des Sommers, extrem sind die Regenfälle im Winter. Die Propheten, die sich mit der leisen Andeutung nicht begnügten, waren extrem in ihrer Art. Die hebräische Sprache selbst neigt nicht zum Understatement. Fast alles, was heute über Israel geschrieben wird, ist Propaganda. Israel ist entweder eine heilige Stätte, in der nur aufrechte Pioniere, heroische Krieger und tugendhafte Maiden wohnen, oder eine Räuberhöhle voll erbarmungsloser Abenteurer und schamloser Weiber, die über ein unschuldiges Volk hergefallen sind und ein Land vergewaltigten.

Ich will in diesem Buch versuchen, ein anderes Bild zu zeichnen. Ich glaube, dass auf beiden Seiten Menschen stehen, die teils Recht, teils Unrecht haben. Ich möchte aufzeichnen, wie zwei große historische Bewegungen, beide authentisch, beide von hohen Idealen beflügelt, auf den Schlachtfeldern Palästinas zusammenprallten, vergeblich versuchten, sich gegenseitig zu vernichten und nichts weiter vermochten, als die Seele der einen wie der anderen an ihrer Entfaltung zu hindern.

Doch während ich versuche, beiden Seiten gerecht zu werden, bin ich mir bewusst, dass ich als Teil der einen nicht objektiv sein kann. Ich bin ein Israeli. Wie die meisten von uns bin ich stolz auf die vielseitigen Leistungen meines Volkes. Wie einige von uns habe ich ein waches Empfinden für unsere Fehler und unser Versagen. Ich bin ein Israeli, der leidenschaftlich an den Frieden glaubt, der jedoch den größten Teil seines Lebens im Krieg gelebt hat.« (Avnery 1969, S. 7)

Inspiriert durch seine außergewöhnlichen biografischen Erfahrungen sowie die vollkommen neue Situation Israels unmittelbar nach dem Junikrieg 1967 gegen mehrere arabische Staaten, sieht Avnery die große Chance, seinen Landsleuten über die Vermittlung seiner eigenen Biografie die komplexen und tragischen Ursachen für die tödlichen Eskalationen der nahöstlichen Tragödie besser verständlich zu machen.

Der Intellektuelle Avnery lässt sein Buch in einem für ihn ungewohnten Ton ausklingen. Wir mögen uns an das Lebensmotto des jüdischen KZ-Überlebenden Bruno Bettelheim erinnert fühlen, wonach Herz und Verstand nicht länger getrennt bleiben dürfen: »Unser Herz muss die Welt der Vernunft kennen, und die Vernunft muss sich von einem wissenden Herzen leiten lassen.« (Bettelheim 1960, S. 8) In dem Essay »Sind wir die Preußen des Orients?« formuliert Avnery abschließend:

»Wenn wir mit unserem Herzen wie mit unserem Verstand verstehen lernen, welches die Gründe für den Ausbruch des israelisch-arabischen Konflikts waren und wie es geschehen konnte, dass dieser Konflikt bereits drei Generationen lang andauert, werden wir die Weisheit erlangen, zu heilen.« (Avnery 1969, S. 236)

Bücher, Bücher sowie erste Kontakte zu Hamami, Sartawi und Arafat

Avnery hat eine unüberschaubare Anzahl von Zeitschriftenbeiträgen sowie neun Bücher veröffentlicht, von denen nicht alle ins Deutsche übersetzt wurden. So publizierte er 1961 anlässlich seiner journalistischen Tätigkeit beim Eichmannprozess Anfang der sechziger Jahre – der die Verarbeitung der Shoah in Israel in einer entscheidenden Weise fokussierte und dynamisierte[7] (siehe Greif 2003) – das Buch *Das Hakenkreuz*, welches nur auf Hebräisch erschien. Hierin versuchte er seinen israelischen Landsleuten zu erklären, wer die Nazis waren und wie sie an die Macht gekommen sind.

Zur Zeit der deutschen Wiedervereinigung reiste Avnery gemeinsam mit seiner Frau Rachel durch sechs Staaten des ehemaligen Ostblocks und führte dort zahlreiche Gespräche. Mit *Lenin wohnt hier nicht mehr* entstand 1991 ein journalistisches Reisebuch, welches ebenfalls nur in Israel erschien, dort jedoch recht erfolgreich war.

Von zentraler, existenzieller Bedeutung war für Avnery der lebenslange Versuch, Brücken zu einigen führenden Palästinensern zu schlagen, um die wechselseitige Eskalation der Feindseligkeiten zwischen Israelis und Palästinensern zu durchbrechen. Am 11. Juni 1967, am fünften Tag des Junikriegs, appellierte er in einem offenen Brief an den damaligen Ministerpräsidenten Eshkol, den unterlegenen Palästinensern unverzüglich die Gründung eines eigenen Staates anzubieten. Nicht wenigen Nahostwissenschaftlern erscheint das Unterlassen einer solchen Geste der Versöhnung – der unumstrittene militärische Sieger streckt dem Unterlegenen seine Hand zur Versöhnung aus – als eine historisch vielleicht einmalige Chance, die ungenutzt blieb.

1975 gründete Avnery, zusammen mit dem bekannten ehemaligen israelischen General Matti Peled und anderen, den Israelischen Rat für Israelisch-Palästinensischen Frieden; dies war der Auftakt für zahlreiche Gespräche zwischen israelischen und palästinensischen Schriftstellern und anderen Intellektuellen in den achtziger und neunziger Jahren. Bereits Ende 1973, unmittelbar nach seinem ersten Ausscheiden aus dem Parlament, hatte Avnery seine direkten Gespräche mit einigen ausgewählten einflussreichen und gesprächsbereiten palästinensischen Dialogpartnern begonnen, mit Said Hamami und Issam Sartawi, beide wichtige Funktionäre der PLO. Regelmäßig trafen sie sich, meist unter absoluter Geheimhaltung. Es waren Kontakte, die für beide Seiten lebensgefährlich waren und sowohl für Hamami als auch für Sartawi tödlich enden sollten. Avnerys Freund Hamami wurde 1978, Sartawi im April 1983 am Rande einer Konferenz der Sozialistischen Internationalen in Portugal von palästinensischen Extremisten der Organisation von Abu Nidal ermordet.

Avnery hatte Yitzhak Rabin, mit dem ihn eine lockere Freundschaft verband, über den Inhalt ihrer Gespräche informiert. Diese wurden von Rabin, obwohl sie seinerzeit in Israel de jure verboten waren, zumindest stillschweigend geduldet. Sie führten 1982 zu Avnerys weltweit beachtetem, spektakulärem Besuch bei Arafat im belagerten Beirut.

Diese den Zeitraum von 15 Jahren umspannenden Gespräche publizierte Avnery 1988 in seinem teilweise wie ein Krimi zu lesendem Buch *Mein Freund, der Feind*. Es ist ein eindrucksvolles Dokument des wagemutigen Versuchs einiger weniger Personen, mit ungebrochenem Mut, in klarer Einsicht in die äußerste Fragwürdigkeit, wenn nicht sogar Vergeblichkeit der eigenen Bemühungen, Brücken zwischen zutiefst verfeindeten Lagern zu bauen.

So leitet Avnery das mit »Mein Feind, mein Freund« überschriebene Kapitel mit einer Beschreibung der Szene ein, in der er Said Hamami 1973 erstmals traf – es war überhaupt das erste Treffen eines PLO-Offiziellen mit einem Israeli; ihm waren monatelange konspirative Kontakte und Vermittlungen Dritter vorausgegangen:

»Es klopfte leise an der Tür. Ich zögerte einen Augenblick, bevor ich öffnete. Der Mann sah jünger aus, als ich erwartet hatte, etwa 34. Er hatte sanfte dunkle Augen, schwarzes Haar, ein ziemlich rundes Gesicht. Er war konservativ gekleidet, nach englischer Art. Er sah ganz und gar nicht wie ein gefährlicher Terrorist aus. Ich sagte *ahlan wa-sahlan*. Willkommen. Er trat ins Zimmer, blickte sich rasch um, sah, dass ich allein war. Wir sahen uns an, zwei Menschen in einem Londoner Hotelzimmer.

Ich glaube, wir mochten uns. Wir waren Feinde. Es war eine gefährliche Begegnung. Wir hatten beide ein Risiko auf uns genommen. Er kannte meinen Namen und wusste, wofür ich eintrat. Aber er konnte nicht sicher sein, dass die ganze Sache nicht eine Falle des Mossad war.« (Avnery 1988, S. 58)

In dem abschließenden Kapitel »Gefangene ihrer Geschichte« blickt Uri Avnery auf diese langen Gespräche zurück, die mit dem Tod seiner beiden Freunde endeten, die doch zugleich seine Feinde waren – Freunde, deren Tapferkeit und Entschlossenheit für ihn ein Vorbild waren. Mit ihren Gesprächen hatten sie Neuland betreten, mit vielfältigen Tabus belegte Grenzen überschritten und sich in die gefährliche Position von Außenseitern begeben, die von der kollektiven Ausstoßung bedroht sind. Avnery resümiert:

»An dieser Stelle beende ich meine Geschichte. Nicht weil sie zu Ende wäre. Im Gegenteil. [...] Ich habe mich bemüht, diese Geschichte so wahrheitsgemäß zu erzählen, wie ich konnte. Vielleicht ist es eine traurige Geschichte, vielleicht macht sie auch Mut. Wir haben eine Unmenge Niederlagen und Rückschläge erlitten. Aber wir sind auch auf menschliche Beharrlichkeit gestoßen, auf Hingabe an ein Ideal, auf Mut im Angesicht des Gegners. Menschen haben ihr Leben hingegeben, viele waren jahrelang alltäglich in Gefahr. Nicht für den Kampf. Für den Frieden. [...] Ist überhaupt etwas erreicht worden? [...] Für mich ist die Antwort selbstverständlich. Diese lange Mühe, dieses Abenteuer für den Frieden ist von historischer Bedeutung.« (Avnery 1988, S. 404)

Avnery zeichnet in *Mein Freund, der Feind* auch die Entwicklung der PLO nach. Sie habe eine immense Entwicklung hin zu einer Verständigung gemacht, habe das Existenzrecht Israels anerkannt. Der Dialog sei grundsätzlich möglich – trotz langer Phasen der Irritation, trotz aller Rückschläge. Mit ungebrochenem Optimismus hebt er die Bedeutung des Dialogs hervor:

»... Man wechselt nicht nur Worte, man tauscht Blicke aus, unfreiwilliges Mienenspiel, unbewusste Gesten. Man überredet und wird überredet auf vielfache Weise, bewusst und unbewusst. [...] So ist es zwischen Freunden und Liebenden. So ist es noch mehr zwischen Feinden. Man schließt nicht anders Frieden als mit Feinden, und man schließt nicht Frieden mit Feinden, die man verabscheut oder als unmenschliche Monster betrachtet. Nach vier Generationen des Kampfes zwischen Juden und Palästinensern werden die Feinde – die PLO und ihre Führer – von jüdischen Israelis als Dämonen angesehen, als Ungeheuer. Genau so sehen die Palästinenser die verhassten Zionisten nicht als normale Menschen mit ihren alltäglichen Hoffnungen und Sorgen, sondern als die neuen Nazis, außerhalb der Grenzen der Menschlichkeit. Unser Dialog hat dazu beigetragen, diese diabolischen Bilder zu erschüttern. Er hat jede Seite in den Augen der anderen entdämonisiert.« (Avnery 1988, S. 405)

Avnery ließ sich trotz aller Rückschläge nicht entmutigen. 1993 folgte die Gründung der Friedensgruppe Gush Shalom (Friedensblock), einer progressiv eingestellten Gruppierung innerhalb des breiten Spektrums der israelischen Friedensbewegung.[8] Neben gemeinsamen Demonstrationen von Israelis und Palästinensern gegen militärische Übergriffe sowie gegen die israelischen Siedlungen in den besetzten Gebieten hat Gush Shalom auch detaillierte Pläne ausgearbeitet und publiziert, wie die verschiedenen komplexen Streitfragen zwischen Israelis und Palästinensern rechtlich und politisch geklärt werden können.

1991, zu Zeiten des Golfkriegs, publizierte Avnery auf Deutsch den leicht zu lesenden, informativen Band *Wir tragen das Nessos-Gewand. Israel und der Frieden im Nahen Osten.*

Den so genannten Friedensprozess zwischen Israel und den Palästinensern sieht Avnery in den Jahren nach dem Oslo-Abkommen von 1993 vor allem an vier Fragenkomplexen gescheitert, die weitgehend aus den Osloer Verhandlungen ausgeklammert worden sind: Die Frage des Rückkehrrechts der 1948 geflohenen beziehungsweise vertriebenen Palästinenser, das Siedlungsproblem, die Jerusalemfrage und die Frage nach den künftigen Grenzen. Doch über all diesen Problemen steht der Streit über die Souveränität in den palästinensischen Gebieten (siehe Bernstein 2000).

1996 veröffentlichte Avnery zusammen mit Azmi Bishara auf Deutsch den umfangreichen Interviewband *Die Jerusalemfrage,* in dem elf namhafte Israelis und Palästinenser über mögliche Lösungsversuche befragt werden. Durch einen speziellen Kunstgriff gewinnt diese Gesprächssammlung an Spannung: Avnery interviewte hierfür die palästinensischen und Bishara die israelischen Gesprächspartner. Die Streitgespräche verdeutlichen die große Fülle von Einschätzungen und Lösungsvorschlägen sowie zugleich die Komplexität dieser Thematik. Azmi Bishara, 1956 in Nazareth geboren, ist ein Palästinenser mit israelischem Pass und Knessetmitglied. Vor den Wahlen im Januar 2003 gab es in Israel den – juristisch gescheiterten – Versuch, Bishara von der Wahl auszuschließen. Bishara ist Professor für Philosophie an der Universität Bir Zeit im Westjordanland und hat in den achtziger Jahren in Ostberlin studiert.

Viele Preise oder: Ein unverbesserlicher Optimist

Die Liste der Auszeichnungen, die Uri Avnery in den letzten Jahren erhalten hat, ist lang und eindrucksvoll – und doch sind ihm diese Preise nahezu ausschließlich in Europa verliehen worden. In Israel selbst, so scheint es, ist er in eine zunehmend isolierte Position geraten. Das Scheitern von Oslo, der Ausbruch der zweiten Intifada, aber auch die Verzweiflung vieler progressiver israelischer Intellektueller über einen vermeintlichen Mangel an Ansprechpartnern innerhalb der palästinensischen Intelligenz – wie dies unter anderem vom israelischen Schriftsteller Yoram Kaniuk beklagt wird –, hat zum Erosionsprozess innerhalb der israelischen Linken, zu einem zunehmenden Prozess der Resignation und des Fatalismus geführt. Und dennoch: Avnery hält unbeirrbar an seinen Positionen fest, vertraut auf die Umkehrbarkeit des blindwütig-gewalttätigen Eskalationsprozesses.

1995 erhielt Avnery den Erich-Maria-Remarque-Friedenspreis der Stadt Osnabrück, 1996 die Ehrenbürgerschaft der israelisch-arabischen Ortschaft Kafr Kassem, in Anerkennung seines Anteils an der Aufdeckung eines Massakers (im Oktober 1956, bei dem 48 Menschen ums Leben kamen), 1997 (zusammen mit Gush Shalom) den Aachener Friedenspreis, 1998 den Wiener Bruno-Kreisky-Preis für Verdienste um die Menschenrechte, den Niedersachsenpreis für hervorragende publizistische Leistungen sowie den Palästinensischen Preis für Menschenrechte, 2001 den renommierten Alternativen Nobelpreis (zusammen mit seiner Frau Rachel sowie Gush Shalom), 2002 die Ehrenmitgliedschaft in der Erich-Maria-Remarque-Gesellschaft in Osnabrück und den Carl-von-Ossietzky-Preis der Stadt Oldenburg, und 2003 schließlich wurde ihm in Köln durch Fritz Pleitgen der Lew-Kopelew-Preis verliehen.

Diese augenfällige Diskrepanz der politischen Wertschätzung, die Avnery unter Israelis und Palästinensern einerseits und in Europa andererseits genießt, legt die Frage nach den Quellen seines offenkundig unversiegbaren Optimismus nahe. Hierzu könnte man diverse Vermutungen und Erklärungsansätze bemühen. Ich will in diesem Beitrag einen biografisch-psychologischen Verstehenszugang versuchen. Dass dieser Zugang durchaus im Einklang mit Uri Avnerys eigenen publizierten Bemühungen steht, glaube ich zumindest zwei Umständen entnehmen zu können: Ich habe vorhergehend die Passage zitiert, in der Avnery im Interview mit Koppel an den »ansteckenden Optimismus«, an den Glauben seines Vaters an die Menschen erinnert, wodurch dieser bei seinen Mitmenschen in Israel so beliebt wurde. Avnery schließt hier eine psychologische Deutung an, wenn er über seinen Vater ausführt: »In Deutschland war er immer ziemlich krank gewesen – er hatte Nierensteine und solche Sachen, die ihn sehr quälten, aber hier im Lande war das alles sofort weg. Vielleicht vom Fahrradfahren, das war seine Theorie. Aber vielleicht war es auch psychosomatisch.« (In: Koppel 2000, S. 138)

Auch möchte ich auf Avnerys tiefgründiges, trotz aller gravierenden politischen Differenzen liebevoll gehaltenes biografisch-psychologisches Porträt Moshe Dayans verweisen, ein Beispiel einer an Aufklärung interessierten politischen Psychologie. Avnerys bemerkenswerte Fähigkeit, sich in Dayans innere Konflikte einzufühlen, diese als pointierte Charakterstrukturen zu verstehen, die zugleich einige typische israelische Charakterzüge repräsentieren, mit denen jeder im Land aufgewachsene Israeli sich auseinander setzen müsse, zeichnet Avnery auch als einen politischen Psychologen aus. Dayans Lebensweg spiegele in verdichteter Weise die massiven Konflikte und inneren Widersprüche Israels wider und verweise hierdurch zugleich auf Möglichkeiten einer friedlicheren Zukunft, für die es sich zu entscheiden gelte. Abschließend betont Avnery, auf die ungewisse Zukunft Israels verweisend:

»Es kann geschehen, dass Israel ›dayanisiert‹ wird – es kann aber auch eine völlig andere Entwicklung nehmen. Es steht jetzt an einem Kreuzweg. Welchen Weg es einschlagen wird, hängt weitgehend davon ab, wie es seine inneren Konflikte löst.« (Avnery 1969a, S. 153)

Avnery hat verschiedentlich die psychologische Vorbildfunktion seines ungebrochen optimistischen, innerlich stolzen Vaters für seine eigene Entwicklung als publizistischer und politischer Aktivist hervorgehoben. In einem Interview im Jahre 2000 fasste der damals 77-jährige seinen Respekt vor dem Lebenswerk seines Vaters mit den Worten zusammen:

»Je älter ich werde, umso mehr denke ich an meine Eltern. Was mussten sie auf sich nehmen! Von einem Klima in ein anderes, von einer Sprache in eine andere, von einer Kultur in eine andere, von einer Gesellschaftsschicht in eine andere, von einer Lebensform mit Tausenden von Einzelheiten in eine andere mit tausend anderen Einzelheiten, von einer Landschaft in eine andere, von einer Lebensart in eine andere. Je älter ich werde, um so mehr bewundere ich unsere Eltern, die das irgendwie überlebt und überstanden haben und es dazu noch fertig brachten, hier ein glückliches Leben zu führen. Alle Achtung!« (In: Koppel 2000, S. 147f.)

Anmerkungen

1 Siehe Avnerys hieraus entstandenes Buch *Das Hakenkreuz* (1961), welches jedoch nur auf Hebräisch erschienen ist.

2 Siehe hierzu Avnerys lesenswerte biografisch-historische Studie »David Grün kommt nach Jaffa« (in: Avnery 1969, S. 81-103), in welcher er die Persönlichkeit Ben-Gurions und dessen schillernden Werdegang analysiert.

3 Paul Parin (1991): Es ist Krieg und wir gehen hin. Hamburg 1991.

4 In seinen Büchern gibt Avnery bezüglich dieser Lebensphase divergierende Daten an. Er gehörte der Irgun wohl von 1938-1941 oder 1942 an; beim Austritt aus der Irgun dürfte er demgemäß 18 oder 19 Jahre alt gewesen sein, nicht 15.

5 1995 erhielt Avnery für sein lebenslanges Wirken den Erich-Maria-Remarque-Friedenspreis, was ihm viel bedeutete.

6 Avnery (1998, S. 25) bemerkt zu ihrem gemeinsamen Verhältnis zur deutschen Sprache: »In den letzten Jahren habe ich unter Druck wieder angefangen, Deutsch zu schreiben, und ich kann es zu meiner Überraschung besser, als ich dachte. Es lag alles in meinem Unterbewusstsein herum. [...] Obwohl sie (seine Frau, R. K.) es kaum lesen und überhaupt nicht schreiben kann, spricht sie ein überraschend gutes Deutsch. Es würde uns aber nie einfallen, untereinander Deutsch zu sprechen. Es wäre unmöglich. Wir tun es nur, wenn wir deutsche Gäste haben. Das ist wie eine geteilte Heimat.«

7 Erinnert sei in diesem Zusammenhang an das Buch *Eichmann in Jerusalem. Ein Bericht von der Banalität des Bösen* (München, 1964) von Hannah Arendt, welches in Israel lange als Skandalbuch galt und erst im Jahre 2000 ins Hebräische übersetzt wurde.

8 Eine gute Orientierung bietet das Buch von Hajo Funke und Christian Sterzing (Hg., 1989): *Frieden jetzt. Geschichte und Arbeit israelischer Friedensgruppen*; aktualisierte Informationen sind der Internetseite des Deutsch-Israelischen Arbeitskreises für Frieden im Nahen Osten (DIAK; www.diak.org.) sowie der von diesem Arbeitskreis herausgegebenen Zeitschrift *israel & palästina* zu entnehmen.

Literatur

Adalist, Ran (2003): Die Kinder des Traums. In: Kaufhold, Roland/Löffelholz, Michael (Hg., 2003).

Augstein, Rudolf. (1995): Vorwort. In: Avnery (1995), S. 9-11.

Avnery, Uri (1961): Das Hakenkreuz (hebräisch).

Avnery, Uri (1969): Israel ohne Zionisten. Gütersloh (Bertelsmann).

Avnery, Uri (1969a): Moshe Dayan – Ein einsamer Wolf. In: Avnery (1969), S. 127-153.

Avnery, Uri (1969b): 1 gegen 119. Uri Avnerys Reden in der Knesset, redigiert von Amnon Zichroni (hebräisch).

Avnery, Uri (1988): Mein Freund, der Feind. Bonn (Dietz).

Avnery, Uri (1991): Wir tragen das Nessos-Gewand. Israel und der Frieden im Nahen Osten. Bonn (Dietz).

Avnery, Uri (1991a): Lenin wohnt hier nicht mehr (hebräisch).

Avnery, Uri (1995): Zwei Völker – Zwei Staaten. Gespräche über Israel und Palästina. Heidelberg (Palmyra).

Avnery, Uri (1998): Uri Avnery im Gespräch mit Ingrid Wiltmann. In: Wiltmann, Ingrid (Hg., 1998): Lebensgeschichten aus Israel. Frankfurt/M. (Suhrkamp), S. 24-45.

Avnery, Uri/Bishara, Azmi (Hg., 1996): Die Jerusalemfrage. Israelis und Palästinenser im Gespräch. Heidelberg (Palmyra).

Bernstein, Reiner (2000): Der verborgene Frieden. Politik und Religion im Nahen Osten. Berlin (Jüdische Verlagsanstalt).

Bettelheim, Bruno (1960): Aufstand gegen die Masse. Frankfurt/M. (S. Fischer).

Greif, Gideon (2003): Stufen der Auseinandersetzung im Verständnis und Bewußtsein der Shoah in der israelischen Gesellschaft, 1945-2002, *psychosozial*, Heft 2/2003.

Greif, Gideon/McPherson, Colin/Weinbaum, Laurence (Hg., 2000): Die Jeckes – Deutsche Juden aus Israel erzählen. Köln 2000 (Böhlau).

Kaufhold, Roland (2001): Bettelheim, Ekstein, Federn: Impulse für die psychoanalytisch-pädagogische Bewegung. Gießen (Psychosozial-Verlag).

Kaufhold, Roland/Lieberz-Groß, Till. (Hg., 2001): Deutsch-israelische Begegnungen, *psychosozial*, Heft 83 (1/2001).

Kaufhold, Roland/Löffelholz, Michael (Hg., 2003): Bruno Bettelheim (1903-2003): »So können sie nicht leben«, *Zeitschrift für politische Psychologie*, Heft 3/2003.

Kloocke, Ruth (2002): Mosche Wulff. Zur Geschichte der Psychoanalyse in Russland und Israel. Tübingen (edition diskord).

Koppel, Gabriele (2000): Heimisch werden. Lebenswege deutscher Juden in Palästina. Hamburg 2000 (Europäische Verlagsanstalt).

Oz, Amos (1995): Die Hügel des Libanon. Politische Essays. Frankfurt/M. (Suhrkamp).

Wirth, Hans-Jürgen (2002): Narzissmus und Macht. Zur Psychoanalyse seelischer Störungen in der Politik. Gießen (Psychosozial-Verlag).

Angabe zum Autor

Roland Kaufhold, geboren 1961, ist promovierter Diplompädagoge und lebt als Sonderschullehrer in Köln. Der Autor bedankt sich bei Dr. Reiner Bernstein sowie Dr. Bernd Nitzschke für ihre sorgfältige Durchsicht dieses Beitrags sowie für ihre Anregungen. In etwas längerer Form erschien dieser Beitrag auch in der Zeitschrift *psychosozial*, Heft 3/2003.

Stimmen über Uri Avnery

Uri Avnery war 1982 während der Belagerung bei mir in Beirut, und gestern war er mit mir in Gaza. Ich habe darauf bestanden, dass er nicht wie ein Journalist behandelt wird, und habe ihn gebeten, sich neben mich zu setzen. Ich sagte zu ihm: »Das ist dein Platz. Du warst bei mir im belagerten Beirut, und jetzt, da ich zum ersten Mal den Boden Palästinas betrete, bist du an meiner Seite.«

Yassir Arafat, 3. Juli 1994 (nach seiner Ankunft im Gazastreifen)

Uri ist ein alter Freund. Ich bin stolz, ihn zu kennen, und schätze die Beziehung zwischen uns. Ich traf ihn zum ersten Mal 1982 in Beirut während der Belagerung, als er den mutigen Schritt unternahm, den ich nie vergessen werde – er überquerte die Linien, als die Bomben fielen. Ich kann auch nicht vergessen, dass er zu uns nach Tunis kam, und dann nach Gaza, und mich auch während der Belagerung in Ramallah besuchte.

Erlauben Sie mir, mich persönlich an ihn zu wenden, von der Tiefe meines Herzens und Gewissens, und ihm zu seinem Geburtstag zu gratulieren. Mein Freund Uri, möge Gott dir viele Jahre schenken, damit du weiterhin dem Frieden zwischen den beiden Völkern, dem israelischen und dem palästinensischen, und dem Frieden im Nahen Osten dienen kannst.

Yassir Arafat (Glückwünsche zu Avnerys 80. Geburtstag im September 2003)

Wir hatten vergleichbare Ansichten und spielten ähnliche Rollen in unseren Ländern. Uri Avnery hatte ein Nachrichtenmagazin, ich habe auch eins. Uri war lange in der Politik, ich nur sehr kurz. Beide waren wir gegen die herrschende Meinung. Er war gegen Ben-Gurion, der ein großer Mann gewesen ist, ich gegen Adenauer. Auch haben wir beide mit unseren Zeitschriften und in der Öffentlichkeit ähnliche Rollen gespielt; gegen ihn gab es Anschläge und Klagen, wir hatten die *Spiegel*-Affäre.

Es war sehr komisch. Ich habe ihn immer von ferne wahrgenommen, aber nicht mit dem Helmut Ostermann in Verbindung gebracht, mit dem ich zur Schule ging. Unser Israelkorrespondent fragte mich dann in den sechziger Jahren, ob ich mit einem jüdischen Jungen namens Helmut auf das Kaiserin-Auguste-Victoria-Gymnasium in Hannover gegangen sei, der heute auch eine Zeitschrift macht und sich eben Uri Avnery nennt. Da war die Sache klar. Ich habe ihn dann am Tag der Geburt meiner Tochter Franziska eingeladen, und wir haben uns gut verstanden.

Der *Spiegel* und seine Leser haben Uri Avnery etliche kluge Artikel zu verdanken, und Bundeskanzler Schmidt schickte ich während dessen Amtszeit zwei von Avnery verfasste Porträts über israelische Politiker mit der Bemerkung, dergleichen würde er von seinen Diplomaten nicht erfahren. Schmidt quittierte dankend.

Der Name, den sich mein Freund aus Kindertagen in Israel nach seiner Flucht aus Deutschland zulegte, stammt aus der Bibel: »Uri« bedeutet Flamme, »Avner« hieß der Feldherr des König David. Was immer er sich dabei gedacht haben mag, als er sich so beziehungsreich benannte, seine Kämpfe hat Avnery nicht nur durchgestanden, sondern, soweit dies möglich war, sogar gewonnen.

Rudolf Augstein

Als einer der ersten israelischen Publizisten hat Uri Avnery sich für eine friedliche Koexistenz eines israelischen und eines palästinensischen Staates im Nahen Osten ausgesprochen. Diese Idee hat er trotz aller Spannungen in der Region und trotz aller Kritik an seinem friedenspolitischen Einsatz immer konsequent vertreten. Hierfür gebührt Avnery Respekt und Anerkennung. Ich wünsche ihm und uns allen, dass wir in absehbarer Zeit den Tag erleben, an dem seine Vision Wirklichkeit wird.

Für das neue Lebensjahr wünsche ich Uri Avnery Gesundheit und Schaffenskraft und den Optimismus, den wir brauchen, um die immer neuen Schwierigkeiten auf dem Weg zum Frieden im Nahen Osten zu überwinden.

Joschka Fischer (Glückwünsche zu Avnerys 80. Geburtstag im September 2003)

Uri Avnery ist einer der ersten Israelis, die den Weg zu den Palästinensern gefunden haben. Er war praktisch allein in Israel, als er anfing, sich für das Selbstbestimmungsrecht der Palästinenser einzusetzen. Ich bin ihm dankbar für dieses jahrzehntelange Engagement. Wir haben beide zwei enge Freunde auf palästinensischer Seite verloren, Said Hamami und Issam Sartawi, die mit Uri Avnery verhandelt haben und dafür getötet wurden.

Abdallah Frangi

Ich habe Uri Avnery in jeder Beziehung bemerkenswert gefunden. Er ist ein unermüdlicher und unerschrockener Kämpfer für den Frieden zwischen Palästinensern und Israelis. Der Friede in diesem Teil der Welt, in dem es so viel Hass gibt, kann nur kommen durch ein hohes Maß an Verständigungsbereitschaft, wie es Uri Avnery immer vertreten hat.

Bruno Kreisky

Ich habe Uri Avnery vor mehr als vierzig Jahren kennen gelernt. Damals kandidierte ich für die Knesset, und er war schon ein bekannter Mann im Lande, vor allem wegen seiner Zeitschrift

Haolam Hazeh und wegen seiner politischen Aktionen für die Gleichberechtigung der palästinensischen Minderheit in Israel. Avnery ist einer der ganz wenigen, die über diesen langen Zeitraum nie aufgegeben haben, für den Frieden zu kämpfen. Und das ist beinahe das Wichtigste. Denn wenn man fragt, welchen Erfolg er vorweisen kann, dann, glaube ich, ist sein größter Erfolg, nie aufgegeben zu haben. Er kann nur scheitern, wenn er aufhört, und das weiß er. Leute wie ihn kann man an den Fingern einer Hand abzählen. Viele sind über die Jahre ein Stück mit ihm gegangen, haben dann aber aufgegeben – er ist jedoch immer noch da. Und es gab so viele, die ihn entmutigen wollten. Golda Meir sagte wörtlich: »Ignoriert ihn und er wird verschwinden.« Das hat er sich nicht gefallen lassen. Er wusste, wie man in den Nachrichten bleibt. Und er weiß noch heute, wie man politische Aktionen so umsetzt, dass sie eine Geschichte für die Medien ergeben, dass ihm die Leute zuhören. Dabei ist er sicher keiner der beliebtesten Menschen im Lande geworden, aber gewiss einer der bekanntesten.

Abi Nathan

Im Urlaub am Meer habe ich mit meinen Kindern Sandburgen gebaut und in den Büchern von Uri Avnery gelesen. Das hat ganz gut zusammengepasst. Wir haben gebuddelt und Türme und Mauern aufgehäuft – und wie das halt im Sand so ist: Dann geht die Flut darüber, und vom stolzen Bauwerk bleibt nur ein kleiner Sandhügel. Und wenn man das am nächsten Tag wieder macht und am übernächsten auch, dann denkt man sich beim Lesen der Bücher von Uri Avnery: Der Friedensidee im Nahen Osten ergeht es so wie deinen Sandburgen; die Politik spült darüber hinweg, jeden Tag, Jahr für Jahr, seit Jahrzehnten – und trotzdem hat Uri Avnery nie aufgegeben, trotzdem hat er immer wieder neu an seinem israelisch-palästinensischen Versöhnungsmodell gebaut.

Das Sandburgen-Gefühl: Journalisten, die Kommentare schreiben, kennen es ein wenig. Wie aber hält es jemand wie Uri Avnery aus, der seit Jahrzehnten für eine große Idee schreibt und lebt? Wohl deswegen, weil sein Glaube an die Idee von einer gemeinsamen israelisch-arabischen Region stark genug ist, um Berge zu versetzen.

Die amerikanischen Friedensvermittler kommen und gehen. Doch einer, Uri Avnery, ist immer da, mit einem Plan, an dem er nichts ändern muss, weil er stimmt: der Plan von den zwei Völkern in zwei Staaten.

Don Quijote, Sisyphos, Abgeordneter, Visionär, Staatsfeind, Volksheld, Nestbeschmutzer und Prophet: einer wie Avnery war und ist alles miteinander.

Die Nahostkriege haben die Friedensbotschaft von Uri Avnery mit Füßen getreten; gleichwohl hat er nie aufgehört, diese Botschaft zu beschreiben und sie zu beschwören: Verständigung mit den Palästinensern und den arabischen Nachbarn, gegenseitiger Gewaltverzicht, Abzug aus den besetzten Gebieten und eine radikale Kursänderung der israelischen Politik.

Uri Avnery ist zwar schon alt – aber nicht müde. Viele Friedensgruppen sind stumm geworden; die Intifada, die Wut und die Angst, die sich auf beiden Seiten ausgebreitet haben, ließen sie verstummen. Gush Shalom aber, die Gruppe, die Avnery 1993 mitgegründet hat, ist momentan die einzige laute Stimme in Israel, die klar sagt, worum es jetzt geht: um einen Palästinenserstaat, um eine Lösung für Jerusalem und um die Auflösung aller Siedlungen. Das sind nicht die Vorstellungen eines Verrückten, als den man Avnery in seinem Land immer wieder hingestellt hat, es sind die Ideen eines Menschen, der seit Jahrzehnten versucht, den gefährlichen Status quo zu verändern. Das ist es, was Uri Avnery uns lehrt: Verständigung, Versöhnung und gemeinsame Gestaltung der Zukunft sind keine Spinnerei. Sie sind möglich – auch unter den allerschwierigsten Umständen.

Heribert Prantl/Süddeutsche Zeitung (Aus der Laudatio zur Verleihung des Aachener Friedenspreises im September 1997)

Ich kenne Uri Avnery, seit ich in der Schule war. Damals habe ich schon leidenschaftlich seine Bücher und seine Zeitschrift gelesen, auch wenn ich eine andere Meinung hatte. Sein Nachrichtenmagazin *Haolam Hazeh* hat mich dabei immer ein wenig an den *Spiegel* erinnert; beide Blätter hatten die gleiche Mission. Ich meine, dass die Mehrheit der Israelis die Meinung Uri Avnerys heute noch nicht akzeptiert. Er sagt die Wahrheit immer zu früh, und das haben die Menschen nicht gern. Er sagt gerade heute Sachen, die in Israel überhaupt nicht akzeptiert sind. Avnerys größtes Verdienst ist es aber, dass er es über Jahrzehnte hinweg doch geschafft hat, dazu beizutragen, die Mentalität der Israelis zu verändern.

Avi Primor

Uri Avnery vertritt sicher eine Minderheitsmeinung in Israel. Dennoch halte ich ihn für einen der wichtigen und mutigen Streiter für die Aussöhnung zwischen Israelis und Palästinensern. Sein Optimismus und sein langer Atem imponieren mir immer wieder. Gut erinnere ich mich daran, wie sehr mich die Nachricht seines Besuches bei Arafat Anfang der achtziger Jahre im belagerten Beirut beeindruckt hat.

Johannes Rau

Uri Avnery hat sehr viel für den Frieden getan. Er war immer seiner Zeit voraus und hat immer die Wahrheit gesagt, bevor die Menschen sie begriffen haben.

Lea Rosh

Als mir Uri in den sechziger Jahren vorgestellt wurde, verkehrte ich hauptsächlich mit den so genannten Jeckes, also Emigranten aus Deutschland. Zu dieser Zeit hatte er das Image eines Fantasten, eines Spinners, der nicht ernst genommen wurde. Mehr und mehr habe ich ihn bewundert, weil er seine Haltung nie geändert hat und sehr genau wusste, was er tat.

Angelika Schrobsdorff

Uri Avnery ist eine herausragende Persönlichkeit, die seit über vierzig Jahren unermüdlich für einen Dialog zwischen Arabern und Israelis mit dem Ziel eines israelisch-palästinensischen Staatenbundes im Nahen Osten eintritt.

Aus der Begründung der Jury für die Verleihung des Erich-Maria-Remarque-Friedenspreises der Stadt Osnabrück an Uri Avnery im Juni 1995

Die Jury ehrt Uri und Rachel Avnery sowie alle Aktivisten von Gush Shalom für ihre unter den schwierigsten Umständen bewahrte unerschütterliche Überzeugung, dass Frieden und ein Ende des Terrorismus nur durch Gerechtigkeit und Versöhnung erreicht werden können.

Aus der Begründung der Jury für die Verleihung des Alternativen Nobelpreises an Uri und Rachel Avnery sowie Gush Shalom im Dezember 2001

Uri Avnery ist *die* politische und intellektuelle Führungsfigur der israelischen Friedensbewegung.

Frankfurter Rundschau

Auszeichnungen

Dezember 1953: Ehrenbürgerschaft des palästinensisches Dorfes Abu Ghosh bei Jerusalem, in Anerkennung seines erfolgreichen Einsatzes gegen die Vertreibung der Dorfbevölkerung

Juni 1995: Erich-Maria-Remarque-Friedenspreis der Stadt Osnabrück

Oktober 1996: Ehrenbürgerschaft der Stadt Kafr Kassem, in Anerkennung seines Anteils an der Aufdeckung des Massakers von 1956

September 1997: Aachener Friedenspreis (zusammen mit Gush Shalom)

Januar 1998: Bruno-Kreisky-Preis für Verdienste um die Menschenrechte

Februar 1998: Niedersachsenpreis für hervorragende publizistische Leistungen

Juni 1998: Palästinensischer Preis für Menschenrechte, verliehen von der Palästinensischen Gesellschaft für den Schutz der Menschenrechte und der Umwelt (LAW), Jerusalem

Dezember 2001: Alternativer Nobelpreis (Right Livelihood Award) für Uri und Rachel Avnery sowie Gush Shalom

Mai 2002: Ehrenmitgliedschaft von Rachel und Uri Avnery in der Erich-Maria-Remarque-Gesellschaft der Stadt Osnabrück

Mai 2002: Carl-von-Ossietzky-Preis der Stadt Oldenburg

November 2003: Lew-Kopelew-Preis der Stadt Köln

Bücher von Uri Avnery

Der Terrorismus – Die Kinderkrankheit der Hebräischen Revolution, 1945 (hebräisch).

Krieg oder Frieden in der semitischen Region, 1947 (hebräisch).

Pax semitica, 1948 (hebräisch).

In den Feldern der Philister, 1949 (hebräisch, spanisch, jiddisch; Kriegstagebuch; Bestseller mit über 20 Auflagen).

Die andere Seite der Münze, 1950 (hebräisch; Kriegserinnerungen).

Das Hakenkreuz, 1961 (hebräisch; Analyse des Aufstiegs des Nationalsozialismus in Deutschland, zum Anlass des Eichmannprozesses).

Israel ohne Zionisten, 1968 (englisch, hebräisch, deutsch, französisch, italienisch, dänisch, holländisch, spanisch; Geschichte des israelisch-arabischen Konflikts, Plädoyer für eine arabisch-israelische Staatengemeinschaft; deutsche Ausgabe: Bertelsmann Verlag, *Spiegel*-Serie).

1 gegen 119, 1969 (hebräisch; Uri Avnerys Knessetreden).

Mein Freund, der Feind, 1988 (englisch, hebräisch, französisch, deutsch, italienisch; Darstellung von Avnerys Kontakten zur PLO; deutsche Ausgabe: Dietz Verlag; Vorwort von Bruno Kreisky).

Lenin wohnt hier nicht mehr, 1991 (hebräisch; politischer Reisebericht über die ehemalige Sowietunion, DDR, Polen, Ungarn und die Tschechoslowakei, mit Fotos von Rachel Avnery).

Wir tragen das Nessos-Gewand. Israel und der Frieden im Nahen Osten, 1991 (deutsch; Dietz Verlag).

Zwei Völker – Zwei Staaten. Gespräch über Israel und Palästina, 1995 (deutsch; Palmyra Verlag; Vorwort von Rudolf Augstein).

Die Jerusalemfrage. Israelis und Palästinenser im Gespräch, 1996 (deutsch; herausgegeben von Uri Avnery zusammen mit Azmi Bishara; Palmyra Verlag).

Filme über Uri Avnery

Uri Avnery: Ein Antizionist in Zion.
Film von Georg Stefan Troller, 1973.

Mein Freund, der Feind. Die Geschichte des Uri Avnery.
Film von Jürgen Hobrecht, 1996.

Uri Avnery – Kämpfer für den Frieden.
Israelischer Film von Yair Lev, 2003.

Informationen über Uri Avnery und Gush Shalom

Gush Shalom
P. O. Box 3322
Tel Aviv 61033
Israel

E-mail: info@gush-shalom.org
www.gush-shalom.org

www.avnery-news.co.il
www.uri-avnery.de

Geldspenden für die Arbeit von Gush Shalom können per Scheck an die oben angegebene Adresse geschickt werden.

Quellenangaben

Folgende Beiträge von Uri Avnery sind im *Spiegel* erschienen: »Wiederholung der Geschichte?« (30.11.1992); »Die Mauern von Jericho« (27.12.1993); »Größer als das Leben« (13.11.1995); »Der jüdische Tannhäuser« (12.12.1996); »Keine ›Sonderbehandlung‹!« (3.6.2002; dieser Beitrag wurde von Uri Avnery für dieses Buch aktualisiert); »Shalom, Rudi, mein Freund« (11.11.2002). Ein Teil der anderen Beiträge erschien auf Hebräisch in den israelischen Tageszeitungen *Maariv* und *Haaretz*. Der Beitrag von Roland Kaufhold wurde in etwas längerer Form auch in der Zeitschrift *psychosozial*, Heft 3/2003, veröffentlicht.

Weitere Bücher zum
israelisch-palästinensischen Konflikt
und zur arabischen Welt im
PALMYRA VERLAG

Gernot Rotter/Schirin Fathi
Nahostlexikon
Der israelisch-palästinensische Konflikt von A-Z
Vorwort von Abdallah Frangi
544 Seiten · Zeittafel · Bibliographie · Webguide
14 Karten · 13,5 x 21 cm · Gebunden
€ 29,90 (D) · € 30,80 (A) · SFr 53,- · ISBN 3-930378-28-0

»Dieses Buch leistet einen unverzichtbaren Beitrag für den Frieden und für das Verständnis des Jahrhundertkonflikts – ein unverzichtbares Nachschlagewerk für jeden Leser.«/Aus dem Vorwort von Abdallah Frangi
»Gut geschrieben, hochaktuell und politisch ausgewogen – ein Meisterstück.«/Süddeutsche Zeitung

Georg Stein/Volkhard Windfuhr (Hg.)
Ein Tag im September – 11. 9. 2001
Hintergründe · Folgen · Perspektiven
Vorwort von Butros Butros-Ghali
408 Seiten · 13,5 x 21 cm · Gebunden
€ 26,- (D) · € 26,60 (A) · SFr 44,-
ISBN 3-930378-40-X
Mit Beiträgen von Adonis, Sadik Jalal al-Azm, Michael Lüders, Jürgen W. Möllemann, Horst-Eberhard Richter, Gernot Rotter, Edward W. Said, Rafik Schami, Udo Steinbach, Ludwig Watzal u.a.

»Eine kenntnisreiche und differenzierte Darstellung der arabisch-islamischen Welt und ihres Verhältnisses zum Westen.«/Die Zeit

Rafik Schami
Mit fremden Augen – Tagebuch über den 11. September, den Palästinakonflikt und die arabische Welt
152 Seiten · 13,5 x 21 cm · Gebunden
€ 19,90 (D) · € 20,50 (A) · SFr 35,90
ISBN 3-930378-44-2

»Rafik Schami hat ein erfreulich unkonventionelles Buch geschrieben, das mit umso größerem Gewinn zu lesen ist, als er nicht mit der Attitüde des besserwisserischen Islam- oder Nahostexperten daherkommt, den wir aus den Medien kennen.«/Süddeutsche Zeitung (Frank Niess)
»Ein sehr lesenswertes und ausgesprochen schönes Buch.«/Rhein-Neckar-Zeitung (Heidelberg)

Edward W. Said
Frieden in Nahost? Essays über Israel und Palästina
Vorwort von Felicia Langer
Aus dem Amerikanischen von Michael Schiffmann
Register · Karte · 280 Seiten · 13,5 x 21 cm · Broschur
€ 9,90 (D) · € 10,20 (A) · SFr 18,30 · ISBN 3-930378-15-9
»Said bezieht eindeutig Stellung; seine Analyse des Friedensprozesses ist überzeugend.«/Süddeutsche Zeitung
»Saids Essays geben viele Denkanstöße und fordern zur Diskussion geradezu heraus.«/Westdeutscher Rundfunk

Gisela Dachs (Hg.)
Deutsche, Israelis und Palästinenser – Ein schwieriges Verhältnis
Vorwort von Joschka Fischer
296 Seiten · 13,5 x 21 cm · Broschur
€ 17,90 (D) · € 18,40 (A) · SFr 32,50 · ISBN 3-930378-25-6
»Mit diesem Band stellt sich der Palmyra Verlag ein mutiges Zeugnis aus.«/Das Parlament

Mahmoud Darwisch
Palästina als Metapher – Gespräche über Literatur und Politik
Vorwort von Hassouna Mosbahi
Nachwort von Nathan Zach
Aus dem Französischen von Michael Schiffmann
Glossar · Register · 280 Seiten · 13,5 x 21 cm · Gebunden
€ 19,90 (D) · € 20,50 (A) · SFr 35,90 · ISBN 3-930378-16-7
»Darwisch besticht nicht nur durch seine wunderschöne Sprache, sondern auch durch seine unbeirrbare Friedfertigkeit. Das Buch ist Zeitgeschichte und bedrückende Gegenwart zugleich. Darwisch ist nicht nur Anwärter auf den Literaturnobelpreis, sondern auch der bedeutendste Schriftsteller der arabischen Welt.«/Saarländischer Rundfunk

Mitri Raheb/Fred Strickert
Bethlehem 2000 – Eine Stadt zwischen den Zeiten
Fotos von Garo Nalbandian
Vorwort von Yassir Arafat und Hans-Jürgen Wischnewski
Bildband · 160 Seiten · 130 Farbfotos · 4 Karten · 22,5 x 29 cm
Gebunden · Fadenheftung · € 29,90 (D) · € 30,80 (A) · SFr 53,-
ISBN 3-930378-18-3
Das Buch ist auch in einer englischen Ausgabe erhältlich

»Ein faszinierendes, unvergleichliches Buch, das durch seine Texte und Bilder besticht.«/Frankfurter Rundschau
»Ein Bildband mit vorzüglichen Fotos.«/Der Spiegel
»Endlich gibt es ein gelungenes Buch über Bethlehem. Der Bildband enthält einen ausgesprochen sachlichen Text und ist vorzüglich bebildert – ein Buch, das in der Flut an einschlägiger Literatur guttut, ja Maßstäbe setzt. Der Palmyra Verlag hat sein Engagement und seinen Sachverstand für die Region erneut bewiesen.«/ Katholische Nachrichtenagentur (KNA)

Amnon Kapeliuk
Rabin – Ein politischer Mord
Nationalismus und rechte Gewalt in Israel
Vorwort von Lea Rabin
Aus dem Französischen von Miriam Magall
Register · 240 Seiten · 13,5 x 21 cm · Broschur
€ 9,90 (D) · € 10,20 (A) · SFr 18,30 · ISBN 3-930378-13-2

»Spannend wie ein Kriminalroman; eine ausführliche Analyse, die manchen schockieren dürfte.«/dpa
»Für Israel-Interessierte sollte das Buch zur Pflichtlektüre werden.«/die tageszeitung (taz)

Danny Rubinstein
Yassir Arafat – Vom Guerillakämpfer zum Staatsmann
Aus dem Englischen von Torsten Waack
Zeittafel · Register · 208 Seiten · 13,5 x 21 cm · Gebunden
€ 17,90 (D) · € 18,40 (A) · SFr 32,50 · ISBN 3-930378-09-4

»Eine spannend zu lesende Mischung aus politischer Biographie und Psychogramm, wohltuend sachlich und unparteiisch im besten Sinne.«/Süddeutscher Rundfunk
»Rubinstein bringt Arafat auf den Punkt; ein kluger Entmythologisierungsversuch.«/Die Zeit

Uri Avnery
Zwei Völker – Zwei Staaten. Gespräch über Israel und Palästina
Vorwort von Rudolf Augstein
200 Seiten · 19 Schwarzweißfotos · 13,5 x 21 cm · Broschur
€ 9,90 (D) · € 10,20 (A) · SFr 18,30 · ISBN 3-930378-06-X
»Beredt und kundig gibt Avnery Auskunft über Hintergründe und Hoffnungen des nahöstlichen Friedensprozesses.« /Frankfurter Allgemeine Zeitung

Uri Avnery/Azmi Bishara (Hg.)
Die Jerusalemfrage – Israelis und Palästinenser im Gespräch
Zeittafel · Karten · 320 Seiten · 13,5 x 21 cm · Broschur
€ 17,90 (D) · € 18,40 (A) · SFr 32,50 · ISBN 3-930378-07-8
Mit Beiträgen von Teddy Kollek, Hanan Ashrawi, Amos Oz, Faisal Husseini, Ehud Olmert, Albert Aghazarian, Shulamit Aloni, Nazmi al-Jubeh, Meron Benvenisti, Ikrima Sabri und Michel Sabbah.
»Das Buch behandelt nahezu alles, was zu diesem Thema gedacht und diskutiert worden ist.«/arte-Themenabend zu Jerusalem

Ian Black/Benny Morris
Mossad · Shin Bet · Aman
Die Geschichte der israelischen Geheimdienste
Aus dem Englischen von Torsten Waack
Glossar · Register · 880 Seiten · 13,5 x 21 cm · Gebunden
€ 14,90 (D) · € 15,40 (A) · SFr 27,10 · ISBN 3-930378-02-7
»Ein Standardwerk über Israels Geheimdienste.«/Neue Zürcher Zeitung
»Die bislang seriöseste und umfassendste Geschichte des israelischen Geheimdienstes.«/New York Times

Yoel Cohen
Die Vanunu-Affäre – Israels geheimes Atompotential
Vorwort von Frank Barnaby
Aus dem Englischen von Josephine Hörl
Glossar · Register · 440 Seiten · 10 Schwarzweißfotos · 13,5 x 21 cm
Gebunden · € 12,- (D) · € 12,40 (A) · SFr 22,-
ISBN 3-930378-03-5
»Ein Atomthriller, der große Aktualität gewinnt.«/Focus
»Die detaillierteste und interessanteste Studie zur Vanunu-Affäre.«/ Frankfurter Allgemeine Zeitung

Ali H. Qleibo
Wenn die Berge verschwinden
Die Palästinenser im Schatten der israelischen Besatzung
Vorwort von Amos Oz
Aus dem Englischen von Arno Schmitt
280 Seiten · 13,5 x 21 cm · Gebunden
€ 12,- (D) · € 12,40 (A) · SFr 22,- · ISBN 3-9802298-8-2

»Ein faszinierendes Buch. Ali Qleibo ist eine einzigartige Mischung aus anthropologischer Dokumentation, Familiengeschichte, Reisebericht aus der eigenen Heimat und mitreißendem dichterischem Bekenntnis gelungen.«/Aus dem Vorwort von Amos Oz

Gernot Rotter
Allahs Plagiator – Die publizistischen Raubzüge des »Nahostexperten« Gerhard Konzelmann
180 Seiten · 13,5 x 21 cm · Broschur
€ 12,- (D) · € 12,40 (A) · SFr 22,- · ISBN 3-9802298-4-X
Das Buch zur Konzelmann-Affäre

»Rotter tranchiert den Autor von einem Dutzend Erfolgsbüchern rundum und kommt zu dem bitteren Schluß: Konzelmann entwerfe ein demagogisches Zerrbild der islamischen Welt.«/Der Spiegel

Verena Klemm/Karin Hörner (Hg.)
Das Schwert des »Experten«
Peter Scholl-Latours verzerrtes Araber- und Islambild
Vorwort von Heinz Halm
290 Seiten · 13,5 x 21 cm · Broschur
€ 9,90 (D) · € 10,20 (A) · SFr 18,30 · ISBN 3-9802298-6-6
Mit Beiträgen von Arnold Hottinger, Gernot Rotter, Petra Kappert, Sabine Kebir u.a.

»Als Warnung kommt die kritische Initiative der Islamkenner zur rechten Zeit.«/Prof. Dr. Udo Steinbach, Focus

Mohammed Arkoun
Der Islam – Annäherung an eine Religion
Vorwort von Gernot Rotter
Aus dem Französischen von Michael Schiffmann

Glossar · Register · 300 Seiten · 13,5 x 21 cm · Broschur
€ 17,90 (D) · € 18,40 (A) · SFr 32,50 · ISBN 3-930378-22-1

»Es ist dem Palmyra Verlag als hohes Verdienst anzurechnen, daß er dieses wichtige Buch auch dem deutschen Leser zugänglich macht.«/Aus dem Vorwort von Gernot Rotter
»Sachlich, lehrreich, eindringlich.«/Buchhändler heute

Kai Hafez/Birgit Schäbler (Hg.)
Der Irak – Land zwischen Krieg und Frieden
Vorwort von Hans Küng
300 Seiten · 13,5 x 21 cm · Gebunden
€ 19,90 (D) · € 20,50 (A) · SFr 35,90
ISBN 3-930378-48-5

»Das Buch bietet eine Fülle von profunden Informationen und Analysen, die auf die höchst komplexe Lage des Irak eingehen. Alles wird ohne ideologische Brille analysiert und gewertet. Das Buch leistet somit einen hervorragenden Beitrag zum Verständnis der aktuellen politischen Probleme, und daher wünsche ich ihm seinen verdienten Erfolg beim breiten Publikum.«/Aus dem Vorwort von Hans Küng
»Das Buch zeichnet ein vielschichtiges und differenziertes Bild von der Geschichte und den möglichen Zukunftsszenarien des Irak.«/Süddeutsche Zeitung
»Ein wichtiges Buch, in dem sehr differenziert über den Irak diskutiert wird.«/Bayerisches Fernsehen (Das politische Buch)

Georg Stein (Hg.)
Nachgedanken zum Golfkrieg
Vorwort von Robert Jungk
300 Seiten · 14 x 21 cm · Broschur
€ 14,90 (D) · € 15,40 (A) · SFr 27,10 · ISBN 3-9802298-2-3
Die erste kritische Gesamtdarstellung über Hintergründe und Auswirkungen des Golfkriegs. Mit Beiträgen von Johan Galtung, Horst-Eberhard Richter, Margarete Mitscherlich u.a.

»Ein sehr interessantes Buch. Besonders die Beiträge der Regionalexperten bieten fundierte Analysen und Hintergründe, die in dieser Dichte in den meisten Büchern zum Thema Naher Osten nicht zu finden sind.«/Süddeutscher Rundfunk

Georg Stein
Die Palästinenser – Unterdrückung und Widerstand eines entrechteten Volkes
Vorwort von Erich Fried
Begleittexte in Deutsch, Englisch, Französisch und Spanisch
Bildband · 160 Seiten · 140 Farbfotos · 23 x 26,5 cm · Gebunden
€ 9,90 (D) · € 10,20 (A) · SFr 18,30 · ISBN 3-930378-43-4

»Eindrucksvolle Photographie, die ohne Sensationslust scharf beobachtet.«/Die Zeit
»Durch die hohe Qualität der Fotos bietet der Band einen interessanten Beitrag zum Verständnis eines Konflikts, der täglich für Schlagzeilen sorgt.«/Frankfurter Rundschau

Frédéric Lagrange
Al-Tarab – Die Musik Ägyptens
Vorwort von Rabih Abou-Khalil
Aus dem Französischen von Maximilien Vogel
Glossar · Register · 192 Seiten · 26 Schwarzweißfotos · 13,5 x 21 cm
Gebunden · € 22,- (D) · € 22,70 (A) · SFr 39,50
ISBN 3-930378-31-0

»Für Freunde der ägyptischen Musik ist das Buch wichtig.«/die tageszeitung (taz)
»Eine umfassende und lesenswerte Darstellung der ägyptischen Musik bis heute.«/Blue Rhythm

Frank Tenaille
Die Musik des Raï
Aus dem Französischen von Maximilien Vogel
Gratis-CD · Glossar · Serviceteil · Register · 180 Seiten
22 Schwarzweißfotos · 13,5 x 21 cm · Gebunden
€ 22,- (D) · € 22,70 (A) · SFr 39,50 · ISBN 3-930378-49-3

»Das Buch enthält so ziemlich alles Wissenswerte über die Musik des Raï. Ein präzises, hervorragendes Standardwerk und echter Leckerbissen für Weltmusikfans – ein Buch mit Pfiff.«/Rhein-Neckar-Zeitung (Heidelberg)

NAHOSTARCHIV HEIDELBERG

Dem Palmyra Verlag ist das Nahostarchiv Heidelberg (NOAH) angeschlossen. Es umfasst neben einer umfangreichen Präsenzbibliothek ein Foto- und Videoarchiv. Allen an Nahostthemen interessierten Medien, Einzelpersonen und Organisationen bietet NOAH folgende Serviceleistungen:

Auswertung wichtiger in- und ausländischer Zeitungen und Zeitschriften / Artikelservice / Allgemeine Recherchedienste / Zusammenstellung von Themen-Dossiers und Adressdateien / Bibliographischer Service / Erstellung von Literaturlisten / Internetpräsenz / Vermittlung nationaler und internationaler Nahostkontakte (auch in Israel und Palästina) in den Bereichen Politik, Kultur und Medien. Rufen Sie uns an!